# 日本の道路122万キロ大研究

増補改訂版

平沼義之
Yoshiyuki Hiranuma

JIPPI Compact

実業之日本社

装丁　杉本欣右
本文デザイン＆ＤＴＰ　千秋社
地図制作（P.11、１５０、１６２、１７４）千秋社
企画・編集　磯部祥行

本書に使用した地図は、ＤＡＮ杉本氏制作のカシミール３Ｄを使用して作りました。
（P.25、２４９、２７２）

# はじめに

道路を使ったことがないという人はいないと思います。わたしたちが一歩家から出れば、そこには道路があります。そして、何をするにもどこへ行くにも道路を使って移動します。目的地へは多少遠回りになっても、道路を使えばより少ない労力で移動できるということをわたしたちは知っています。

この本は、道路の面白さの存在に気づいてもらうための本です。かくいうわたしは道路が大好きです。これは鉄道ファンと呼ばれる多くの人たちが、鉄道が好き——それは憧れや愛着などいろいろな感情から成り立っていると思います——というのと同じでしょう。しかし、まわりを見ると「道路が好き」と公言する人は、鉄道に較べて少ない気がします。なぜか。一番の理由は、道路があまりにも当たり前な存在であるため、逆に存在感が薄いのではないかと思います。身近過ぎるものには案外愛着や興味を感じにくいものです。

しかし、もし道路が楽しく感じられるようになったら、素敵だと思いませんか。なぜならば、わたしたちは望む望まずを問わず、一生のうちかなりの時間を道路上で過ごしているからです。この時間を単なる移動時間として忘却してしまうのは惜しいと思います。退屈だから音楽を聴きながら移動するなんて、もったいない！　音楽は家でじっくり味わえます。しかし足元の道路は、日本中でも、絶対にそこにしかない道路ですよ。

日本中の道路はさまざまな制度によって管理されていますので、制度を知ることで道路を「知る」ことができます。そして「知る」ことで、はじめて道路は本来の存在感をもって、あなたの前に姿を現します。その時、あなたは見慣れていた道路の中に、「実は珍しかった」「実は貴重だった」というものをたくさん見つけることでしょう。そう断言します！

本書は、道路上で目にするものが何であり、なぜそこにあるのか、ということを解いていきます。そしてそのことを知ろうとするとき、おのずと道路の制度にたどり着きます。道路の制度は多岐にわたりますが、本書では、目で見て、触れることができる「道路上の風景やアイテム」を、優先的に取り上げました。

## 改訂にあたって

データを可能な限り最新のものへ差し替えたほか、令和の道路風景の理解に役立つ内容を大幅に増補しました。

この未曾有のコロナ禍のなかでも、道路法の深さを覗くニュースがありました。令和3年のゴールデンウィーク前、秋田県知事は、県が管理する2本の県境部の観光道路を、「県外移動抑制のため」に封鎖する考えを一旦示したものの、「道路法上、道路管理者が通行制限できるのは災害時などに限られており困難」と結論づけて撤回したのです。しかしこのうちの1本では、「積雪状況により通行困難」の名目で、敢えて除雪をせずに封鎖を延期しました。リアルな日本の現状と、道路の高潔な理想を追求する道路法の理念、そのせめぎ合いを垣間見るようなニュースでした。

# 日本の道路122万キロ大研究　増補改訂版　目次

## 第2章 「道路法」以外の道路

**もっと知りたい！ 道路の秘密**

# 序章 「道路」に感じる長年の疑問

## 1 国道の番号には、何か法則はあるの?

国道はどんどん数を増やしていったから……

国の道と書いて国道。書道や武道になぞらえれば国を治める道とも思える名ですが、明治以来わが国の道路網の中核を担う道にこの名が与えられています。正式には一般国道といい、そのすべてに「国道○号」という路線名があります。一般国道1号から507号までありますが、このあまりにもシンプルな路線名やルートの設定にはなにかルールがあるのでしょうか?

左の図は東京近郊の国道の地図です。1、4、6などの一桁や、それに続く二桁の番号をもつ路線は、三桁の国道とは生まれた経緯が異なっており、より重要とされる路線「でした」。また三桁国道も最初からこれほどたくさんあったわけではありません。国道の路線名には、国道の歴史が詰まっています。第1章で詳しく解説します。

## 東京周辺の国道番号と終点

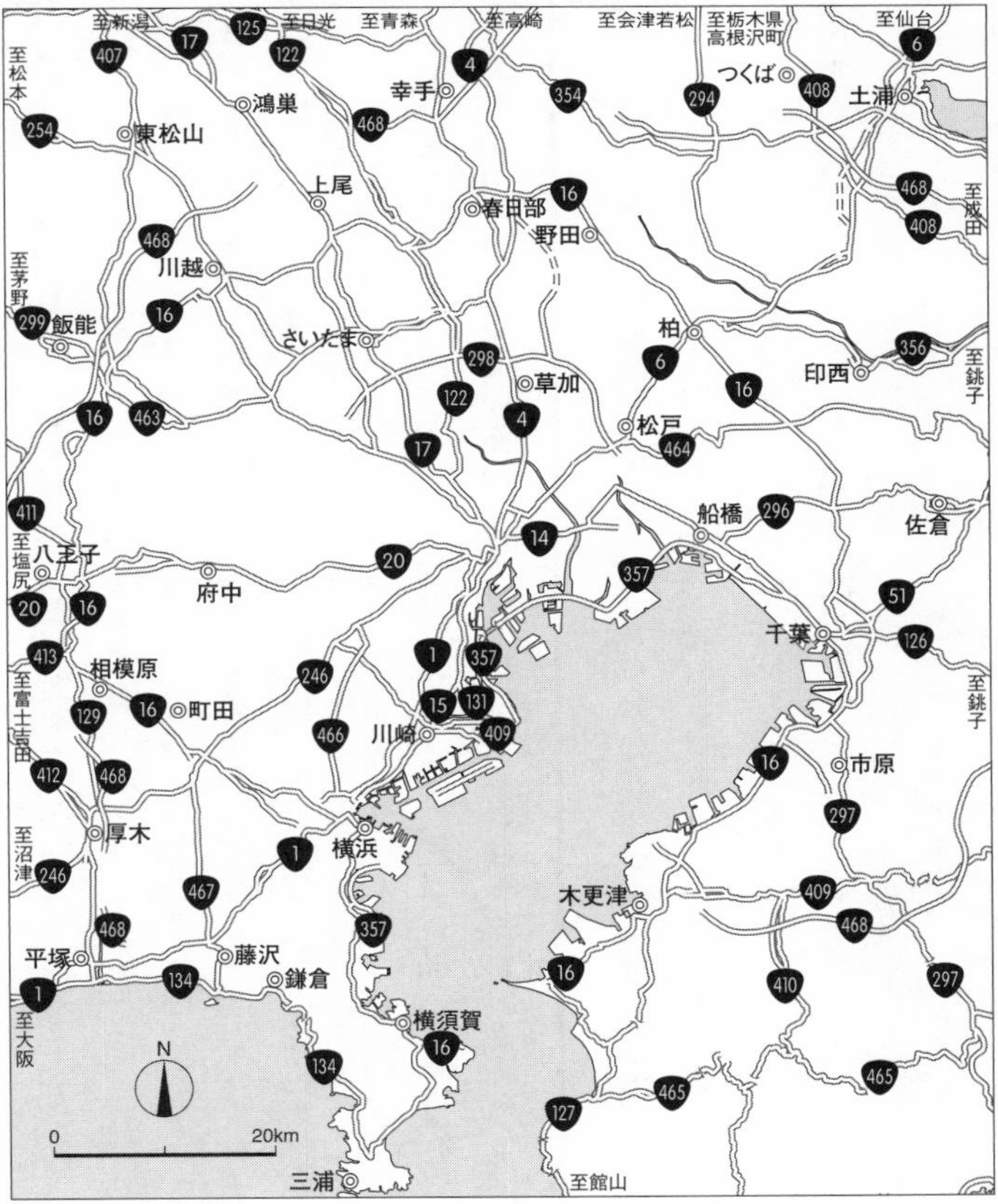


■欄外道路トリビア！　本書全体に100本の道路にまつわるトリビアをちりばめた。トリビア文末の【　】は情報源で、ないものは著者が巻末の参考文献や信頼できるサイトなどから集めたもの、および独自研究による。

# 2 車が通れない「国道」…酷道に込められた意味とは？

## 道路は一朝一夕にならず。仕込みが大事

国道の総延長は約5万㎞で道路全体のおおよそ5％ですが、それが受けもつ貨物輸送量は全国の道路の約30％に及びます。国道は名実ともに重要な幹線道路です。しかし、中には自動車を走らせることが困難な国道も存在します。このような道を道路ファンは「国道」をもじって「酷道《こくどう》」と呼びます。なぜ国は、酷道と呼ばれるような道路を敢えて国道に指定しているのでしょうか。そこには一体どのような意図が隠されているのでしょう？

左の2枚の写真は福島県を走る国道289号のかつての風景と、現在の風景です。この道は国道指定以来30年以上もの間、「登山道国道」と評される全国屈指の酷道でした。しかし国道であるがゆえに国の直轄で極めて大規模な新道工事が行われ、今は立派な国道が開通しています。酷道の意味を第5章で考えます。

758.7km【道路統計年報2020】

「登山道国道」として全国に名を馳せた国道289号甲子（かし）峠。新道の開通によりこの区間は国道の指定から解除、標識は撤去されました。(写真：松波成行)

国道289号の新道である甲子大橋と甲子トンネル。

■トリビア『総延長の長い国道トップ５』１位：国道58号（鹿児島～沖縄）879.6km／２位：国道4号（東京～青森）836.4km／３位：国道9号（京都～山口）798.3km／4位：国道45号（宮城～青森）777.0km／5位：国道1号（東京～大阪）

## 3 海の上には道路はないのに「国道」がある？

### 道路法は国道を「地上の道路」に限定していない

わが国には海の上に路線が指定されていて、どうやっても車を走らせることができない国道があります。道路ファンから「海上国道」と呼び親しまれているものです。国道350号は本土から佐渡島へ渡り、再び本土へ戻ってくるという経路を持つ海上国道です。海上区間にはフェリーが就航し、その甲板には航路が国道であることを示す表示もあります。国道は必ずしも陸の上とは限らないのです。

国道などの道路を定義し、その管理の方法を定めた法律が「道路法」です。道路法が「道路にはトンネルや橋のほかに渡船施設を含む」と定義していることから、明らかに一般名詞としての道路ではない海上の航路も「道路」であり、国道にもなり得るのです。道路法については第1章で、海上国道については第5章で、それぞれ詳しく紹介します。

路統計年報2020】

**国道 350 号のルート**

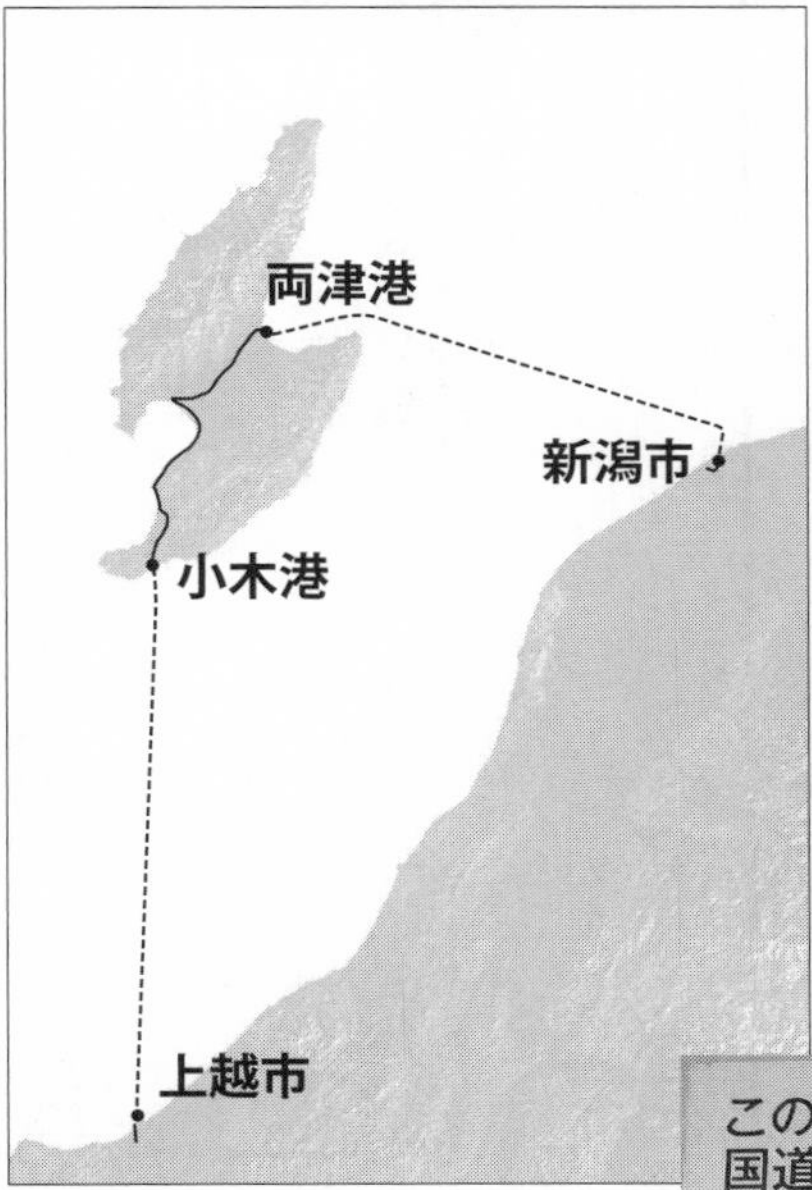

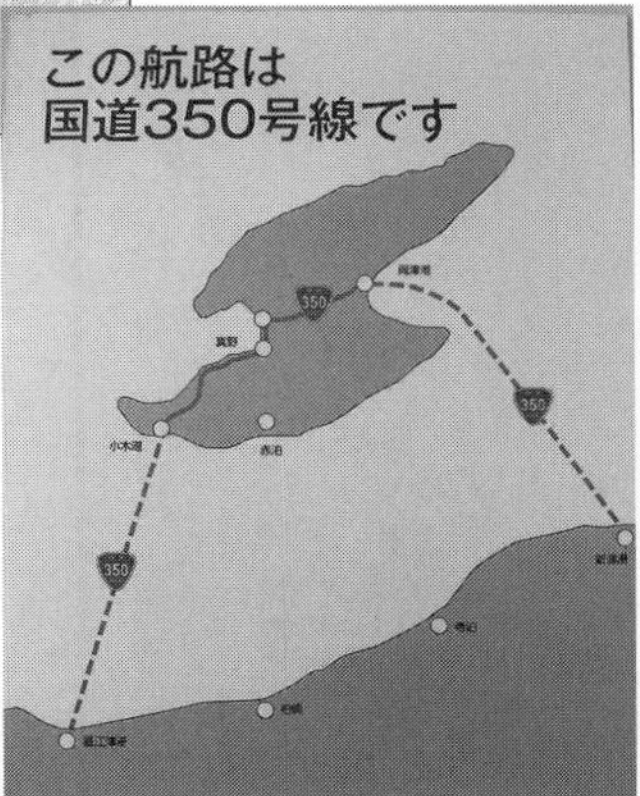


佐渡へのフェリーの船内には、このように国道である旨の表示があります。

■トリビア『実延長の長い国道トップ５』１位：国道4号（東京〜青森）836.4km／２位：国道1号（東京〜大阪）758.7km／３位：国道9号（京都〜山口）751.1km／4位：国道45号（宮城〜青森）701.0km／5位：国道2号（大阪〜福岡）675.0km【道

# 4 「国道1号」の終点は横浜から伊勢神宮を経て、今は大阪？

## 国土の設計（グランドデザイン）を、国道は形造っている

山形県で見つけた旧字体の「國道十號線」の表示。古い橋の親柱や石標にはその道路の昔の名称が残っていることがあります。

上の写真は東北地方の山形県鶴岡市に現存する橋の一部です。「國（国）道十號（号）線」と書かれていますが、現在の国道10号は、はるか彼方の九州の地にあります。

左ページの図は国道のファーストナンバーである「国道1号」の位置の変遷を示しています。わが国の国道は明治時代に誕生してから、大正時代と昭和時代に一度ずつ、それまでの路線名がすべて入れ替わるくらいの大変動を経験しています。なぜ利用者の大きな混乱が予想されるにもかかわらず、このような大胆な変革をする必要があったのでしょう？

%）／5位：国道485号（島根）97.6km（58.7%）【道路統計年報2020】

## 国道1号と10号の変化

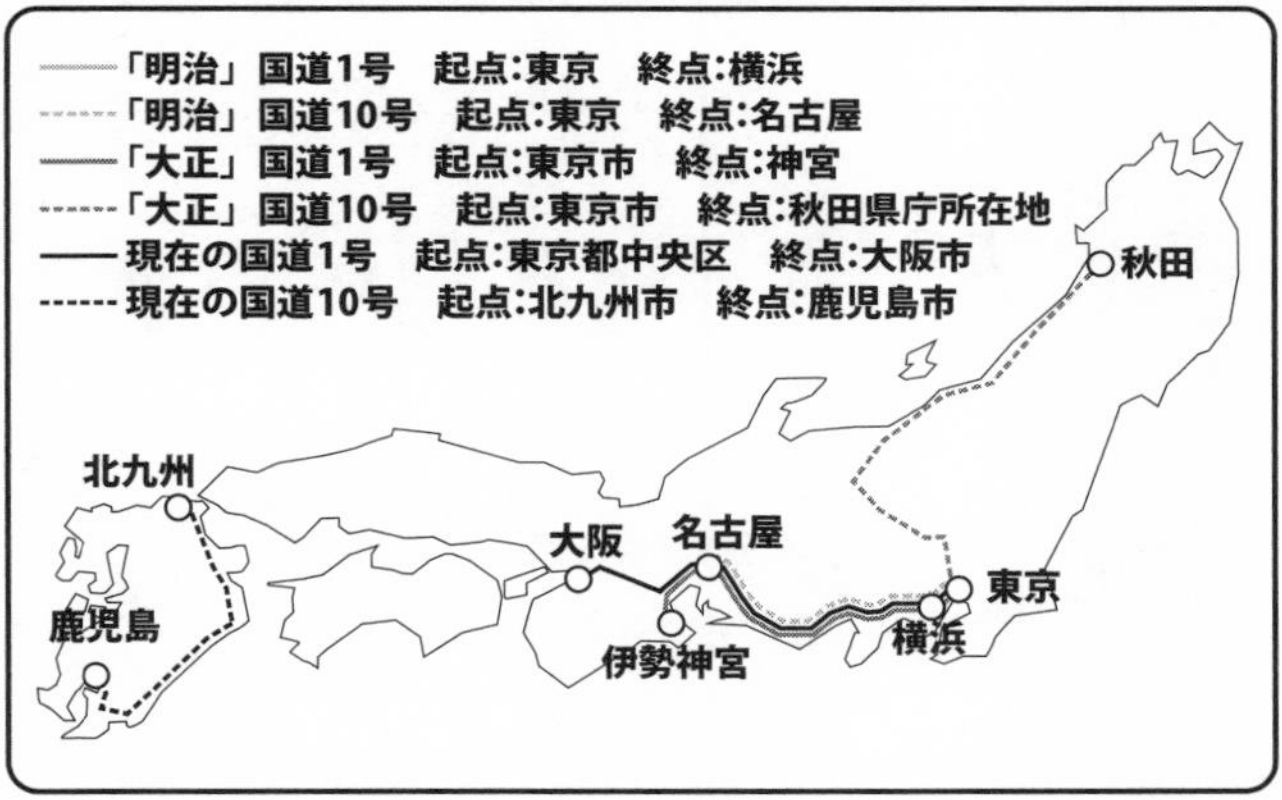


明治時代の国道1号は、東京と開港地横浜を結ぶ道でした。当時の日本は西洋諸国から科学を輸入し、代わりに絹を輸出することで繁栄を手にしようと考えました。次に大正時代の国道1号は、皇居のある東京が起点で、天皇の先祖を祀る伊勢神宮が終点でした。中央集権国家の権威付けの道です。そして終戦後に指定された現在の国道1号は、東京と大阪を結ぶ、国民経済上最も重要な道が選ばれました。国道の指定には、国家のグランドデザインが現れています。

古き国道たちの姿とその変遷を、第3章で解説します。

■トリビア『海上区間が長い国道トップ5』１位：国道58号（鹿児島～沖縄）609.5km（総延長の69%）／２位：国道390号（沖縄）489.0km（89%比率1位）／３位：国道350号（新潟）145.2km（74.3%）／4位：国道384号（長崎）105.3km（52.3

5

# 県道は2種類あるの？

## 道路地図で黄色と緑に塗り分けられた県道の意味

県道は正式には都道府県道といい、地方的な幹線道路として道路法に定義されています。国道の2倍を超える13万kmほどの総延長があります。

国道を意味する道路標識が逆三角の「おにぎり」形をしているのに対し、都道府県道の標識は六角形です。道路ファンは愛情を込めてその六角形標識を「ヘキサ」と呼びます。ヘキサの一部は、写真のように緑や黄色の色分けを施されています。また、市販されている多くの道路地図も、赤を国道、緑を主要地方道、黄色を一般都道府県道という風に色を分けて描いています。

道路法に定められた都道府県道と、道路地図の主要地方道や一般都道府県道の間にはどのような関係があるのでしょうか？　実は主要地方道こそが国道への登竜門だった。その深遠なる意義を、第1章で解き明かします。

5位：国道492号（香川～高知）129.9km（81％比率1位）【道路統計年報2020】

白黒印刷なのでわかりにくいですが、上は緑地、下は黄色地に「ヘキサ」こと県道番号が書かれています。その色の違いには当然、理由があります。

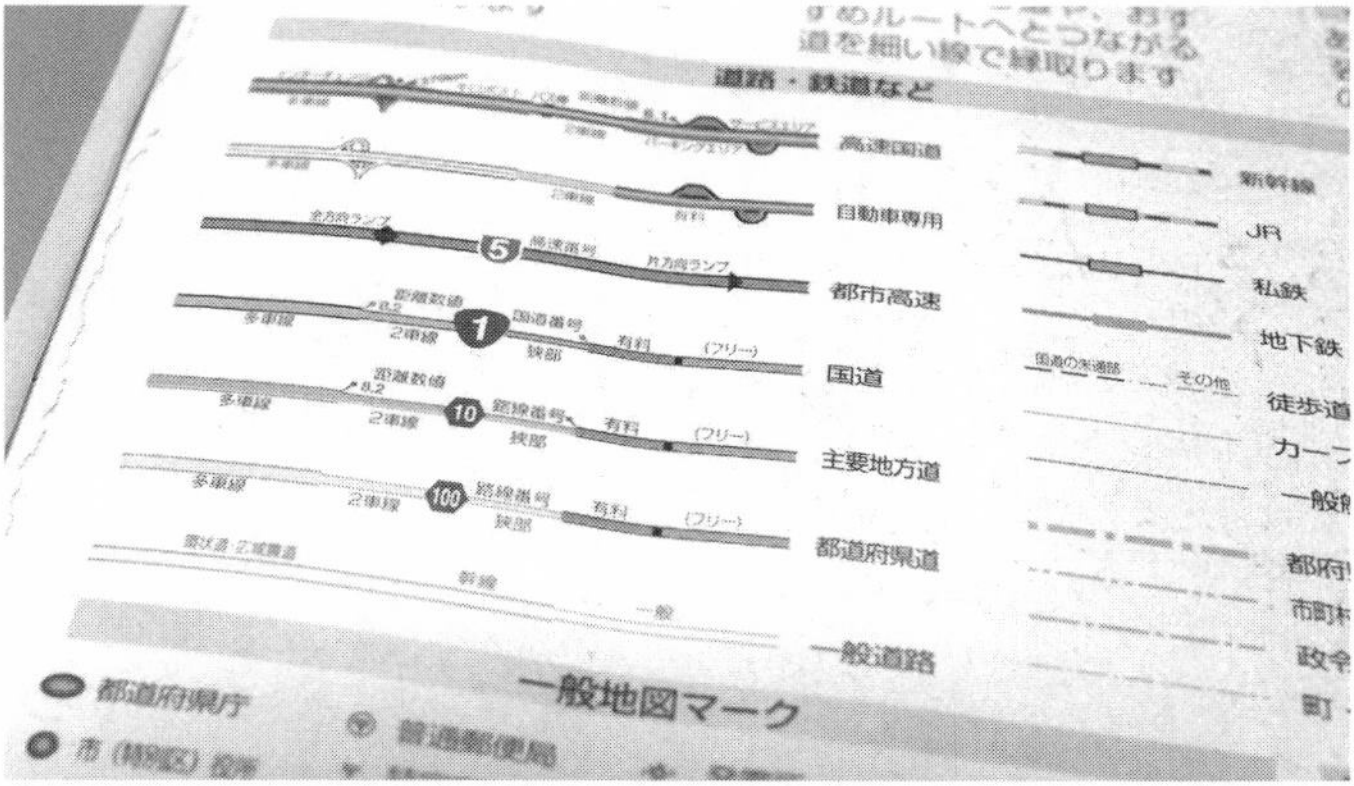


道路地図で、国道・主要地方道・都道府県道が書き分けられている例。（『ツーリングマップル関東』昭文社刊）

■トリビア『重用区間が長い国道トップ５』１位：国道276号（北海道）206.6km（総延長の64％）／２位：国道239号（北海道）193.5km（56％）／３位：国道482号（京都～鳥取）141.4km（42％）／4位：国道448号（鹿児島～宮崎）130.3km（52％）／

# 6 林道や農道にある「公道ではない」の意味するところは？

## 「道路法の道路」ではない道路がたくさんある

わが国の道路は、高速自動車国道、一般国道、都道府県道、市町村道の四種類をあわせて約122万㎞あります。この4種類の道路は「道路法」による道路、すなわち道路法が管理の方法を定めた道路です。しかし、まわりを見回せば、この4種類以外の道路が、実はたくさんあります。

たとえば林道は、森林法が管理する林業用施設の一つという位置づけです。また農道は土地改良法が管理する土地改良施設の一つとなります。

林道や農道は、ときおり左の写真のように、「道路法上の道路ではない」ことを声高に主張することがあります。形としてはいわゆる道路でありながら、道路法の支配を受けない道路がある。こうした仕組みは何のためにあり、またどのような種類の道路があるのでしょう。第2章で解説します。

長さが変わりますが、順位は変わりません。【道路統計年報2020】

林道の入口には「公道とは異なり…」という注意書きがよく見られます。同じようなカーブや勾配の国道や県道もあるけれど…？

わざわざ「農道」と書いてあっても、「普通の道路」と何が違うのかはわかりません。いったい何をいわんとしているのでしょう？

■トリビア『実延長の短い国道トップ５』１位：国道174号（神戸港）187m／２位：国道189号（岩国空港）360m／３位：国道130号（東京港）482m／4位：国道198号（門司港）618m／5位：国道177号（舞鶴港）約700m　なお、総延長だと少し

# 7 道路標識に書かれている地名って、誰がどうやって決めているの？

「東京○km」の「東京」は、東京のどこ？

わたしたちを行きたい場所へ導いてくれるのが、道路上に存在する案内標識です。交差点や道路の途中に立って行き先や距離を案内するもののほか、国道や県道を示す三角形や六角形の標識も案内標識の一種です。

こうした案内標識に案内される地名の大半は、国が予め用意したリストから選ばれています。しかもリストの地名は「その地名がどれだけ広域的に通用するか」を基準に厳格なグレード分けがなされ、標識を設置する道路の広域性に見合った地名だけが案内されます。

左の写真の標識の例では、「高崎」と「さいたま」は群馬・埼玉県内の地名の最高グレードであり、かなり遠くから案内されますが、「笹目橋」は低いグレードですか

／46位：香川県 356km／47位：東京都 348km【道路統計年報2020】

ら、だいぶ近づかないと現れません。

ところで、こうした標識の「さいたま」が、さいたま市内のどこまでの距離なのかを考えたことはありますか。これもちゃんと決まっています。「さいたま」の場合はさいたま市役所前、「東京」であれば、日本国道路元標が設置されている日本橋までの距離とされます。

案内標識のルールをマスターすれば、地図やカーナビに頼らなくても道路を使いこなせます。道路標識のさまざまな秘密は第4章をご覧ください。

■トリビア『国道の実延長が長い／短い都道府県』１位：北海道 6746km／２位：新潟県 2002km／３位：福島県 2001km／４位：岩手県 1836km／5位：長野県 1701km／……43位：鳥取県 592km／44位：富山県 519km／45位：沖縄県 500km

8

# トンネルの脇に、怪しい分かれ道がよくある気がする

## それは、道路が長年利用されて育ってきた証

山道を運転していると、トンネルの傍に左ページ写真のような分かれ道をよく見ると思います。この枝道は入れないように塞がれていることも多いのですが、どこに通じているのでしょうか？

意識していないと目前のトンネルに気を取られてまったく気づかないかもしれませんが、逆に気にかけていると、この手の景色は思ったよりも多いことに気づくと思います。トンネルの前だけでなく、大きな橋の前後にもこんな分岐がよくあります。

この枝道の正体は旧道です。活発に利用されている道路であればあるほど、その姿形は時代とともに、まるで生き物のように変化します。たとえば国道1号の要衝である宇津ノ谷峠（静岡県）には、その時々の交通状況と技術を反映しながら、明治以降4世代のトンネルが掘られました。道路の改良の歴史を第5章で解説します。

ているため、実延長が二重に計上されて長くなっている。
トンネル本数などもそれで水増しされている。ずるい？
【道路統計年報2020】

トンネル脇にある小径は、かつての旧道であることが多いです。閉鎖されているものもあれば、いまも通れるものもあります。

## 宇都ノ谷峠　三世代の道

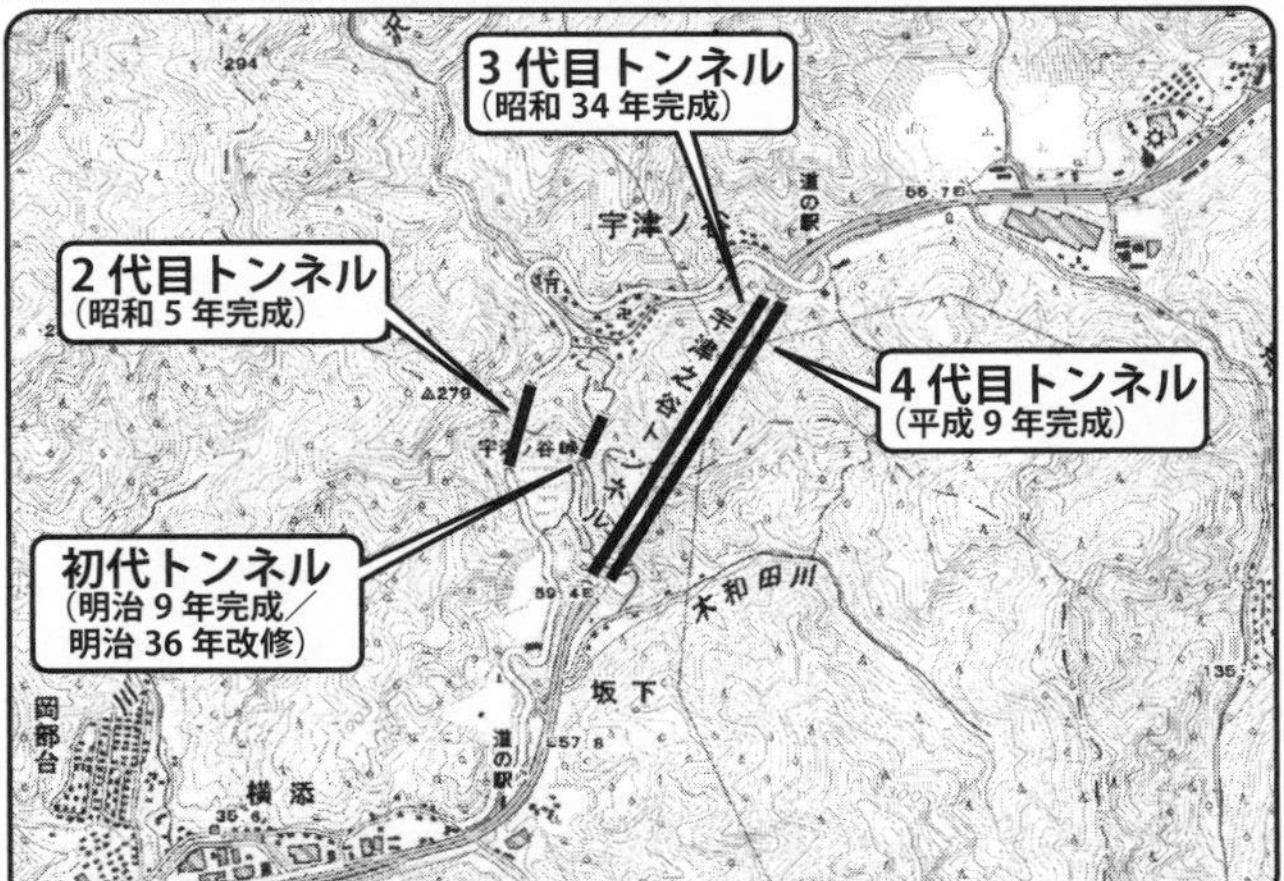


■トリビア　一つの都道府県内で最長の実延長を持つ国道は、岩手県の国道45号で364kmもある。第2位は島根県の国道9号で330km、第3位は北海道の国道38号で323km。1位と2位は、A'路線やB路線である自専道が現道に並行して指定され

## 高速道路ナンバリング

わが国の高速道路は従来、東名高速道路や名神高速道路のように固有の路線名で呼ばれてきました。高速道路に国道のような路線番号（国道のそれは路線名でもありますが）がないことは、先進諸国の中では比較的珍しい特徴であり、初心者ドライバーや日本語に堪能ではない海外からの旅行者には難しく感じられるものでした。首都高速を始めとする都市高速道路には当初から路線番号が導入されていましたが、高速道路にはその機会がありませんでした。そこで国土交通省は、全国の高規格幹線道路＋αに路線番号を与える高速道路ナンバリング制度を平成29年からスタートさせました。同年2月の圏央道での導入を皮切りに、あっという間に全国へ普及し、既に皆様も標識などで見慣れていることと思います。

高速道路ナンバリングの対象路線は、すべての高規格幹線道路に加え、それ以外についても、高規格幹線道路とシームレスに利用される路線や、国際的観光地や空港および港湾へのアクセス路線（その多くが地域高規格道路です）も対象とされました。たとえば、京都縦貫自動車道→鳥取豊岡宮津自動車道（山陰近畿自動車道）→山陰自動車道という一連のルートは、間に地域高規格道路を挟んでいますが、まとめて「E9」を採番されています。

高速道路ナンバリングの基本的なフォーマットは、国道番号との区別となる「E（高速道路）」もしくは「C（環状道路）」を頭に置いた1～2桁の数字というもので、採番にあたって細かいルールが設けられています。多くの高速道路が元一級国道である一桁二桁国道と並行しており、かつその番号が地域によく馴染んでいることから、高速道路ナンバリングでも同じ番号を採用するなど、親しみやすさへの工夫が見られます（そのため中央自動車道は「E19」と「E20」に分割されています）。採番すべき路線に一桁二桁国道が並行しない場合は、二桁国道番号の欠番である59～99番を概ね北から南の順に採用しています。現時点のラストナンバーは「E98」であり、既に余席はほとんどありません。

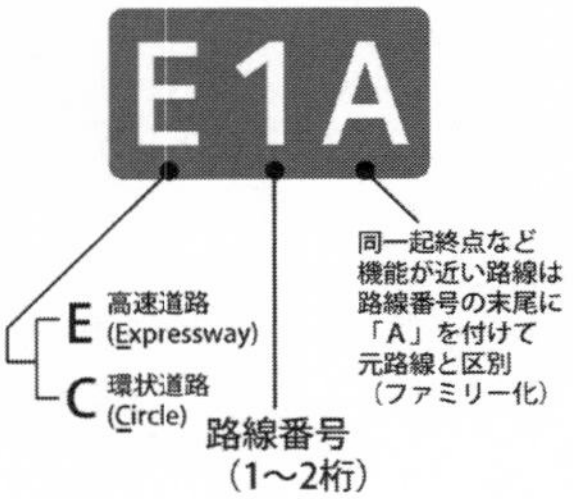

# 第1章
# 「道路法」の道路

わが国の道路は、いかにして生まれ、管理されているのか。そして、「国道」とはどのような存在か。身近な道路の仕組みを形作る「道路法」という法律に焦点を当てつつ、わが国の道路の大半を占める「道路法の道路」を解説します。

1

# 「道路」には名前と種類がある！

道路を指定し、管理する、その基本となる法律が道路法だ

## 身の回りにある道路の名前に注目してみよう

わたしたちの身の回りにはたくさんの道路がありますが、ほぼすべての道路に名前があります。あなたの住んでいる土地でイメージしてみてください。わたしが住む秋田市には「国道7号」があり、そこから「県道秋田天王線」と「県道秋田北インター線」を乗り継いで、さらに「市道外旭川下新城線」と「市道○○線」を乗り継ぐと、自宅玄関前に辿り着きます。最後の市道だけ名前を伏せたのは、これが知られると住所を特定されかねないからです。それほど道路は身近にある存在です。

もっとも、これらの道路の名前がすべて、道路上の案内標識や市販されている道路地図に描かれているかといえば、そんなことはありません。秋田市の場合だと、市道の名前を知るのはなかなか骨の折れる作業です。

それでも、**管理者がいる道路には必ず名前があります。**そうでなければたくさんあ

垣港。東端と西端間の距離は、最短ルートを採った場合、陸路2500km＋海路1200kmで合計3700kmほど。

る道路を区別して管理できません。道路管理者が設定した、いわば**道路の本名というべき名前が「路線名」**です。人にあだ名があるように、道路にも路線名の他に通称や愛称を持つ道路が多くあります。秋田市には「新国道」と呼ばれている市民にメジャーな道路がありますが、路線名は「県道秋田天王線」です。通称や愛称であっても、道路管理者がそれに「公式なもの」としてのお墨付きを与えて案内標識などに用いることがあります。以前住んでいた東京都日野市のアパートの前の道路は、道路管理者である東京都が「北野街道」という愛称を公認して案内標識にも利用していますが、路線名は「都道上館日野線」といいます。私が上京するときに使う「東北自動車道」も、管理者である東日本高速道路株式会社が標識などで案内しているこの名とは別に、「高速自動車国道東北縦貫自動車道弘前線」という路線名を持っています。

## 道路を知るにはまず路線名を知るべし

唐突ですが、思いついた道路の名前を10本列挙してみます。国道２４６号線、東名高速道路、第二京浜、横浜新道、利根川自転車道、首都高速神奈川１号横羽線、伊豆スカイライン、奥鬼怒スーパー林道、秋田中央広域農道、関東ふれあいの道。

■トリビア　国道の北端は国道238号の途中にある宗谷岬。国道の東端は国道44号の終点である根室市弥栄町1丁目交差点。国道の南端は国道390号の起点に近い石垣島南端部の海岸線を通過する地点。国道の西端は国道390号の起点である石

| 思いついた道路名10本 | （正式な）路線名 | 道路の種類 | 根拠法 | 一言コメント |
|---|---|---|---|---|
| 国道246号線 | 一般国道246号 | 一般国道 | 道路法 | 国道の路線名に「線」は入らない |
| 東名高速道路 | 第一東海自動車道 | 高速自動車国道 | 道路法、高速自動車国道法 | 第二は新東名高速道路 |
| 第二京浜 | 一般国道１号 | 一般国道 | 道路法 | 東京都が公認する道路通称名で国道１号の一部 |
| 横浜新道 | 一般国道１号 | 一般国道 | 道路法 | 東日本高速道路が管理する国道１号の有料道路 |
| 利根川自転車道 | 埼玉県道・群馬県道416号利根川自転車道線 | 都道府県道 | 道路法 | 大規模自転車道整備事業によって整備された自転車道 |
| 首都高速神奈川１号横羽線 | 神奈川県道１４７号高速横浜羽田空港線 | 都道府県道 | 道路法 | 首都高速道路の一部を構成する有料道路 |
| 伊豆スカイライン | 伊豆スカイライン | 一般自動車道 | 道路運送法 | 神奈川県道路公社が管理する一般自動車道 |
| 奥鬼怒スーパー林道 | 奥鬼怒スーパー林道 | 林道 | 森林法 | 特定森林地域開発林道整備事業で整備された林道 |
| 秋田中央広域農道 | 秋田中央広域農道 | 農道 | 土地改良法 | 広域営農団地農道整備事業で整備された農道 |
| 関東ふれあいの道 | 首都圏自然歩道 | 長距離自然歩道 | 自然公園法 | 長距離自然歩道整備事業で整備された長距離自然歩道 |

この10本の道路は、自動車専用の6車線道路から、歩行者しか通れない山道まで、状態はさまざまですが、どれも管理者のいる道路です。道路という公共物を着実に作り、維持していくためには、法律によって権限や義務を与えられた管理者が必要です。道路の管理方法について定めた法律が**道路法**です。上記の10本の道路のうち、前者6本までが道路法に根拠を持つ道路（これを「**道路法の道路**」といいます）であり、後者4本は道路法以外の法に根拠を持つ道路

る最多は、福井県敦賀市の岡山町1丁目交差点とみられ、四つの国道標識が縦に並べて掲げられている。

（「道路法以外の道路」）です。

日本にある道路の多くは、何らかの法律によって管理方法を決められた道路であり、中でも道路法の道路が最大勢力です。したがって、道路法を知ることが日本の道路を知る近道になると考えます。本書はこの立場から、道路法の条文を引き合いに出しながら、奥深い道路の世界を解説していきます。道路法以外の道路についても、それぞれ管理する法律との関わりに触れながら紹介します。

右の表は、先ほど列挙した10本の道路について、正式な路線名と根拠となる法律をまとめたものです。列挙した名前は、案内標識や道路地図などで我々が目にするものですが、正式な路線名が異なるケースが多いことがわかります。

道路の名前は複雑です。路線名の他に通称や愛称があることは珍しくありませんし、道路の機能や外見、歴史的背景に対する呼称（たとえば新道、旧道、廃道、産業道路、砂利道、畦道、街道など）も多くあります。また、公共事業によって道路を整備する際、一時的な事業名が付けられることがあります。「一般国道7号琴丘能代道路」は、国道7号にバイパスを造る事業名であり、建設される道路名でもありますが、路線名そのものが変化したわけではなく、あくまで一般国道7号にバイパスを造る事業名な

■トリビア　最も多くの国道が重なり合っている重用区間は6路線によるもので、新潟市の本町交差点付近、高知市の県庁前交差点付近、松山市の勝山交差点付近の3箇所に存在する。重用区間で国道標識が串団子のように並べて表示されてい

のです。そしてこの事業名が完成した道路に通称として残ることもよくあります。**道路の世界を理解する上では、路線名を意識することが大切です。**道路好きが路線名に拘るのは、親しくなりたい相手の本名を知りたいと思う気持ちに似ていると思います。

## 道路法による道路が、わが国の道路の大半を占める

道路法は昭和27年（1952年）に定められた法律で、第1条から第109条までありますが、改正により削除された条文があるので全102条と附則からなります。

第1条には、この法律の目的が、「道路網の整備を図るため、道路に関して、路線の指定及び認定、管理、構造、保全、費用の負担区分等に関する事項を定め、もつて交通の発達に寄与し、公共の福祉を増進する」ものであることが示されています。

第2条で、「（この法律がいう）道路とは、一般交通の用に供する道で次条各号に掲げるもの」としたうえで、第3条で道路の種類を「**1．高速自動車国道、2．一般国道、3．都道府県道、4．市町村道**」**の4種類**と規定しています。第2条の「一般交通の用に供する道」というのは、一般の交通、一般的な用途に広く利用できる汎用性

っている。国道の最多起点としては日本橋が日本一だが、国道最多集合地点は他にある。

を持った道であることを示していて、林業や農業に目的を特化した林道や農道とは異なることを示しています。道路法の道路は必ず、第３条に挙げた４種類の道路の１種類以上に属しており、道路を道路法の道路として管理するには、始めに道路の種類と路線名を決める必要があります。

日本に存在する道路の総延長は、はっきりとした統計がなくわかりません。しかし、その大部分を占める道路法の道路については、国土交通省が毎年まとめている道路統計年報によって最新のデータを知ることができます。現在、**道路法の道路の総延長は１２２万㎞以上あり、これは地球30周分に相当します。**毎日１００㎞ずつ走り続けたとしても、走破し終えるのに32年以上かかる計算であり、自動車が通れない道路も相当にあるため、日本の道路のすべてを一人の人間が体験することは不可能です。ちなみに日本の鉄道の総延長は２万８０００㎞弱です。

道路法の道路以外で多いのは農道と林道です。農林水産省の統計によると、農道は約17万㎞、林道は約14万㎞存在します。以上３種類を合わせると１５０万㎞以上の道路が日本中に張り巡らされていることになります。

■トリビア　日本橋は国道1号、4号、6号、14号、15号、17号、20号の7路線の起点であり、国道1号の終点である大阪市北区の梅田新道交差点は、国道2号、26号、163号、165号の起点であるほか、25号と176号の終点であり、やはり7路線が集ま

# 2 道路法の道路の全容と、その一生

## 厳密な手続きを経て、道路はわたしたちの前に現れる

次ページの上半分に、道路法が定めている道路管理の一連の手続きをフロー図にしてまとめてみました。これは1本の道路が生まれ、利用され、役目を終えるまでのいわば道路の一生を現わしたものです。①から⑦の手続きや状況について順を追って説明します。

### 道路法が定める道路を供用するための手続き

①高速自動車国道と一般国道は、政府が公布する政令によって**路線を指定**し、都道府県道と市町村道は、それぞれ都道府県や市町村の長が議会の議決を経て路線を**認定**し、**公示**します。政令による路線の指定や、公示による路線の認定には、**起点**、**終点**、**重要な経由地**の情報が含まれます（短距離の路線では経由地は省略可能）。この三つの情報は路線のアイデンティティに関わる極めて重要な内容とされ、市町村合

194号、195号、197号、493号の起点であり、国道32号と55号の終点であるので、同じく8路線が集合している。

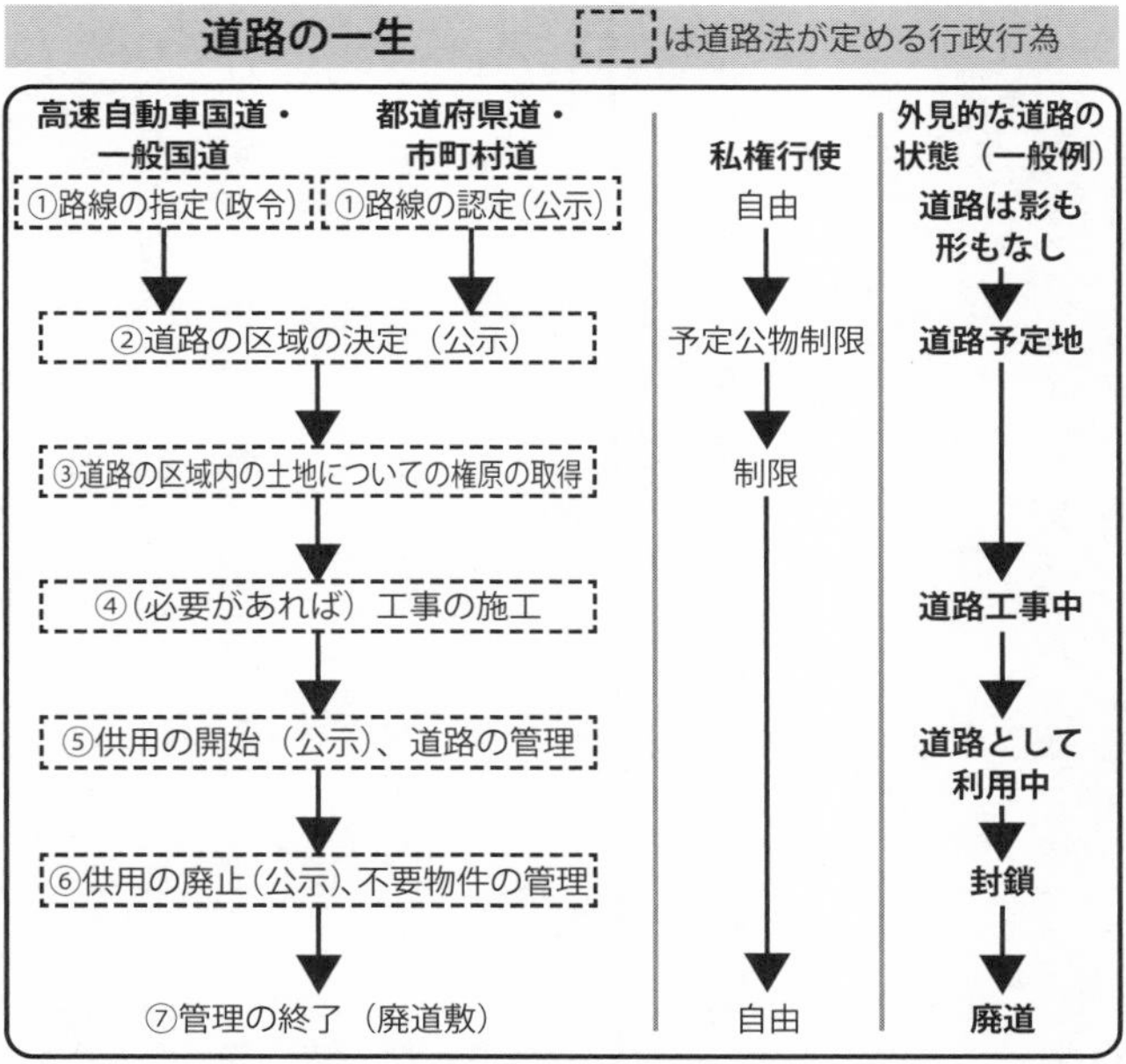


## 道路の種類ごとの管理者

| 道路の種類 | | 路線の指定・認定の方法 | 管理内容ごとの管理者（原則） | | | | | |
|---|---|---|---|---|---|---|---|---|
| | | | 新設 | 改築 | 災害復旧 | 修繕 | 維持 | その他 |
| 高速自動車国道 | | 国が政令で指定 | 国土交通大臣 | | | | | |
| 一般国道 | 指定区間内 | 国が政令で指定 | 国土交通大臣 | | | | | |
| | 指定区間外 | | 国土交通大臣または都道府県（指定市） | | 都道府県（指定市）または国土交通大臣 | | 都道府県（指定市） | |
| 都道府県道 | | 都道府県知事が認定 | 都道府県（指定市） | | | | | |
| 市町村道 | | 市町村長が認定 | 市町村 | | | | | |

■トリビア　わが国の国道最多集合地点は2箇所ある。新潟市の本町交差点は、国道7号、8号、113号、289号、350号の起点で、国道17号、116号、402号の終点であるので、8路線が集合している。高知市の県庁前交差点は、国道33号、56号、

併などによる単純な地名の修正以外の変更（たとえば起点をA市からB市に変更するとか、バイパスに切り替えるために「重要な経由地」だったC町を非経由になるなど）の際には、当該の路線を一旦廃止して新たな内容で認定する（この手続きをひとまとめにして「**路線の変更**」と呼びます）必要があります。

②路線の指定・認定が行われたら速やかに**道路の区域を決定**して公示します。これによって初めて道路の位置と範囲が空間上に指定され、路線の延長も明らかになります。道路の区域は路面だけでなく、道路に附属する法面や防災施設用地なども含まれます。つまり設計が済んでいないと決定できません。そのため路線の指定・認定の直後に区域決定がなされないことがあります。区域の決定により、現に道路が存在しない**道路予定地**でも、土地所有者による建物の新築を制限する予定工物制限など私権の一部制限が発生します。道路の区域のどんな小さな変更も、その都度公示されます。

③道路管理者は②で決定された区域を道路として管理するための**権原**（道路管理権を正当化する法律上の原因）の取得を目指します。私有地であれば、道路管理者が土地所有者と交渉し、売買契約（補償契約）や賃貸契約を結ぶことが行われます。こ

沖縄本島以外にある国道は1本ずつで、いずれも本土との間の海上区間を持っている。島内で完結する国道は沖縄本島にしかない。

の時点で私権の制限がより強化され、道路管理者に与えられたすべての管理権が機能するようになります。土地所有者の同意が得られず、権原の取得が進まない場合は、何年もかけて根気よく交渉が行われるケースが多いですが、公共の利益となる事業の遂行のために、裁判所の決定に基づいて私有地や私有物件を強制的に取得する**強制収用**という手続きが行われることもあります。

④権原を取得したら、実際に道路として利用するために必要な工事が施行されます。しかし、たとえば国道を県道に降格させる場合で既に十分な道路があるなど、新たな工事を必要としないこともあります。

⑤道路として利用可能な状態になると（これを**竣工**といいます）、改めて**供用の開始が**公示されます。一般的な表現の「開通」とほぼ同じ意味で使われている**供用**は、道路用語として頻出なのでぜひ覚えておいてください。**供用中**の道路とは、道路管理者が道路法に基づいて全面的に道路管理権を発動させている法的に現役の道路のことです。実際は廃道状態に近い荒れ果てた通行止の道が供用中ということもしばしばです。供用されていない道路の状態を**未供用**といいます。供用中の道路で具体的にどのような管理が行われるかは、次の項で詳しく解説します。

■トリビア　架橋されていない離島で国道が通っているのは、佐渡島、隠岐諸島（西ノ島と島後の2島）、小豆島、対馬、壱岐、五島列島（中通島と福江島の2島）、種子島、奄美大島、宮古島、石垣島の12の島。これに沖縄本島を加えると13島。

⑥道路としての必要がなくなると、**供用の廃止**が公示されます。供用が廃止されても未供用に戻るだけで区域の決定や路線の認定は生きています。供用だけでなく、区域の廃止や路線の廃止も可能であり、**路線の廃止**が法的な意味での道路の死といえます。稀に道路法の道路から道路法以外の道路になる場合もあり、これも道路法から見れば廃止です。供用が廃止された道路も**不用物件**として一定期間、従来の道路管理者が管理を行う義務があります。（↓290ページ）

⑦不要物件の管理期間が終わると、用地に対する道路管理権がすべて消滅し、私権の制限が解除されます。この段階の用地を**廃道敷**と呼びます。

道路法の道路を理解する上で特に重要な概念は、道路を一般の交通に供することを供用と呼ぶことです。**供用中であるか否かは、実際に通行可能であるかどうかとは別次元に存在する観念**であり、道路趣味者が道路を眺めるときにも供用の有無は真っ先に気になる部分です。

## 道路の種類によって道路管理者が異なる

和15年指定の特30号線と特31号線の3路線である。だが昭和27年公布の新道路法で特別国道の制度がなくなり廃止された。

供用中の道路に対して道路管理者が行う管理を、道路法は大きく分けて、**新設、改築、災害復旧、修繕、維持、その他**という6カテゴリに分けています。35ページの表は、道路の種類ごとに上記各カテゴリの管理を原則として誰が行うか（＝管理者は誰か）の対応表です。見ての通り、国道の管理に関する部分が妙にややこしいですが、道路法では道路の種類と管理の種類ごとに管理者が異なる部分があります。国道は国、都道府県道は都道府県、市町村道は市町村がそれぞれ管理者とシンプルに考えても決して間違ってはいませんが（路線の指定や認定に関わる手続きは上記の者が行う）、国道に指定区間制度が登場した歴史的経緯（↓44ページ）や、それぞれの管理に要する費用負担者は誰かという問題との関係から、このようになっています。

ところで、道路法の条文の上では、道路管理者が「国土交通大臣」という項目が多くありますが、日本中の道路を一人の大臣が目配せするのはもちろん無理。大臣が長である国の機関としての国土交通省、そしてその実行部隊としての各地方部局（関東地方整備局とか聞いたことありませんか？）が、何万人体制で仕事に当っています。

①道路の管理における**「新設」とは、道路法の道路を全くゼロから新たに築造する工事**をいい、路線の指定や認定あるいは変更に伴って行われる事業です。例として、

■トリビア　現在は国道が通っていないが、かつては通っていた離島が一つだけある。小笠原諸島の父島だ。千代田区の倍ほどの面積しかない父島に、旧道路法の時代には3本の特別国道（軍事国道）が存在した。大正9年指定の特19号線、昭

新たな高速自動車国道の建設や、空港の新設に伴ってアクセス道路を県道として認定して新設する工事、林道を新たに村道に認定した際の改良工事などです。

②**「改築」とは、既存の道路法の道路の機能を現状よりもよくするための工事**であり、道路区域の変更に付随して行われます。舗装や拡幅、小規模な線形改良工事だけでなく、数十kmにもおよぶ長大なバイパスの建設（例：中部縦貫自動車道の建設）も、既存の道路法の道路の区域変更に伴うもの（新たな路線の認定を伴わないもの）は改築です。

③**「災害復旧」とは、公共土木施設災害復旧事業費国庫負担法の適応を受けた災害復旧事業のことで、災害により必要を生じた工事**です。原形への復旧や、それが不可能な場合は同等の機能を持つ道路に代替する工事が行われます。破損を元に戻すという意味では「修繕」の一形態ですが、緊急性や費用負担の面で様々な特例が設けられており、別に扱われます。

④**「修繕」とは、道路の損傷を復旧させる工事**で、災害復旧以外のものです。老朽化した橋の架け替えや、ひび割れた舗装の打ち直しなどが含まれます。

⑤**「維持」とは、道路の機能を保持するために反復して行われる作業**で、工事以外のも

895路線、最少は沖縄県で141路線。【道路統計年報2020】

のです。パトロール、撒水、除雪、除草、砂利の補充などがあります。
⑥「その他の管理」とは、①〜⑤以外の道路管理業務全般であり、路線の認定や区域の決定、供用の開始、占用関係などの事務作業のほか、通行規制ゲートの開閉などたいへん多岐にわたります。

我々が道路を安心して利用できるのは、道路管理者の弛まぬ努力のおかげです。しかし近年は多発する自然災害への備えや、高度経済成長期に大量に建造され老朽化した橋やトンネルの点検・更新といった難しい課題が、日本中の道路管理者の前に山積しています。

**道路のさまざまな【延長】について**

これは、次ページの「一般国道データ」の各項目の説明になっています。

| | | |
|---|---|---|
| 総延長 | A | 道路法の規定に基づき指定・認定された路線の全延長 |
| 重用延長 | B | 上級の路線に重複している重用区間（→ 55 ページ）の延長 |
| 未供用延長 | C | 路線の指定・認定がなされているが、供用開始がなされていない区間の延長（海上区間（→ 250 ページ）を含む） |
| 渡船延長 | D | 渡船施設（→ 250 ページ）が道路法に基づいて供用されている区間の延長 |
| 実延長 | E | 総延長から重用延長、未供用延長、渡船延長を除いた延長 【計算式　E=A-B-C-D】 |
| 路線数 | | 道路法により指定・認定された路線の数 |
| 改良率 | | 道路構造令（→ 216 ページ）に適合する区間（規格改良済区間）の実延長に対する割合 |
| 舗装率 | | 簡易舗装を含む舗装済区間の実延長に対する割合 |
| 自動車交通不能区間率 | | 自動車交通不能区間（→ 240 ページ）の実延長に対する割合 |

■トリビア『都道府県道の実延長が長い／短い都道府県』1位：北海道 11890km／2位：新潟県 4643km／3位：兵庫県 4394km／……45位：奈良県 1292km／46位：佐賀県 1263km／47位：沖縄県 1077km。ちなみに路線数最多は北海道で

3

# 国道

## 国道の唯一の名である路線番号。そこから見えてくるおもしろさ

これが国道のシンボル、道路ファンのアイドル、“おにぎり”だ！

**一般国道データ**

| | |
|---|---|
| 総延長（km） | 66,162 |
| 重用延長（km） | 8,004 |
| 未供用延長（km） | 2,284 |
| 実延長（km） | **55,874** |
| 路線数（本） | 459 |
| 改良率（%） | 92.9 |
| 舗装率（%）簡易舗装含 | 99.5 |
| 自動車交通不能区間率(%) | 0.2 |

出典：道路統計年報 2020

### 国道は道路趣味の中では王道的な存在

国道の正式な呼び名は**一般国道**といい、４５９路線あります。実延長は５万５８７４㎞余りですが、道路法の道路全体から見れば４・５％強にすぎません。道路法は国道を**高速自動車国道と併せて全国的な幹線道路網を構成する道路**と定義しており、国道を通らず遠くへ行くのが難しいくらい、全国の道路網の重要な部分を占めています。

道路ファンの間でも国道はとても愛されています。**酷道**（↓２３８ページ）の人気はいうに及ばず、起点から終点まで通して走る「走りつぶし」

や、新道の開通によって国道の認定を解除された旧国道のトレース、「おにぎり」と通称される国道の路線標識を愛するコレクターの存在など、他のどの道路にも増して多くのファンがいます。

## 国道の路線番号の意味とは

国道を知れば、旅はもっと楽しくなります。たとえば、東京都と埼玉県を結ぶ春日通り～川越街道は国道２５４号です。日常的にこの道を使っている人が長野県松本市で同じ国道２５４号の標識を見た時に、遠く離れた二つの場所をつなぐ見えざる経路への興味が湧き上がってくるでしょう。また、東北地方の出身者が上野駅に感じる郷愁と同じようなものを、国道４号（東京～青森）の「おにぎり」にも感じることがあると思います。あなたの思い出の中にも、そんな国道はありませんか。

国道には都道府県道のような地名を含む路線名が設けられておらず、無味乾燥な数字だけで表わされることが、逆に想像力を刺激する魅力になっていると感じます。見知らぬ番号を持つ国道に出会えることは、日本の旅の醍醐味だとさえ思います。

ところで道路地図をじっくり眺めていると、国道の番号について不思議なことに気

■トリビア　全国の都道府県道の実延長は合計129754kmだが、内訳は都道2349km、道道11890km、府道3965km、県道111550kmで、都道が最もレアな存在。【道路統計年報2020】

づくと思います。国道59号～１００号が存在せず、欠番になっているのです。そしてこうした欠番の存在には、国道の由緒に関わる重要なヒントが隠されています。国道の路線とは、誰がいつ、どのようなルールで取り決めたものなのでしょうか。そのことを理解するために、国道の歴史を少しだけ振り返ります。

現在の道路法が制定された昭和27年（１９５２年）当時、国道には**一級国道**と**二級国道**の2種類がありました。当時市販されていた道路地図には、赤色の一級国道と黄土色の二級国道が描き分けられています。特に国土の骨格となるルートを一級国道、そこから枝分かれする支線的なルートを二級国道と分けていたのです。しかし、一級・二級国道とも、路線の指定は国が政令で行うものの、管理者はその路線がある都道府県とされ、新設、改築、修繕、維持などの管理に要する費用も、原則的に都道府県が負担するものとされていました。そのため、都道府県の貧弱な財政基盤のもとでは、国道の整備がなかなか進まないという問題が表面化しました。

そこで昭和33年に道路法が改正され、一級国道の中から特に整備を急ぐべき重要な区間を建設大臣が政令で指定し、その区間については国が直接管理にあたる**指定区間制度**が導入されました。国による国道直轄整備の道が開かれたのです。

6差路のうち5本が別々の府道（残り1本は市道）である。旧宇治町の道路元標も同所にある。

この制度は国道の整備に絶大な効果がありましたが、二級国道の中にも整備を急ぐべき路線が多くありました。そこで指定区間制度の対象を二級国道にまで広めるべく、昭和39年の法改正で国道は**一般国道**に一本化されました。そしてすべての一般国道が指定区間となる可能性を得ました。このような経緯があって、一般国道は35ページの表の通り、指定区間の内外によって道路管理者を異にするようになったのです。ただし指定区間外の国道についても、大規模な新設や改築工事などを国が行える仕組みもあり、その整備を地方に丸投げしているわけではありません。

現在も指定区間制度は健在で、「**一般国道の指定区間を指定する政令**」によって区間が指定されているほか、国が直轄で開発を進めてきた歴史的な経緯から北海道内のすべての国道も指定区間です。旧二級国道にも多くの指定区間が分布する一方、旧一級国道にもバイパスとの並行区間などに指定外の区間があります。そういった区間は旧一級国道のイメージに似つかわしくない整備状況なことがあり、「酷道」に見られがちです。指定区間の総延長は2万3800㎞余りあり、一般国道の約4割を占めています。このように実質的には現在も国道には2種類のグレードがあるのですが、道路地図などで区別されることはありません。なお、指定区間を**直轄国道**、それ以外を**補助**

■トリビア　都道府県道の最多集合地点は、京都府宇治市の宇治橋西詰交差点とみられ、6差路に京都府道3号、7号、15号、62号、241号、248号の6本が集まり、それぞれの起点や終点になっている。なお、府道62号は3号と重用しているので、

| 昭和40年（1965） | 昭和45年（1970） | 昭和47年（1972） | 昭和50年（1975） | 昭和57年（1982） | 平成5年（1993） | 現在 |
|---|---|---|---|---|---|---|
| 一般国道 | | | | | | 一般国道 1号～58号 |
| | | 58号 | | | | |
| | | | | | | 欠番 59号～100号 |
| 一般国道 | | | | | | 一般国道 101号～108号 |
| | | | | | | 欠番 109号～111号 |
| 一般国道 | | | | | | 一般国道 112号～213号 |
| | | | | | | 欠番 214号～216号 |
| 一般国道 | | | | | | 一般国道 217号～507号 |
| | 272号～328号 | | | | | |
| | | 329号～332号 | | | | |
| | | | 333号～390号 | | | |
| | | | | 391号～449号 | | |
| | | | | | 450号～507号 | |

| | | | | | | |
|---|---|---|---|---|---|---|
| 0 | 0 | 0 | 0 | 0 | 0 | 0 |
| 0 | 0 | 0 | 0 | 0 | 0 | 0 |
| 222 | 279 | 284 | 342 | 401 | 459 | 459 |
| 222 | 222 | 284 | 342 | 401 | 459 | 459 |

都道府県道の西端は沖縄県道216号与那国島線の途中にある久部良漁港。

## 国道の増減一覧

| 昭和27年（1952） | 昭和28年（1953） | 昭和31年（1956） | 昭和34年（1959） | 昭和38年（1963） |
|---|---|---|---|---|
| 一級国道1～40号 | | | | |
| | | | 41～43号 | |
| | | | | 44～57号 |
| | 二級国道101～244号 | | | |
| | | | | 105号→46号（再指定） |
| | | | | 108号→47号（再指定） |
| | | | | 109号→108号に統合 |
| | | | | 110号→45号 |
| | | | | 111号→46号 |
| | | | | 115号→49号（再指定） |
| | | | | 122号→50号（再指定） |
| | | | | 123号→51号（再指定） |
| | | | | 141号→52号（再指定） |
| | | | 155号→41号 | 欠番→155号（再指定） |
| | | | 170号→42号 | 欠番→170号（再指定） |
| | | | 173号→43号 | 欠番→173号（再指定） |
| | | | | 179号→53号（再指定） |
| | | | | 182号→54号（再指定） |
| | | | | 194号→55号（再指定） |
| | | | | 197号→56号（再指定） |
| | | | | 214号→57号 |
| | | | | 215号→57号 |
| | | | | 216号→57号 |
| | | | | 242号→44号（再指定） |
| | | 245号～251号 | | |
| | | | | 252号～271号 |

### 合計路線数の推移

| | | | | | |
|---|---|---|---|---|---|
| 一級国道 | 40 | 40 | 40 | 43 | 57 |
| 二級国道 | 0 | 144 | 151 | 148 | 165 |
| 一般国道 | 0 | 0 | 0 | 0 | 0 |
| 合計 | 40 | 184 | 191 | 191 | 222 |

■トリビア　都道府県道の北端は北海道道507号船泊港利礼公園線の終点である礼文島北端スコトン岬。都道府県道の東端は北海道道根室半島線の途中にある納沙布岬。都道府県道の南端は沖縄県道213号黒島港線の起点である黒島中央部。

国道の指定区間と指定区間外を現地で見分ける数少ない方法は、道路標識やデリニエータなどの道路付属物に表示された管理者名を見ること。「建設省」や「国土交通省」であれば指定区間内、都道府県名であれば指定区間外となります。

**国道**とも呼びます。

そして、この一級・二級国道がかつてあったことが、欠番の原因になっています。現在の一般国道は「**一般国道の路線を指定する政令**」で路線が指定されていますが、かつての一級国道と二級国道も、それぞれ昭和27年と28年に公布された「一級国道の路線を指定する政令」と「二級国道の路線を指定する政令」で指定されていました。その中で一級国道には1号から40号までの路線名が、二級国道には１０１号から２４４号までの路線名が与えられました。二級国道の路線名は現在の都道府県道と同じように、「二級国道１０１号青森能代線」というような数字＋起点終点名のダブルネーミ

浜中釧路線で163kmあり、この2路線が断トツ長い。第3位からはおおよそ100km以下に。

ングでした。当時の国道の総延長は２万４０００㎞ほどで、現在の４割強に過ぎませんでした。

その後は前ページの図の通り一級、二級国道ともいくらかの追加指定が行われましたが、昭和40年に一般国道へと一本化された際、**将来の一級国道の追加を見越して空けてあった58～１００号が、そのまま欠番**となりました。これには、路線名が大きく変化することによる混乱や、案内標識を取り替える工事の繁雑などを避けたい思惑もあったのでしょう。その後に一般国道として追加された二桁国道は、沖縄の本土復帰を契機に指定された国道58号があるだけです。

また、路線番号の欠番はこの59～１００号だけでなく、１０９～１１１号と２１４～２１６号も欠番です。これらは二級国道時代に一級国道への昇格が行われた名残です。このほかにも一級国道へ昇格した路線はいくつかありましたが、欠番は生みませんでした。たとえば昭和28年に指定された二級国道１２２号前橋水戸線の場合、昭和38年に一級国道50号へ昇格すると同時に、起点も終点も全く異なる二級国道１２２号日光東京線が新たに指定されています。当時の利用者は混乱しなかったのでしょうか。

なお、昇格による欠番はありますが、現行の道路法下で国道の路線そのものが廃止

■トリビア　日本一長い県道は、新潟県道45号佐渡一周線。その名の通り佐渡島をほぼ1周する路線で、総延長実延長とも約170km。厳密には1周つながっていないので、もし将来つながったらもっと長くなりそう。第2位は北海道道142号根室

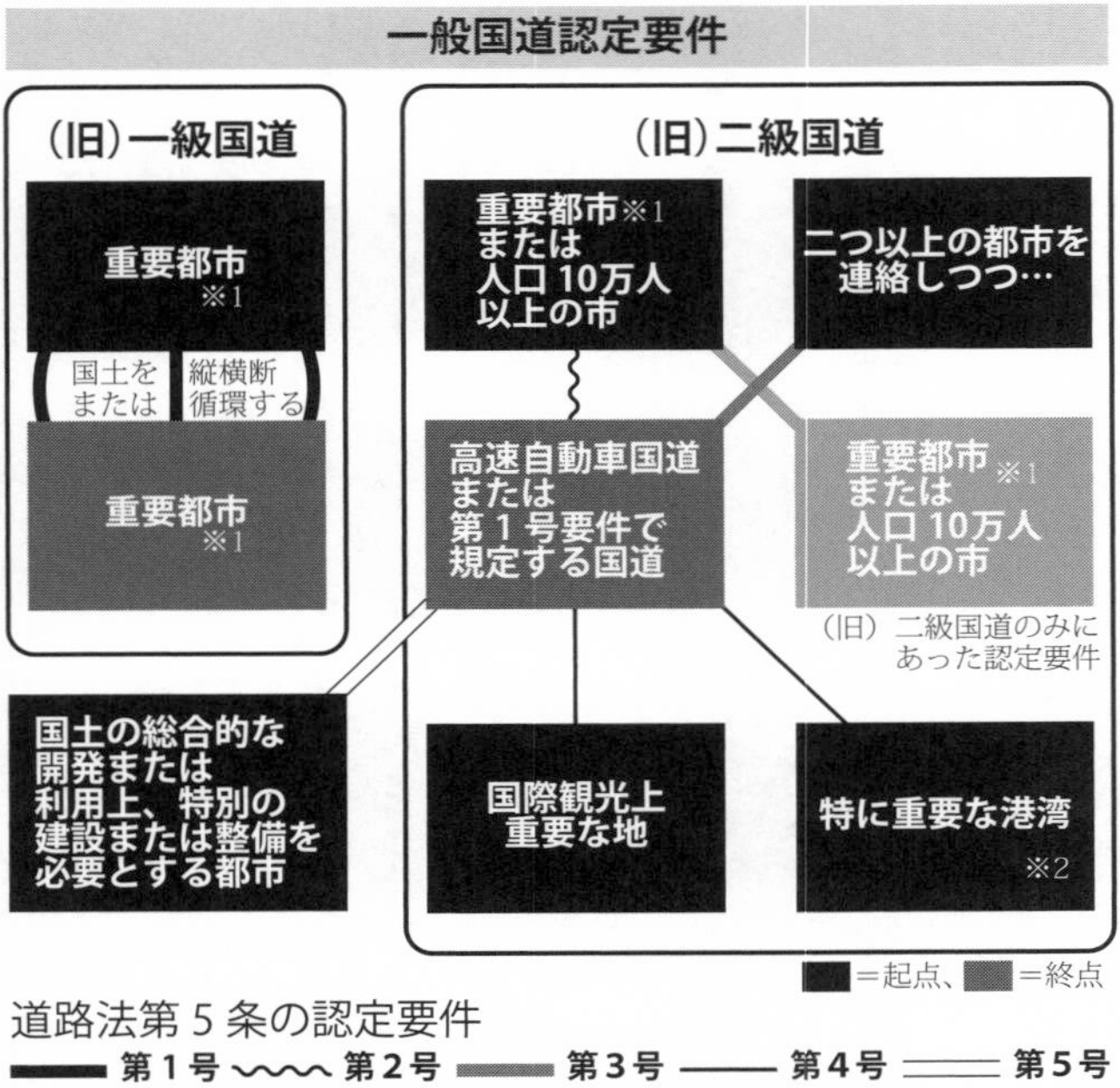


※1　都道府県庁所在地（北海道の支庁（当時）所在地を含む）その他政治上、経済上または文化上、特に重要な都市
※2　港湾法（昭和 25 年法律第 218 号）第 2 条第 2 項に規定する国際戦略港湾、国際拠点港湾もしくは同法附則第 2 項に規定する港湾、重要な飛行場

されたことは一度もありません。そもそも道路法に国道を廃止する手続きの記述はありません。国道の路線の指定が政令で行われるのと同じく、廃止も政令で行う事が想定されている（つまり可能である）ようです。

長は126m）。

## 国道になれる道路の条件（指定要件）

国道の路線はどのように選ばれたのでしょうか。一定以上の規格を持つ道路でしょうか、それとも年間交通量でしょうか。意外と思われるかも知れませんが、これらの要素は道路法にはまったく登場してきません。道路法の第５条は、右の図にまとめたような五つの要件を挙げ、そのいずれか一つでも満たせば「国道の資格あり」としていいます（ただし資格だけで国道になれるほど甘くはありません、第５章もご覧ください）。

五つの要件の第１号は、**「国土を縦断し、横断し、又は循環して、都道府県庁所在地（北海道の支庁所在地を含む）その他政治上、経済上又は文化上特に重要な都市（以下「重要都市」という）を連絡する道路」**というもので、これは旧一級国道のただ一つの認定要件でした。対して第２～４号は旧二級国道に対応しています（高速自動車国道に関する部分は昭和32年に加わりました）。そして最後の第５号は、昭和40年に付け加えられました。

これら国道指定の要件のイメージは、第１号要件による国土の骨格となる国道（旧一級国道）が幹となり、そこから枝分かれした第２～５号要件の国道が各地の重要拠

■トリビア　日本一短い県道は、総延長最短は広島県道204号安登停車場線で、JR呉線安登駅と国道185号を結ぶ10.5m。ちなみに幅は18.7mある。実延長最短は長野県道162号上田停車場線で、駅前ロータリーの入口部分の実延長7.0m（総延

点を結ぶ形の道路網となります。すなわち、旧一級国道である一桁や二桁の国道は国道の中の国道であり、その多くの区間が、現在の国道指定区間制度において、指定区間となって国の直轄管理を受けている原因は、この国道の指定要件にもあるのです。

もう少し要件に出て来たワードを探ってみましょう。まず気になるのが、昭和40年に新たに追加された**第5号要件**の要である「国土の総合的な開発または利用上、特別の建設または整備を必要とする都市」とは具体的にはどういう都市を想定しているかです。ともすれば恣意的に国道を指定できそうなこの表現については、昭和39年の第46回国会建設委員会で質疑が行われており、答弁にあたった道路局長が、「たとえば全国総合開発計画でいいます開発の拠点都市、または新産業都市、あるいは工業整備特別地域等を一応考えております」と述べています。**全国総合開発計画（全総）**は昭和37年に策定された日本国土全体の利用、開発および保全に関する基本的な計画のことで、住宅、都市、交通その他社会資本の整備について国の計画すべての根幹となるものでした。特定都市への過密を大きな社会問題と捉えたうえで、新たな開発拠点都市を全国に分散配置する開発拠点主義を掲げており、具体的には全国15地域におよぶ新産業都市や6地域の工業整備特別地区の開発を国の主導で強力に進めることが盛り込

場線は約11kmもあり、冬季閉鎖になる砂利道（いわゆる険道）という、停車場県道の変わり種だ。ちなみに大志田駅は平成28年に廃止されている。

まれていました。国道の第5号要件は、全国総合開発計画（およびこれを改定したその後の各次全総）に関わる都市開発を念頭に置いたものといえそうです。なお、新産業都市や工業整備特別地区に関して定めた法律は平成13年に廃止され、これらの呼称もなくなりました。

第1号要件の国道と重要な港湾や空港あるいは国際的観光地を結ぶという**第4号要件**は、とても個性的な一群の国道を存在させる根拠となっています。日本一短い国道として知られている神戸港の国道174号（全長187m）をはじめ、全国の港や空港のそばに、一様に短い国道が15本ほど存在しており、道路ファンからは「港国道」と呼ばれて親しまれています。多くの港国道は、近年の港湾の近代化、埋立て地の沖への拡大などに取り残されて、現在は各港の中心的道路ではなくなっていることが多いのですが（そのことがまた愛されている一要因かと）、それでも港国道の存在は、国の認めた最重要港湾の証しとして燦然と輝くものです。

このように国道には指定要件がありますが、道路としての現状を問う要件がないことに要注目です。だからこそ国道には「酷道」と呼ばれるような道や、目に見える道が全くない海上に指定された「海上国道」が存在しうるのです。酷道や海上国道とは

■トリビア　いわゆる停車場県道とよばれる鉄道駅と近隣の幹線道路を結ぶ都道府県道は短距離である路線が多く、中でも路線名が停車場名だけの路線はその傾向が強い。しかし国道455号とJR山田線大志田駅を結ぶ岩手県道204号大志田停車

どのようなもので、なぜ存在するのか、そしてどのような意義を持つかについては、道路の深淵を覗く第5章をご覧下さい。

## 国道の路線名（番号）の順序や起点・終点に関する原則

これは道路法の規定ではないですが、新たな国道の路線名を取り決める際には、道路法制定の初期から一定の原則が設けられています。

まず一つめは、北から南に順に指定していくことです。最初に指定された二級国道は「101号青森能代《のしろ》線」「102号八戸弘前線」のように青森県から始まり、東北、北陸、…九州と順に南下して「226号枕崎指宿《いぶすき》鹿児島線」の次が北海道の「227号函館江差《えさし》線」となっています。そして北海道内「244号網走《あばしり》斜里《しゃり》根室《ねむろ》線」がラストナンバーでした。以降の追加指定時にもこの原則は生きています（ただし北海道↓東北↓…↓九州↓沖縄の順になりました）。この原則のおかげで特定の地域に路線名の近い国道が集中し、さらに追加指定の度に繰りかえされた結果、11ページで見た東京近郊の例のように、ばらつきと偏りが共存しているのです。

もう一つは起点と終点に関するものです。国道1号の起点は東京で、終点は大阪で

アショロ原野螺湾足寄停車場線」は24文字だが、難読の長名として知られる県道。

す。４号も起点は東京で、終点が青森。58号は鹿児島が起点で終点は那覇です。これらの例のように東京および東京に近い方が起点となる原則があります。また、大都市と小都市を結ぶタイプの路線では大都市の側が起点となり（国道19号の起点は名古屋市で終点は長野市）、同程度の都市を結ぶ路線では北側ないし東側が起点となる原則もあります（国道49号は起点がいわき市、終点が新潟市）。しかし例外も数多くあり、国道122号は起点が日光市で終点が東京都豊島区ですし、国道16号のように起点から回り回って同じ地点に戻ってくる環状路線も存在します（起終点とも横浜市西区）。

**道路の重用（重なり合い）と新道・現道・旧道（複数ルート）について**

道路法はその第11条において、国道、都道府県道、市町村道が互いに重なり合って一つの道路を共有することを認めています。これを**重用**《ちょうよう》（または**重複**）といいます。そして重用区間では重なり合う路線のうち、グレードがより高い道路の規定を適応するとしています。またその際に下位となった路線（国道や県道同士であれば、**路線番号がより小さい方が上位**と見なされます）の重用区間の長さを重用延長といい、道路の実延長からは省かれます。42ページの表で見たとおり、国道では総延長の12％近い

■トリビア　日本一路線名の読みが長い県道は、埼玉県道250号「森林公園停車場武蔵丘陵森林公園線」とみられ、路線名の読みは「しんりんこうえんていしゃじょうむさしきゅうりょうしんりんこうえんせん」の34文字。北海道道664号「モ

約８０００㎞が重用延長になっており、これは都道府県道や市町村道に較べて圧倒的に高い割合です。中には国道４９２号のように総延長の８割近くが重用延長だったり、国道３４４号のように、秋田県内の区間がすべて重用延長のため県民にはほとんど存在を知られていないというような国道もあります。

道路が１本に重なり合う重用とは反対に、１本の路線が何本にも分かれて並行することがあります。道路統計年表ではこれらを**旧道**、**新道**、**現道**として分けて集計しており、実延長はその合計になります。たとえばある区間にバイパスが部分開通した際、そのバイパスの延長は新道に集計されます（従来の道路は現道として集計）。バイパスが全線開通すると、今度はバイパスを経由した距離が現道になり、従来の道は旧道に集計されるようになります。もっとも、旧道がその路線の道路区域から外れた場合は集計の対象外となり、旧道としてはカウントされません。

は全て国道107号との重用区間であるため、秋田県民はこの県道を知らない。こういう幽霊みたいな国道や県道は全国に存在する。

愛知県新城市内の国道3重重用区間に立つ3連串おにぎり。

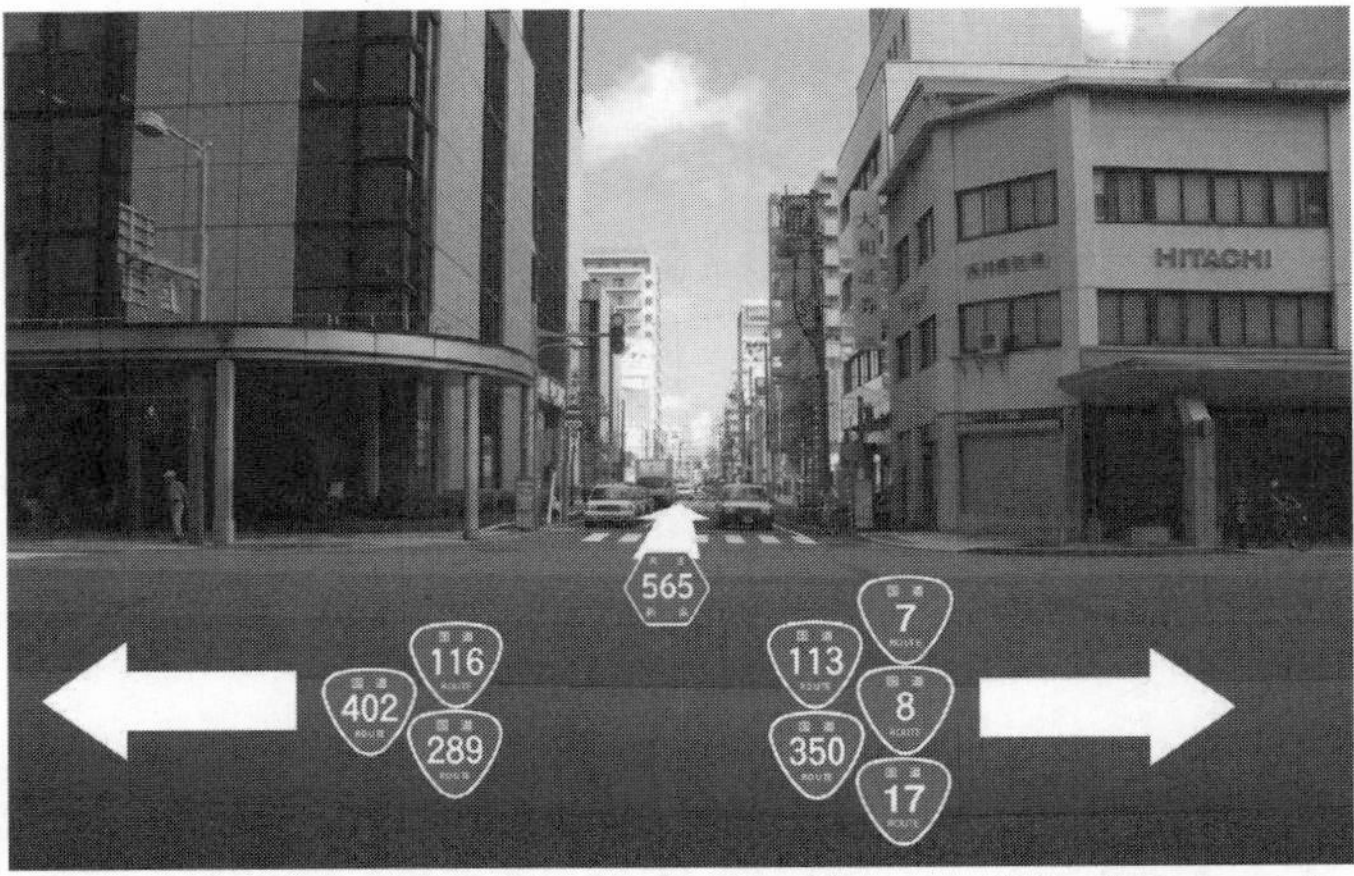


新潟市中央区にある本町交差点には、8本の国道と1本の県道が集まっており、日本最多の国道集合地点である。またここには新潟市道路元標と里程標（→210ページ）も設置されている。

■トリビア　国道344号は秋田県湯沢市と山形県酒田市を結ぶが、秋田県内の区間は全て国道13号との重用区間であるため、秋田県民はこの国道を知らない。岩手県道・秋田県道1号は岩手県盛岡市と秋田県横手市を結ぶが、秋田県内の区間

## 4 都道府県道

地方的な幹線道路網を構成するのが都道府県道である

**都道府県道データ**

| | |
|---|---|
| 総延長（km） | 142,840 |
| 重用延長（km） | 11,484 |
| 未供用延長（km） | 1,597 |
| 実延長（km） | **129,754** |
| 路線数（本） | 13,340 |
| 改良率（%） | 70.7 |
| 舗装率（%）簡易舗装含 | 96.9 |
| 自動車交通不能区間率(%) | 1.3 |

出典：道路統計年報 2020

これが都道府県道のシンボル、いわゆる“ヘキサ”標識だ。

### 都道府県道の総路線数は、1万本以上

都道府県道は、道路法が定める道路の種類の第3番目で、一般国道の次に位置しています。実延長は12万9000㎞余りで、道路法の道路全体の約11%を占めます。条文では都道府県道とまとめられていますが、個別の路線名としては、東京都内では**都道**、北海道内では**道道**、大阪府と京都府では**府道**、残りの県では県道が冠されます。それにしても、「道道」というのはなかなか割り切った名前だと思います。

道路ファンにとっての都道府県道は、身近さと

格式の高さが程よくブレンドされた、もっとも手頃な遊び相手といった感じでしょうか。最初は国道から入った道路ファンが次第に深化し、次に目を向けるのは大抵、各地のちょっと変わった都道府県道だと思います。酷道に対応する「険道」という用語もありますし、国道では激レアな「階段」だって、県道ならばそこそこ各地にあったりします。国道は全国に459路線ですが、県道の路線数は全国に13340本も存在します（複数の都道府県や指定市に跨がる路線をそれぞれカウントした合計。純粋な路線名の数も1万本は超えているでしょう）。一都道府県あたり283本ある計算ですから、すべての都道府県道に足跡を刻むのは大変な大仕事で、有人離島の隅々まで行く覚悟が必要です。

都道府県道のシンボルは六角形の道路標識で、国道の「おにぎり」に対し「ヘキサ」が代名詞となっています。もちろんヘキサハンター（コレクター）もたくさんいます。

## 都道府県道になれる道の条件

道路法第7条は、**都道府県道は地方的な幹線道路網を構成する道路**で、都道府県知事が議会の議決を経た上で、その区域内にある路線を認定することができるとしてい

■トリビア　日本一路線名が短い県道は、三重県道10号「津関線」とみられ、路線名の読みは「つせきせん」の5文字。三重県津市と同県亀山市関町を結ぶ。

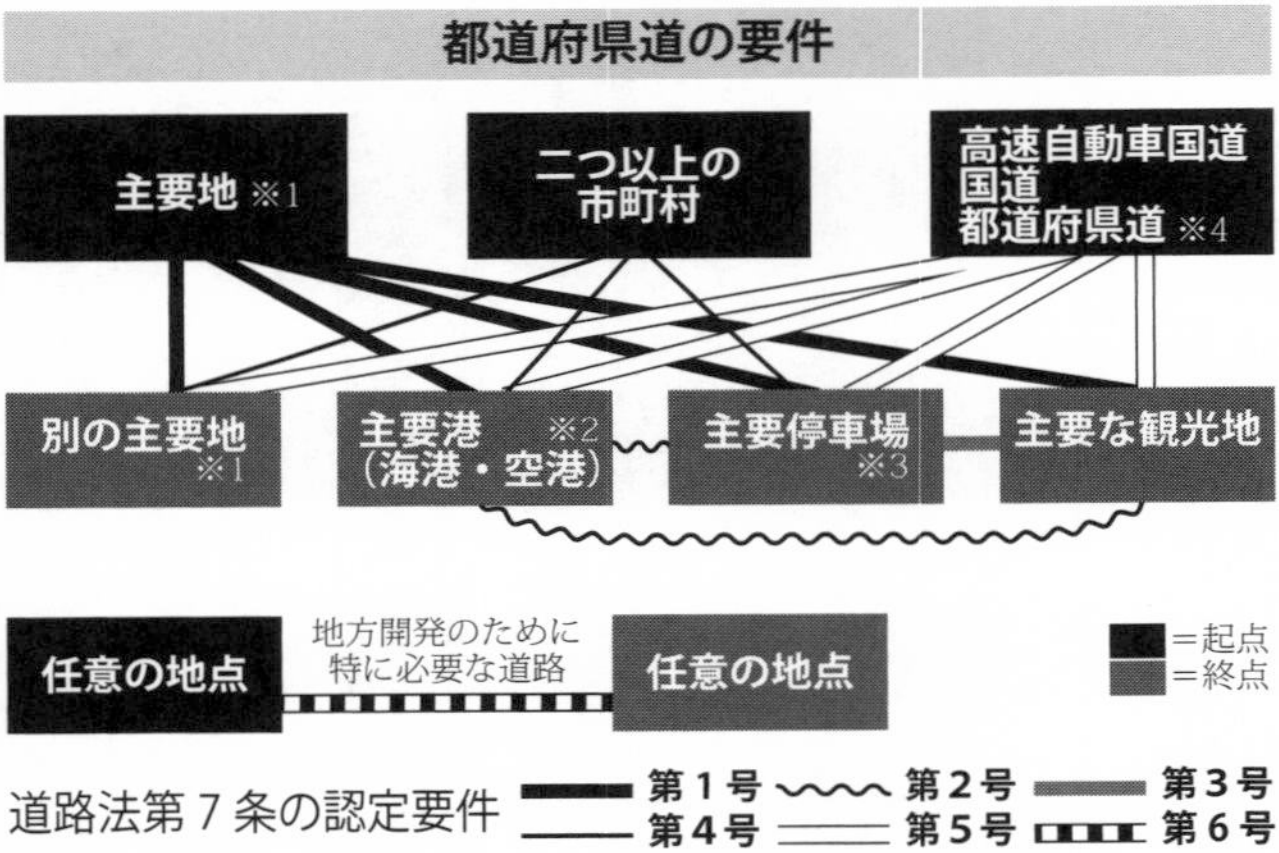


※1　市または人口5000人以上の町
※2　港湾法第2条第2項に規定する国際戦略港湾、国際拠点港湾、重要港湾もしくは地方港湾、漁港漁場整備法（昭和25年法律第137号）第5条に規定する第二種漁港もしくは第三種漁港もしくは飛行場
※3　鉄道もしくは軌道の主要な停車場もしくは停留場
※4　都道府県道の場合は、それが第1号～第4号いずれかの要件を満たした路線

ます（国道は「指定」、都道府県道は「認定」といいます）。そしてその管理は、認定した都道府県自らの負担で行うことが原則です。それでも都道府県がすべて自由に路線を認定できるわけではなく、上の図の要件のいずれかを満たすことが定められています。

　これらの認定要件は少しややこしいですが、考え方は先ほどの国道の場合と通底しており、それを全体的に緩和したものになっています。たとえば、国道の場合は県庁所在地レベルの「重要都市」を起終点とする要件が存在しましたが、都道府県道ではそれが「市または人口５０００人以上の町」（主要地）に緩和されています。

大きな特徴として、国道では認められなかった**停車場**（これは古い表現で、鉄道や軌道の駅のことです）を起終点のいずれかとする路線を認定できます。国道には「港国道」という特徴的な一群が存在すると説明しましたが、都道府県道の中にははるかにたくさんの「停車場県道」があります（もちろん「港県道」もあります）。そんな停車場県道の中には、鉄道が廃線になってもしぶとく残っている路線や、日本一短い県道「長野県道１６２号上田停車場線」（実延長７ｍ…‼）などの変わり種もいます。

全体的に都道府県道の認定要件はかなり緩やかなものですが、それでも駅や港や大きな観光地を持たない山村や、一つの町村で占められている離島や半島のような環境では、第１～５の要件を満たすことが難しい場合もあります。そんな場合でも本当に必要な路線は認定できるように、最後の第６号の特別な要件が存在します。

また道路法の認定要件にはない細かなルールが、建設省（現国土交通省）より各都道府県知事にあてた通達の形で存在します。それが「都道府県道の路線認定基準等についてて」という道路局長通達（※）で、昭和29年（１９５４年）の最初の通達以来何

（※）わが国の法令は、上位より憲法、法律、政令、省令、通達などがあり、道路法は法律、道路法施行令や道路構造令は政令、道路標識区画線及び道路標示に関する命令は省令などとなっています。

度かの改正を経て、現在は平成6年（1994年）のものが使われています。それによると、新たに認定しようとする都道府県道の経路は、①交通の流れに沿うこと、②重用延長が総延長の30％以下（特別な理由がある場合は50％以下）であること、③自動車（自転車道線の場合は自転車）の交通が可能であることなどが求められています。確かに都道府県道の路線は国道に較べてシンプルに起点と終点をつないでいることが多く、最近認定された国道でよく見られる「迷路国道」（→248ページ）のような迷走は少ないです。また県道には極端に長い重用区間も見られません。ただし③の自動車が交通可能であるというルールには例外の規定があります。それは「当該路線の新設又は改築を行う確実な計画がある場合は、この限りではない」というものです。初期の通達ではこの条件がさらに緩く、全線の30％まで「自動車交通不能区間」（→240ページ）が認められていました。そのため認定時期が古い都道府県道を中心に、現在でも多くの自動車が通れない区間が残っています。

ほかにもこの通達には、道路法の認定要件にある「主要な観光地」の具体的基準など、細やかな規程が盛られており、地方自治を縛りたい国の思惑が透けている……というのは穿った見方でしょうか。現行の通達では廃止されましたが、「主要な観光地」

与那国島線（与那国島）と沖縄県道184号北大東港線（北大東島）の間で、約850km離れている。

が「温泉地」である場合は「500人以上を収容する宿泊施設があること」といった細かな規程まであったのです。

## 都道府県道の路線名と整理番号のひみつ

都道府県道の面白さの一つは、国道にはない都道府県ごとの独自性です。その最たる部分は路線番号の付け方。まず、そもそも都道府県道の路線名がどのようなものであるかを見ておきましょう。ここにも国道との大きな違いがあります。

たとえば「東京都道173号上館日野線」は「整理番号：173」、「路線名：上館日野線」のような構造になっています。**都道府県道の整理番号は、国道の路線番号が路線名そのものであるのと異なり、その都道府県にある路線を区別する便宜上の番号に過ぎません。**従って、整理番号を除いた「東京都道上館日野線」が真の路線名です。

整理番号は本来日陰の存在でしたが、昭和46年に都道府県道番号標識（ヘキサ）が制定されたことを契機に、利用者へも案内なされるようになってきました。最初のうちはヘキサが少なく、道路地図にも県道番号は書かれていませんでしたが、平成6年の和歌山県と福井県への設置を最後に、現在は全都道府県にヘキサが設置されていま

■トリビア　同一都道府県内の都道府県道で最も離れた2地点は、東京都道204号日原鍾乳洞線の終点（東京都奥多摩町）と、東京都道241号沖港北港線の起点（小笠原諸島の母島）の間で、おおよそ1060km離れている。次点は、沖縄県道216号

す。また、懸案であった県境を跨ぐ路線における整理番号の統一も平成に入ってほぼ完了しています（現在も愛知県と静岡県の県境などに番号違いの越境路線がありま す）。

整理番号の付け方については、昭和46年の建設省通達で、**1〜100号を主要地方道、101号以降を一般都道府県道にあてることが原則化**されました。その上で各都道府県が独自に採番しており、次のような特徴が見られます。

①北海道は全国最多の895本の道道を有し、主要地方道である主要道道の枠が200号までになっています。認定されているラストナンバーは1181号で、4桁のヘキサは北海道にしかありません。

②東京都の特別区（23区）内で完結する都道は、道路法89条の規程により、前述した認定要件によらず都が独自に路線を認定できる**特例都道**という扱いになっており、300番台を特例主要地方道（例「東京都道311号環状八号線」）、400番台を特例都道にあてています。

③神奈川県は、整理番号と別に独自に「県道番号」を設けていて、標識等への案内に

県のトカラ列島に所在する人口750人の十島村は、七つの有人島からなり、村の総面積は100㎢以上あるが、国道も県道も存在しない。

用いています。また次の山梨県と似たブロック制を採用しています。
④山梨県は、県内を八つのブロックに分けて、一般県道の整理番号の百の位に対応させています。そのため全国の県道では最大の番号である８１３号があります。
⑤沖縄県は、路線名がなく整理番号だけで表わされる一般県道が多数あります。また、主要地方道が１００号以下という原則も機能していません。

路線名の命名方法についても、次のような取り決めがあります。基本は、起点と終点の地名（市町村名、字名、港や停車場あるいは公園、観光施設の名称）を順につなぎ合わせる命名です。しかし既にある同名の路線と被る場合には、間に重要な経由地を一つ加えることができます。また前述した要件第5号の認定路線が主要港、主要停車場、主要観光地を起点とし、かつ終点が同一の市町村内にある場合は、「上田停車場線」のように短縮した命名をします。またインターチェンジに連絡する路線では「秋田北インター線」のような短縮した命名ができます。

■トリビア　本土や主島との架橋がない離島で、都道府県道がある最も小さい島は、琵琶湖に浮かぶ竹生島（人口0人面積0.14㎢）で、滋賀県道319号竹生島線（実延長0.1km）が存在する。観光歩道で全線に屋根が架かっている。一方、鹿児島

# 5 主要地方道

## 国庫補助で整備される、都道府県道や市道のエリート部隊

### 道路法の条文に主要地方道という名前はない

主要地方道は、現在の多くの道路地図で独自の色分けを与えられ（大抵は緑色）、最近では道路標識の上でも普通のヘキサと区別されつつあるなど（左の写真）、確たる存在感を示しています。そのため「主要地方道」という国道や県道と並ぶ道路の種類があると思っている人も少なくないでしょう。しかし道路の種類を定めた道路法第２条はもちろん、ほかのどの条文にも主要地方道という名前は見あたりません。主要地方道は駆け出しの道路ファンを悩ませる、謎めいた存在です。

主要地方道は文字通り、**地方道**のなかの主要な道です。では地方道とはなんでしょうか。これまた道路法の条文には出て来ない単語ですが、国の造営物である「国道」に対する、地方の造営物たる道路を指す一種の行政用語です。つまりこの意味での「国道」には、管理者が国である高速自動車国道と一般国道が含まれ、「地方道」には管理

存在する。道路状況は家並みの間を縫う幅1.2mほどの狭い路地であるが、現地には県道であることを示すペイントがある。

者が地方である都道府県道と市町村道が含まれます。現在の道路法の草案段階では、道路を国道と地方道の二種類に分ける案が検討されたこともあり、地方道という観念は長い歴史を持っています。

道路法第56条に以下の記述があり、主要地方道の根拠となっています。「国は、国土交通大臣の指定する主要な都道府県道若《も》しくは市道を整備するために必要がある場合（中略）当該道路の新設又は改築に要する費用についてはその二分の一以内を（中略）道路管理者に対して、補助することができる」というものです。この冒頭の**「国土交通大臣の指定する主要な都道府県道もしくは市道」**こそ、**主要地方道**と呼ばれているものです。つまりその実態は都道府県道や市道であり、特に主要地方道以外の都道府県道を指して**一般都道府県道**と呼びます。

平成に入って各地の交差点に整備が進められている路線案内標識では、初めて一般県道と主要地方道を分ける表記が採用されました。上は緑色で主要地方道、下は黄色で一般県道を示しています。

また、市道である主要地方道は全国20市の

■トリビア　本土や主島との架橋がない有人の離島で、都道府県道がある最も小さい島は、豊後水道に浮かぶ大分県津久見市の保戸島とみられる。約970人が暮らす面積0.86㎢の小さな島内に、大分県道612号長目中ノ島線（実延長256m）が

政令指定市にのみ存在します。

ある地方道が「主要」であるかを選抜するのは国の権限であり、決まった路線は省令により告示されます。その際の路線名の原則は都道府県道に準じます。そして主要地方道に指定されると、路線の新設や改築に要する費用の最大50％まで国庫の補助を受けることができるようになります。

このように道路法第56条は、道路法に定められた「地方道の管理に要する費用は全額をその地方が負担する」という原則に対する例外規程として存在します。これは、地方道の中にも広域的な交通を担う重要な路線が多数存在する実情があり、その整備については国がある程度積極的に関わるべきだという考え方から生まれたもので、二級国道の第一次指定が行われた翌年の昭和29年（１９５４年）には、第一弾となる２１６７路線の主要地方道が告示されました。また旧道路法時代にも同様の指定府県道という制度がありました。

主要地方道には、高速道路や国道を補助して地方の幹線道路となる表向きの役割のほかに、秘かな別の役割もあります。それは、**国道予備軍**という魅惑的なポストです。国道指定の要件は道路法に定められていますが、それを満たした道が自動的に国道に

兵庫県道482号沼島線も短く、総延長・実延長とも40mしかない。

なれるわけではありません。二級国道の最初の追加指定が行われた昭和31年当時、多数の候補路線を選別する建設省議の場で、「現在その路線が主要地方道であること」が重要な要素の一つになっていたと「二級国道の路線の追加指定について」（田村稔、『道路』所収）に述べられています。さらに『国道の謎』（松波成行著）は、昭和50年に新たに国道の指定を受けた３３９号から３９０号がすべて主要地方道からの昇格であったことを述べた上で、一般国道の選定基準にも主要地方道重視の考え方が反映されているとしています。このことを裏づける別の事実として、主要地方道の追加指定の時期（昭和39年、46年、47年、51年、57年、平成５年に行われています）が、国道のそれと近接しています（同年ないし翌年）。

もっとも、国道昇格は主要地方道にとっても大変狭き門です。現在、主要地方道は総路線数３０２０本、実延長５万４４００km（市道である約３５００kmを除いた延長）と、都道府県道全体の42％を占めるまでになっています。人口減少時代にあって、今後の新たな国道昇格は望みが薄そうです。

■トリビア　本土や主島との架橋がない離島にある都道府県道で最短の路線は、沖縄県渡名喜村にある同村唯一の県道である沖縄県道188号渡名喜港線とみられ、総延長・実延長とも全長25mである。淡路島の南に浮かぶ沼島の港と集落を結ぶ

6

# 市町村道

## 市町村ごとの独自の制度で管理される、道路界の圧倒的多数派

### 人が住む地の隅々に行き渡る道

道路法が定める４種の道路のしんがりが市町村道ですが、驚くべきはその多さです。実延長１０３万km余りに達しており、実に道路法の道路の84％を占めています。わが国の道路はほとんど市町村道であるといっても間違いではありません。しかし走行台キロの値（通行量×走行距離）は、全道路の27％前後に過ぎません。

**市町村道データ**

| | |
|---|---|
| 総延長（km） | 1,062,864 |
| 重用延長（km） | 15,794 |
| 未供用延長（km） | 15,123 |
| 実延長（km） | **1,031,840** |
| 路線数（本） | 3,168,444 |
| 改良率（%） | 59.5 |
| 舗装率（%）簡易舗装含 | 79.6 |
| 自動車交通不能区間率(%) | 13.5 |

出典：道路統計年報 2020

都道府県道の場合と同じように、市町村道は市において**市道**、町において**町道**、村において**村道**となります。東京都の特別区内にあっては**特別区道**（単に区道とも）の呼称を用い、道路法における扱いは市町村道に準じます。

道路法第８条は市町村道の意義や認定方法について定めていますが、「**市町村道と**

道・埼玉県道・茨城県道9号佐野古河線がトップで、約7kmの間で5回も県境を跨ぐ。

**は、市町村の区域内に存する道路で、市町村長がその路線を認定したものをいう」**とあるだけで、国道や都道府県道のような認定要件の定めはありません。ただ同条第２号には、認定には当該市町村の議会の承認を経る必要があると規定しています。

このように認定という行政行為を設けつつも特定の要件を定めていないことは、道路法第２条で示された「（道路法の）道路とは、一般交通の用に供する（すべての）道」だという理念を体現しています。市町村道は認定した市町村が管理し、そのための費用負担も原則的には市町村単独で負うことになっています。

また市町村道には、都道府県道以上の道路では認められていない特別な認定の方法があります。それは特に必要な場合に限って当該市町村の区域外にも市町村道を認定できることです。例えば、Ａ村の隣にあるＢ村に鉄道駅が開業し、Ａ村では駅を便利に利用するため、そこまでの道を新たに村道として整備したいと考えたとします。しかしＢ村にとってその道は、さほど必要ではないかもしれません。このような場合でも、Ａ村はＢ村と協議した上で、Ｂ村の区域内にＡ村の村道を認定し管理することができるのです。このような仕組みの存在は、生活密着道路としての市町村道の利便性を高めてきました。

■トリビア　多くの都道府県に跨がる国道は、国道1号と国道4号で、8都府県に跨がる。次は国道2号と8号で6跨ぎ。その次は国道6号、国道9号、国道365号、国道468号、国道477号が5跨ぎ。都道府県道の場合は、4県跨ぎの栃木県道・群馬県

市町村道をどのように運用するかは自由裁量となっていますが、比較的多くの市町村は国が提示した考え方を踏まえて、これをグレードの高い順から、**幹線一級、幹線二級、一般**（その他の市町村道）の3種類に区分して管理しています。このうち2種類の幹線市町村道については、たとえば「主要集落（戸数50戸以上）とこれらと密接な関係にある主要集落とを連絡する道路」（一級）「集落（戸数25戸以上）相互を連絡する道路」（二級）などを認定の基準としています。しかしこれとは異なる区分を用いている市町村も多くあり、神奈川県厚木市は、一級市道、二級市道、自転車歩行者専用道路、歩行者専用道路、一般市道の5種に分けています。また新潟県刈羽村は、村道一級線、村道二級線、村道三級線の3種に区分しています。

平成の市町村大合併では相当数の市町村道が何らかの影響を受けたと思われますが、全国的な市町村道の調査が行われたという話は聞きません。趣味の対象としての市町村道は、個々の路線規模が小さいことや、道路法で特段の認定要件が定められていないことによる「格式」不足などが原因で、まだまだ盛り上がりに欠けます。しかし一見平凡な市町村道の中にも、新道の開通により格下げされた国道の旧道や、近世以前の街道が細々と受け継がれている古道など、歴史的な面白さを秘めた道が多数眠って

越峡で、3kmの間に県境である庄川を7回跨ぐ。ここにある合掌大橋は1本で県境を二度跨いでいる。

おり、その多くは道路ファンの講究を待っている状態にあります。

道路地図や道路標識の世界でも市町村道は冷遇されています。道路地図では無着色が基本で、道路法によらない道路との区別が困難ですし、道路標識においても特定の路線標識は定められておらず、わたしたちが道路上で市町村道の路線名や整理番号を知る機会はほとんどありません。しかし一部の市町村は**独自デザインの路線標識**を設置しているので、道路の興味深い地域色の一つとなっています（↓263ページ）。

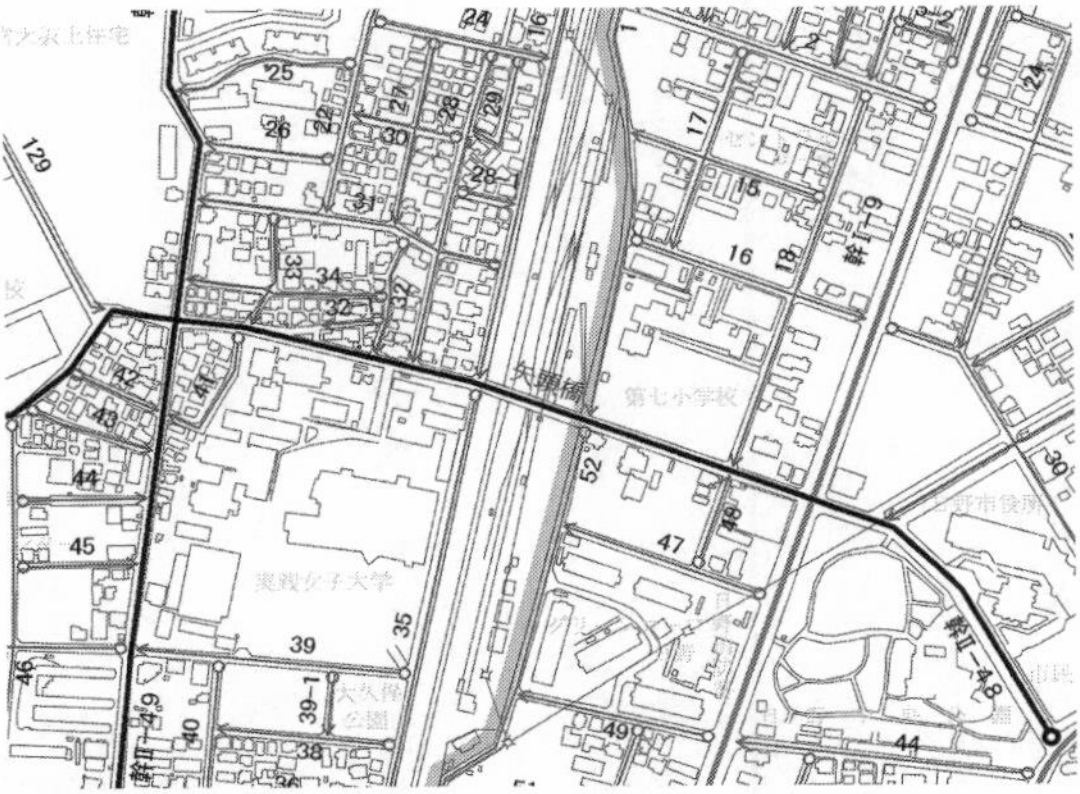

日野市の市道網図の一部。細かな路地にも市道の路線番号が振られています。その路線網の細やかさがうかがえます。（日野市のサイトより）

■トリビア　同じ県境を最も多く跨ぐ道路は国道371号で、高野龍神スカイラインと呼ばれる区間が奈良県と和歌山県の県境の稜線に沿っており、20kmほどの間にこの県境を43回も行き来する。次点は国道156号の富山と岐阜の県境である飛

# 7

# 高速自動車国道

## お馴染みの「高速道路」も、税金だけで整備されれば無料の道路になる

平成29年の高速道路ナンバリング（→26ページ）と共に登場し始めた、高速道路の“どんぐり”型の路線標識。新たな高速道路のシンボルだ。（写真：藤田哲志）

**高速自動車国道データ**

| | |
|---|---|
| 総延長（km） | 9,204 |
| 重用延長（km） | 0 |
| 未供用延長（km） | 183 |
| 実延長（km） | **9,021** |
| 路線数（本） | 30 |
| 改良率（%） | 100.0 |
| 舗装率（%）簡易舗装含 | 100.0 |
| 自動車交通不能区間率(%) | 0.0 |

出典：道路統計年報 2020

### 高規格幹線道路の中核を占める高速自動車国道…A路線

高速自動車国道は道路法第3条の道路の種類の筆頭に掲げられており、道路法の道路の一種ですが、その詳細は道路法の特別法としての**高速自動車国道法**（以下、高速法とします）に定められています。高速法第4条は高速自動車国道の意義を、「**自動車の高速交通の用に供する道路で、全国的な自動車交通網の枢要部分を構成し、かつ、政治・経済・文化上特に重要な地域を連絡するものその他国の**

10318km／46位：鳥取県 8930km／47位：沖縄県 8196km
【道路統計年報2020】

### 高速自動車国道の要件

1. **国土開発幹線自動車道の予定路線**のうちから政令でその路線を指定したもの
2. **国土交通大臣が内閣の議を経て定めた予定路線**のうちから政令でその路線を指定したもの

**利害に特に重大な関係を有するもの**」としています。

この定義からはどのような道路を想像しますか？　紛れもなく「高速道路」ですよね。高速法は世間で広く高速道路と呼ばれている道路を規定する法律です。しかし、**見た目が高速道路のようであるすべての道路が、高速法による高速自動車国道というわけではありません。**この説明は少し後にします。

同条は続いて、高速自動車国道の路線の要件を述べています。これは一般国道や都道府県道のそれに較べればとてもシンプルで、上図のようにたった二つしかありませんが、ここで新たな法律が出てきます。**国土開発幹線自動車道建設法**（以下、国幹法とします）です。なんだか道路法↓高速法↓国幹法とややこしい入れ子になっているようですが、この関係を大雑把にいえば、国幹法は国にとって重大な意義を持つ自動車専用道路（＝**国土開発幹線自動車道**）の予定路線のリストです。高速法は国土開発幹線自動車道を道路法の道路である高速自動車国道とし

■トリビア『道路法の道路の実延長が長い／短い都道府県』１位：北海道 90553km／２位：茨城県 55575km／３位：愛知県 50581km／４位：長野県 48093km／5位：埼玉県 47282km／……44位：佐賀県 11025km／45位：香川県

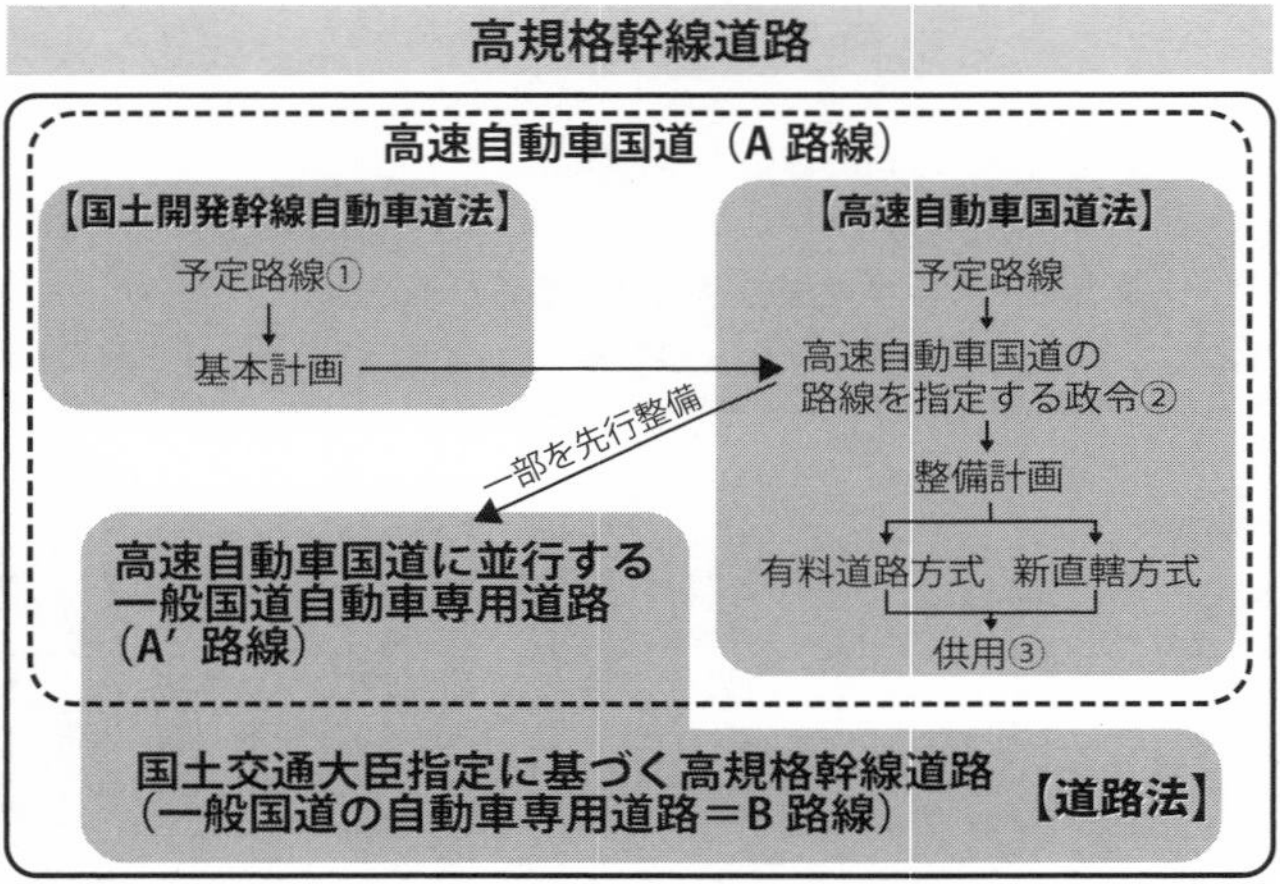


て整備する具体的な整備方法や管理方法を規定するものです。そして道路法は、高速自動車国道とそれ以外の道路で共通する「道路法の道路」としてのルールを定めているのです。

上の図は高速自動車国道を整備する際の流れを示しています。まずは内側の破線の枠で囲まれた部分をご覧ください。ほとんどの高速自動車国道は、国幹法が定める予定路線が出発点になります。始めに国土交通大臣が予定路線の中から建設を開始すべき路線の**基本計画**（起点、主たるインターの位置、終点、車線数、設計速度など）を定めます。国幹法の役目はここまでです。この基本計画を高速法が受け取り、高速法

なお、東名高速道路に平成28年にオープンした大井川焼津藤枝スマートICは、「スマート」を名前に含めると上記を越える。

が独自に定めた建設すべき路線とあわせて**高速自動車国道の路線を指定する政令**を公布します。なお、高速法が独自に定めた予定路線は、成田国際空港線・関西国際空港線・関門自動車道・沖縄自動車道という短い四つの路線のみです。

政令で高速自動車国道の路線が指定されてもすぐに建設できるわけではありませんが、機が熟すと国土交通大臣は関係自治体と協議し、より具体的な**整備計画**を立案します。この時点で整備の方法を**有料道路方式**と**新直轄方式**のどちらかから選びます。

有料道路方式は高速自動車国道の発祥当時からある方法で、有料道路事業者が銀行などからの借入金で整備を行い、開通後の通行料金収入で返済するというものです。平成17年（2005年）までは日本道路公団が、それ以降は高速道路株式会社（全国を三社に分担）が事業者となります。この方法で整備されると有料道路になります。

新直轄方式は平成16年から始まったもので、採算性があまり高くない路線などで国が税金を投入して直轄整備を行います。ただし整備費の一部は都道府県も負担する仕組みで（北海道と沖縄県以外の都府県は一律4分の1）、従来の国策的な整備とは一線を画します。この方式で整備された道路は借入金がありませんので**無料で通行できます**。近年、地方の高速道路に無料区間が増えている理由はこれです。

■トリビア　日本一名前の文字数が多いインターチェンジは、平成30年3月に供用を開始した三遠南信自動車道の飯田上久堅・喬木富田（いいだかみひさかた・たかぎとみだ）IC。登山道国道として知られる国道256号小川路峠の入口にある。

## 高速自動車国道の営業路線名と法定路線名の違いの例

| ③営業路線名 | 法定路線名 | |
| --- | --- | --- |
| | ②政令の路線名 | ①国幹法の予定路線名 |
| 東名高速道路 | 第一東海自動車道 | 第一東海自動車道 |
| 新東名高速道路 | 第二東海自動車道横浜名古屋線 | 第二東海自動車道 |
| 名神高速道路 | 中央自動車道西宮線 | 中央自動車道西宮線 |
| 新名神高速道路 | 近畿自動車道名古屋神戸線 | 近畿自動車道名古屋神戸線 |
| 中央自動車道 | 中央自動車道西宮線 | 中央自動車道西宮線 |

以上のような流れで高速自動車国道は供用されるのですが、開通後に利用者に対して案内される路線名（上表の③）やその区間は、国幹法（①）や高速自動車国道の路線を指定する政令（②）のそれとは異なる場合が大半です。①②を法定路線名（※）、③を営業路線名などといいます。上の表はいくつかの路線名を比較したものです。普段、「中央自動車道」といえば東京都の高井戸ＩＣから愛知県の小牧ＪＣＴまでをイメージしますが、法定路線名の中央自動車道西宮線は、「名神高速道路」として案内されている区間を含んでいます。

### 高規格幹線道路の中には、高速自動車国道ではないものもある…B路線

76ページの図の外側の枠線は、高速自動車国道が**高規格幹線道路**の一部であることを示しています。高規格幹線道路は、昭和62年（１９８７年）に政府が決定した、完成を目指すべ

（※）この呼称は正式なものではありません。官報では単に「路線名」とだけ書かれています。

**14000 ㎞の高規格幹線道路網**

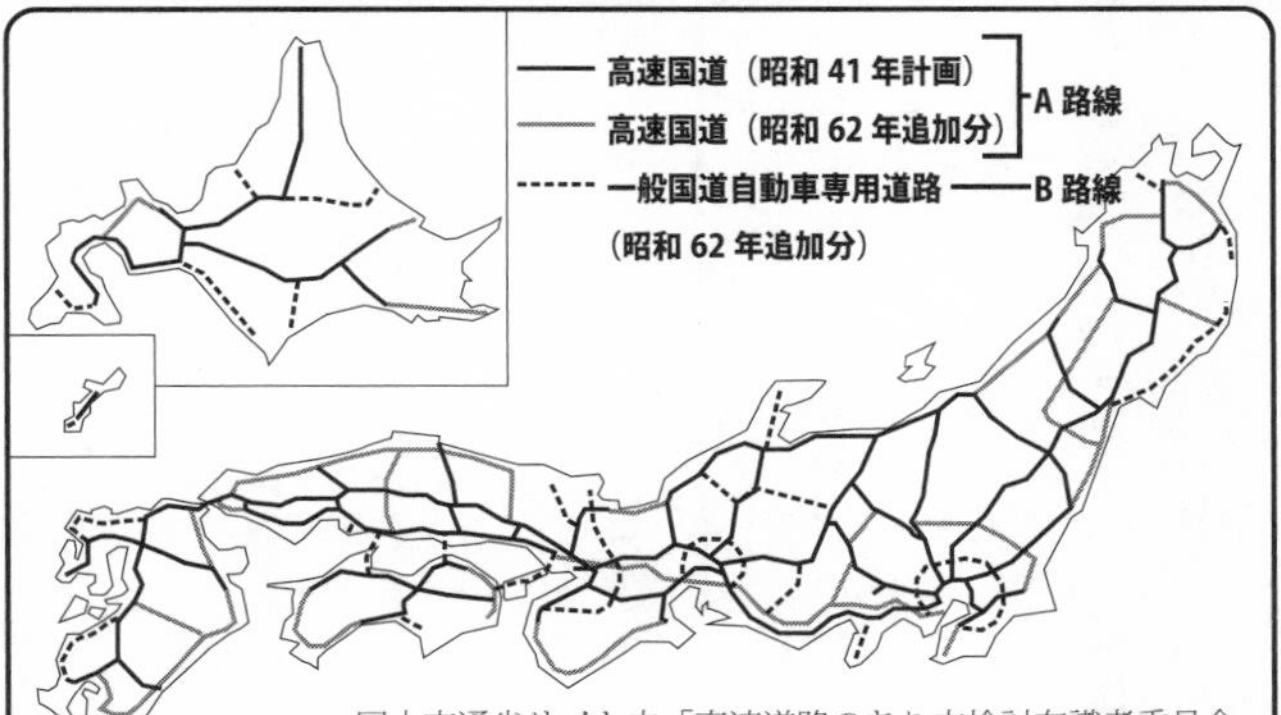


国土交通省サイト内「高速道路のあり方検討有識者委員会中間とりまとめ（データ集）」より作成。

き全国的な高速自動車交通網を構成する道路であり、総延長約1万4000㎞からなります。大部分は高速自動車国道として整備されますが、約2480㎞は**国土交通大臣の指定に基づく高規格幹線道路（一般国道の自動車専用道路）**として整備されます。高速自動車国道を**A路線**、こちらを**B路線**と呼ぶ場合があります。

　B路線は、道路法第48条の2で規定される**自動車専用道路**（↓87ページ）を高速自動車国道と同等の規格で整備するものであり、完成した道路の外見は高速道路そのものですが、あくまで一般国道等の改良事業の扱いですので、地方にも相応の費用負担があります。**一般有料道路事業**（↓84ページ）として整備することも可能で、その場合には有料道路になります。

首都圏中央連絡自動車道（国道468号）や中部縦貫自動車道（国道158号）などがB路線の高速道路です。中部横断自動車道はA路線ですが、名前がよく似ている中部縦貫自動車道はB路線であり、国道158号の（非常に長い）バイパスの扱いです。複数の国道の区間をあわせて1本の高規格幹線道路が指定される場合もあります。

また、先行的に部分開通した区間には、全体の路線名と異なる名前がつけられることが多く見られます。例えば国道158号の安房《あぼう》峠にある安房峠道路は、中部縦貫自動車道の部分開通区間です。変わり種としては、「国土交通大臣の指定に基づく高規格幹線道路（一般国道の自動車専用道路）」である能越《のうえつ》自動車道の一部を構成する能登有料道路は、道路法的には石川県道です。一般国道なのか県道なのか、ややこしい状態が生じています。

## 高速自動車国道の一部を「一般国道の自動車専用道路」として先行整備…A'路線

A路線のなかで、特に必要性が高い区間を先行して開通させるべく、高速自動車国道の計画路線と並行する一般国道に、自動車専用道路であるバイパスを整備し、将来

には島民などに配布されているICカードが必要で、無人料金所でICカードを確認後に支払いを行う。

**高速道路の先行開業＝A′路線**

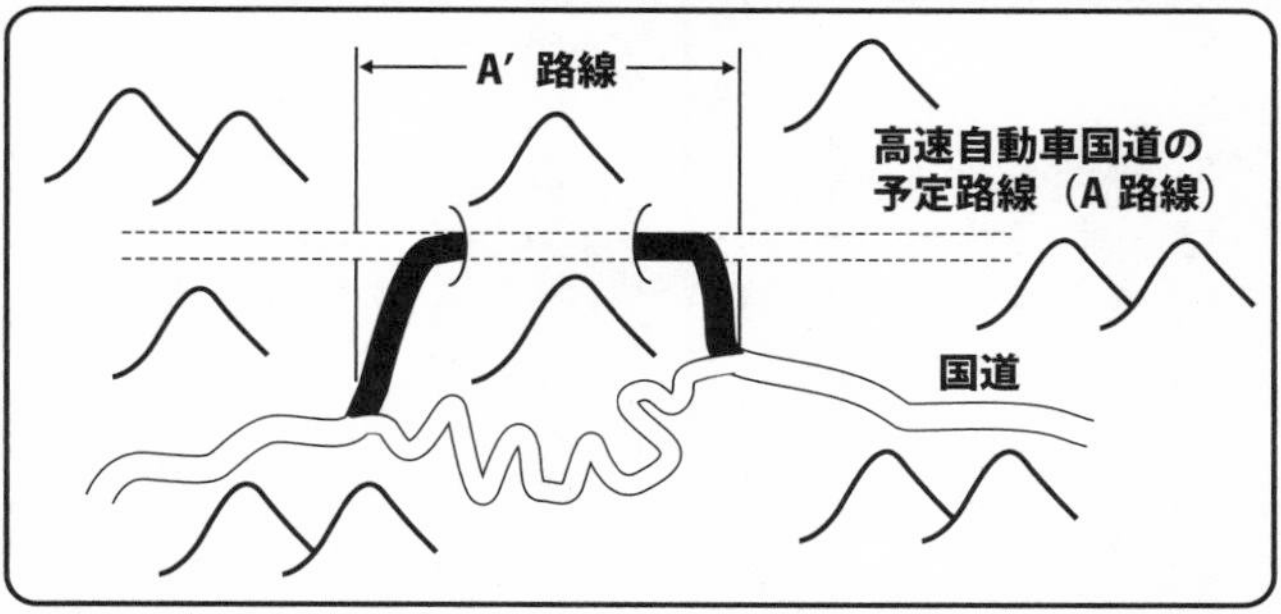


前後の高速自動車国道が開通した際、そこに組み込む方法があります。これは高速自動車国道（A路線）のアレンジなので**A'路線**と呼ばれます（正式名は**「高速自動車国道に並行する一般国道自動車専用道路」**といいます）。

この方法で比較的初期に整備された路線として、山形自動車道の笹谷トンネルがあります。ここはかつて国道２８６号の「酷道」と呼べる峠越えでしたが、並行して東北横断自動車道酒田線の計画がありました。そこでまず峠に一般国道の自動車専用道路として笹谷トンネルを建設、昭和56年（１９８１年）に笹谷トンネル有料道路として開通しました。後に山形自動車道の建設が進み、平成３年（１９９１年）に前後を山形道に挟まれる形になりました。そして平成９年（１９９７年）、笹谷

■トリビア　瀬戸中央自動車道にある櫃石島IC、岩黒島IC、与島ICおよび、西瀬戸自動車道にある馬島ICは、各島の島民や路線バス、緊急車両、郵便物集配車両などだけが利用できる出入口で、いずれも正式名は管理用出入路と称する。利用

トンネル区間の4車線化決定を期に、晴れて高速自動車国道への編入（昇格）が実現しています。

B路線やA'路線は、高規格幹線道路網を地域の実情に合わせて着実に整備するための工夫といえます。

## 高規格幹線道路の約8割が供用済

高速自動車国道（A路線）は平成31年度末現在9021㎞が供用中で、建設中の区間（未供用）が183㎞あります。しかし国が昭和62年に全国1万4000㎞の高規格幹線道路網の建設を目指して国幹法へ盛り込んだ高速自動車国道の総延長は1万1520㎞ですので、いまだに基本計画のまま整備計画に乗っていない部分が1割以上あることになります（その一部はA'路線として先行整備済）。高速自動車国道に自動車専用道路（A'路線、B路線）を加えた高規格幹線道路全体の供用延長は1万1882㎞であり、計画全体の8割が供用中です。

左のグラフはわが国の高規格幹線道路の供用延長の推移を示したものです。昭和40年代から現在まで、毎年200㎞ほどのペースで安定した伸長が続いています。この

年に現在の諏訪湖回りのルートに変更されたが、もし実現していれば現道よりも東京名古屋間は53km近く、これは新東名経由よりも近かった。

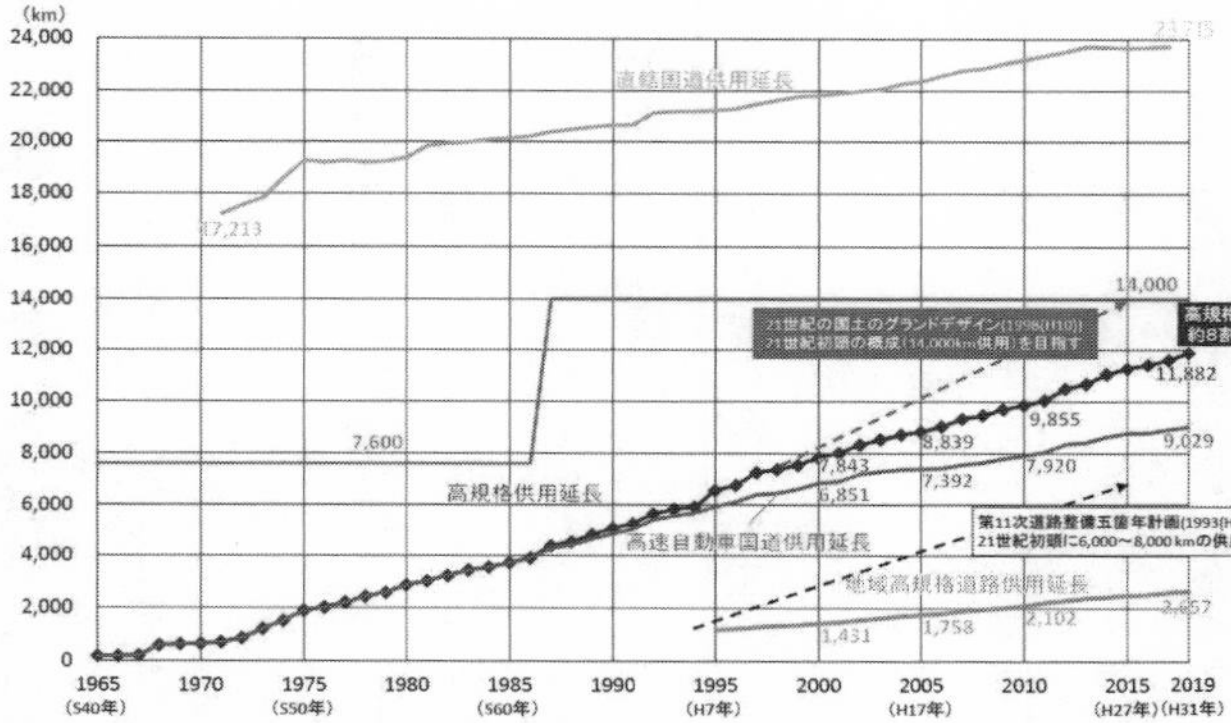

（国土交通省 資料「広域道路ネットワークの経緯と現状」より）

間、激しい景気の浮沈、政権交代、高速道路会社民営化、道路特定財源の廃止など、道路行政を取り巻く環境にも激変がありましたが、高規格幹線道路整備の足取りの確かさには、国の百年の大計を担う最上位の道路に対する頼もしさを感じます。

また、平成6年からは高規格幹線道路網を補完する存在として、地域高規格道路（↓90ページ）6960㎞の整備が平行して進められています。

■トリビア　中央自動車道の当初の計画では、現在の富士吉田線が本線で、富士吉田から山梨県早川町を経て長野県飯田市へ、8kmクラスのトンネル2本を含む多数のトンネルで南アルプス山脈を直線的に横断することになっていた。昭和39

8

# 一般有料道路と都市高速道路

## 道路を直接的な受益者負担で整備する、毒にもクスリにもなる有料道路制度

**有料道路は「高速道路」だけじゃない。一般道路にもある**

高速自動車国道の多くは、高規格であるが故に莫大にかかる建設費を捻出すべく、有料道路方式で建設されてきました。有料道路にすれば建設に要した費用を開通後に利用者から直接回収できるのですから、一定の交通量が見込めるならば、道路の速成を図る上で非常に効果的です。これと同じ考え方で、高速自動車国道以外の道路にも有料道路として建設・運用されている道路がたくさんあります。

しかし、有料道路がいくら道路を整備する側にとって便利であるといっても、濫用すれば猛毒になります。戦国時代には、諸国の大名や寺社が私利におぼれて街道上に多くの関所を設けて旅人から通行料を徴収したため、交易が激減し、経済全体が冷え込みました。有料道路は使い方を誤れば、道路法が第1条に掲げる法の目的「**交通の発達に寄与し、公共の福祉を増進する**」と相反する結果を生んでしまうのです。その

ため道路法は民間人が道路法の道路上で有料道路事業を営むことを認めていません。さらに国や地方公共団体が行う有料道路事業についても道路法の本体にはほとんど盛り込まず（※）、道路法と同年の昭和27年に制定された**道路整備特別措置法**（高速法と同じく道路法の特別法です）により例外的に実現しています。前述の高速自動車国道や、後述する都市高速道路の有料制度を実現しているのも、この法律です。

## 一般有料道路の外見は2タイプある

道路整備特別措置法によって制度化されているのが**一般有料道路**で、その対象は高速自動車国道以外の「道路法の道路」です。前項で紹介した高規格幹線道路の一部であるA'路線やB路線も、有料道路の場合は一般有料道路になります。

一般有料道路が高規格幹線道路である場合、外見的には高速道路そのものです。案内標識も緑色のものが用いられ、最高速度が70㎞以上に設定されている区間も多くあります。

一方、高規格幹線道路ではない場合の道路の姿はまちまちです。国道２７１号の一般有料道路である「小田原厚木道路」は高規格幹線道路ではありませんが、高速道路

（※）第25条で、都道府県道ないし市町村道にある橋および渡船施設に関しては、一定条件のもと期間を限って有料にすることが認められています。

中日本高速道路が管理していた（2015年無料化）一般有料道路八王子バイパスの御殿山料金所。一見高速道路のようですが、車道に沿って歩道があり、そこには自転車や軽車両から通行料金30円を徴収する無人の料金徴収箱が口を空けていました。歩行者は無料でした。

と同じ緑色の案内標識です。東京と神奈川を結ぶ「第三京浜道路」（国道４６６号）なども同様です。最高速度はそれぞれ時速70㎞、80㎞です。一方で、富山県道富山立山公園線の一般有料道路である「立山有料道路」のように、観光道路としての性格が強い道もあります。

　一般有料道路の管理は、道路法に定められた本来の管理者に代わって、国道の場合には高速道路株式会社（旧日本道路公団）が、都道府県道や市町村道の場合は高速道路株式会社や、地方道路公社という地方公共団体が設置する団体があたります。傾向的に見るとやはり、高速道路会社が管理している一般有料道路には、

の通過もしない条件である。（上記条件のルートを複数想定できるが、金額は変わらない。宮崎自動車道を経由するのが最高額のポイントだ）

高速道路的な姿をした道が多いです。

一般有料道路と高速自動車国道の違いでもう一つ大きいのは、**一般有料道路は必ずしも自動車専用道路ではない**ことです。歩行者や軽車両も通れる路線があり、当然、通行料金が設定されていれば支払わねばなりません。

## 都市高速道路を実現するために、道路法は「自動車専用道路」を編み出した

道路法は、道路整備特別措置法との合わせ技によって一般有料道路を実現させましたが、これはその名の通りの**一般道路**で、人も車も通行できます。これに対して通行方法を限定した道路を**専用道路**といいます。これも制定当初の道路法には存在しなかった概念で、自動車専用の道路はもっぱら道路運送法によって実現していたのですが、昭和34年に法改正がなされ、道路法の道路にも**自動車専用道路**を作れるようになりました。

その最大の目的は、当時、人と車が入り乱れて現在以上の混雑に陥っていた東京や大阪などの大都市圏に、自動車だけが通行できる大規模な道路網を新設して渋滞を緩和する、**都市高速道路**の実現にありました。そして高速自動車国道が日本道路公団を

■トリビア　高速道路の料金所で普通車が一度に支払う最高料金は、青森自動車道の青森東ICから東九州自動車道の延岡南ICまで利用した場合で42170円（2021年9月現在）。距離は2165kmある。なお、途中で高速道路を降りず、本線料金所

事業主体とする有料道路方式で建設されたのにならい、首都高速道路公団と阪神高速道路公団が設立され、それぞれ首都高速道路と阪神高速道路の事業主体になりました。後に他の大都市圏でも計画され、名古屋高速道路、福岡高速道路、北九州高速道路、広島高速道路が実現しています（これらは県や市が設立した公社が事業主体です）。

**都市高速道路はすべて道路法の道路ですが、高速自動車国道ではありません。**たとえば首都高速1号羽田線の正体は、「東京都道首都高速1号線」と「東京都道147号高速横浜羽田空港線」という2本の都道です（前者には「147」のような路線番号も存在しません）。高速自動車国道とも異なる緑系統の独自の案内標識が設置されている都市高速道路ですが、その正体はほとんどが都府県道か市道です。国道は稀であり、阪神高速13号東大阪線の東大阪JTC以東が国道163号であるのが、現在唯一の国道である都市高速道路の供用区間です。

道路法による自動車専用道路は都市高速道路だけではなく、一般有料道路の中にも多くあります。また無料の道路にも、多くの自動車専用道路（区間）が見られます。

ただし、アンダーパスや陸橋部分などにしばしばみられる短距離の自動車専用区間の多くは、道路法によるものではなく、交通事故を未然に防ぐ目的で公安委員会が行

形を改良するため本線の付け替えが行われた。中央自動車道の廃道敷の一部は一般道路として再利用されており、無料で通行できる。

っている、道路交通法を根拠とした通行規制によるものです。

## 有料道路の通行料金はどうやって決める?

道路法には、道路は本来無料であるべきという理念があるため、有料道路に対しては自制的です。料金徴収の目的も原則として建設費の回収に限られており(**償還主義**)、高速自動車国道や都市高速道路は償還が済めば無料開放になる建前です(ただし、採算の悪い路線を同一地域内の採算がよい路線の収入で補うプール制があるため、現実にはこれで無料化した路線はまだありません)。一般有料道路ではさらに厳しく、開通から一定期間(路線ごとに違う)を経れば無料開放される前提で事業許可が下りています。こちらは償還期間を終えて無料化された路線が多くあります。

料金の設定方法についても厳格に運用されており、高速自動車国道と都市高速道路は**公正妥当主義**といって、並行するほかの公共交通機関や有料道路などの利用料金と比較して公正であること(不当に安くてもダメ)が定められています。また一般有料道路の場合は**便益主義**といって、その道を利用することによって利用者が節約できる時間と経費を金額に換算した「便益」を上回ってはならないと定められています。

■トリビア　高速自動車国道の廃道はとても珍しく、本線部分の廃道は現在まで2箇所しかない。名神高速道路の関ヶ原IC〜彦根IC間の一部と、中央自動車道の上野原IC〜談合坂SAの一部である。これらの区間では事故が多発しており、線

# 9 地域高規格道路

## 高規格幹線道路と一般道路の中間的性能を持つ道路

### 地域高規格道路の候補路線は、夢の路線のオンパレード？

地域高規格道路は、平成4年に閣議決定された第11次道路整備五箇年計画に、21世紀初頭に6000〜8000kmの完成を目指すべきものとして初めて盛り込まれた、高規格幹線道路に次ぐ高規格道路です。いわゆる高速道路である高規格幹線道路と一般の幹線道路（たとえば直轄国道）の間には、車の流れる速度に大きな隔たり（前者は時速80km、後者は時速40km以下）があり、高規格幹線道路の有無によって地域の道路サービスの質に大きな格差が生じる問題がありました。そこで両者の間を埋める時速60km程度の走行サービスを安定して提供する地域的な高規格道路として、地域の核都市を中

**【地域高規格道路の路線・区間の指定状況】**

（令和元年6月1日現在）

| 候補路線 | 計画路線 | | | |
|---|---|---|---|---|
| 路線数 | 路線数 | 路線指定延長 | 整備区間延長 | うち供用中 |
| 108路線 | 189路線 | 約6,960km | 3,846km | 2,657km |

国土交通省資料「広域道路ネットワークの経緯と現状」より

間にあり海抜1085m。最も低い場所にある道路法の道路は、東京湾アクアライン（国道409号）のアクアトンネルで海面下60m。

地域高規格道路「濃飛横断自動車道」の一部を構成する国道２５６号和良金山道路の風景。完成2車線、設計速度時速60kmという、地域高規格道路としては標準的な規格を持つ。

心とした広域的な経済・文化ブロック（地域集積圏）の幹線となる**地域高規格道路**が計画されました。国道（全国的幹線）に対する都道府県道（地方的幹線）のイメージに近いですが、地域高規格道路は道路法による道路の種類ではなく、高規格幹線道路と同じ機能上の分類です。実際に整備されるまで道路の種類はわかりませんが、多くは一般国道のバイパスとして整備されています。

　路線は各都道府県の要望を国が取りまとめて指定します。第一次指定は平成6年、第二次指定は平成10年に行われ、令和元年現在、整備計画

■トリビア　日本一高所の道路法の道路は山梨県道701号富士上吉田線で、起点が富士山頂付近海抜3715mの登山道上にある。国道の最高所は国道292号渋峠で海抜2172m。高速自動車国道の最高所は東海北陸自動車道の荘川IC～飛騨清見IC

の検討を行うべき**計画路線189路線**と、整備の妥当性や緊急性の検討を進める**候補路線108路線**、合計297路線が指定されています。計画路線の総延長は約6960㎞であり、このうち整備計画が決定している整備区間や供用済の延長は90ページの表の通りで、計画路線のおよそ4割が完成しています。もっとも、地域高規格道路の中には、候補路線のまま事実上開通している道路もあります。

準高速道路の理想を持ってスタートした地域高規格道路は当初、時速80㎞の設計速度を有する4車線の自動車専用道路という高い整備水準を目指しましたが、平成15年に現実的な水準へ下方修正され、時速60㎞以上の走行サービスを提供する2車線以上の道路で、平面交差や、構造的に車道と分離された歩道の設置も認められたため、既存の道路の活用も可能になりました。

地域高規格道路は、道路地図や道路標識といった我々の目につきやすい部分で区別がされていないので、やや地味な存在です。指定されている路線の一覧が国土交通省サイト内「地域高規格道路の区間指定について」で公開されていますので、ご覧になってみてください。いままで高速道路の一部のように思っていた道が地域高規格道路の計画路線に指定されていたり（例：日光宇都宮道路）、思いがけない位置に壮大な夢

㎢あたり約1km）【道路統計年報2017】および【統計でみる都道府県のすがた2018】より算出

を感じさせる候補路線があったり（例：最近影が薄い東京湾口道路が候補路線「三浦房総連絡道路」の名前で出番を待っている…）、未来の道路のタマゴがたくさん描かれていて、興味を引かれること請け合いです。

と、ここで！　当初計画よりいくぶんトーンダウンはしましたが、着実に整備の進められてきた地域高規格道路に、消滅の危機のお知らせです。地域高規格道路はもと、都道府県が策定した**広域道路整備基本計画**に盛り込まれており、これを国が採択して整備してきたのですが、この計画は平成６年に策定され、平成10年に見直しがあったきりで長らく改定されていませんでした。平成30年に国はこの刷新を決定し、都道府県に対し新たな広域道路整備基本計画の策定を指示しました。本書執筆中は正式決定前ですが、公表された計画案を見ると、地域高規格道路という名前はなくなっており、それを継承した**高規格道路**（サービス速度60㎞以上）と**一般広域道路**（サービス速度40㎞以上）が登場しています。また従来の候補路線は**構想路線**へ名前が変わります。したがって近い将来、道路はサービス速度の高い順に、高規格道路、一般広域道路、その他道路という三つの機能グレードに分けられそうです。

■トリビア　全国の道路法の道路の路面部分の総面積は7739㎢で、東京都の面積の3.5倍ほどもある。道路密度の順位は１位：埼玉県（1㎢あたり約12km）／２位：東京都／３位：神奈川県／……45位：高知県／46位：山形県／47位：北海道（1

## 10 自転車専用道路

### わが国は世界有数の自転車大国だが…

### 自動車と自転車と歩行者が、ともに安心できる道路を目指して

自転車は、私たちの多くが人生の最初に手にする法的な意味での「車両」です。道路交通法が自転車を軽車両の一種として規定していることは多くの方がご存知でしょう。国民1・5人につき1台の自転車を所有しているわが国は世界有数の自転車大国です。自転車のイメージが強い中国でさえ2・7人に1台です。

道路法は「もっぱら自転車の一般通行の用に供する道路又は道路の部分」を**自転車専用道路**として指定できることを定めています（第48条の13）。この条文が**歩行者専用道路**や**自転車・歩行者専用道路**などとともに道路法に加わったのは昭和46年（1971年）です。条文に「道路又は道路の部分」とあるとおり、自転車専用道路は道路の一部分を専用に割り当てたもの（自転車専用通行帯）と、道路の全部をそうしているもの（狭義の自転車専用道路）に分けられます。自転車を生活の足として日常的に使

えないが、国庫補助が厚い北海道と沖縄は市町村道まで満遍なく広いことがデータに表れている。【道路統計年報2017】より算出

う上でより重要なのは前者だと思いますが、昭和45年の道路交通法改正によって自転車の歩道通行が部分的に容認されることになった（自転車はあくまで車両ですから車道通行が原則）わが国の自転車通行帯の整備状況は、先進諸国に較べて著しく遅れています。ちなみに日本最初の自転車道は、昭和39年（１９６４年）に徳島市佐古の国道１９２号上に設置されたものといわれますが、現在は歩道との区別がなくなっているそうです。

大規模自転車道として整備された「三重県道７７７号松阪伊勢自転車道線」に立つヘキサ（県道標識）。右の歩道に見える部分が県道７７７号で、車道部分は別の県道です。（写真：おこぜ）

一方、道路全部が自転車専用道路や自転車・歩行者専用道路になっているタイプは、河川敷や鉄道廃線跡を転用した比較的小規模なものをよく見かけますが、規模の大きなものとしては、国土交通省が全国に１３５路線（４３３０㎞）の整備を進めている**大規模自転車道**があります。昭和48年の事業開始以来、平成30年までに３６８０㎞が供用済みです。この大規模自転車道はすべて都道府県道として管理されています。

■トリビア　全国の道路法の道路の平均幅員は6.2mで、都道府県ごとの順位は１位：北海道（8.1m）／２位：沖縄県／３位：大阪府／４位：石川県／５位：東京都／……45位：茨城県／46位：徳島県／47位：長野県（4.9m）　あまり傾向は見

## 北海道の道路の特例と開発道路

九州と四国を合わせたほどの広さを有する北海道は、道路法の道路の実延長が９万kmもあり、これは全都道府県のトップです。また道路の平均幅員も全国トップです。それでも面積あたりの道路の長さを示す道路密度は最下位です。

北海道の開発は、明治２年の開拓使の設立以来、国の主導によって進められてきました。開発の基礎となる道路の整備についても本土と異なる施策が展開され、道路法には北海道の特例について定めた条文（第88条）があります。具体的には、道内の国道はすべて指定区間として国が直轄管理しています。道路密度が低い北海道ではこれでようやく全国並の直轄国道の密度です。また国道の管理に関する費用負担の面でも優遇措置がとられています。

太平洋戦争の敗戦によって外地を喪失したわが国は、国内に残されたフロンティアとして北海道の開発を重視する政策をとりました。昭和26年に建設省、運輸省、農林省の北海道関連業務を掌握する北海道開発局が発足し、まずは開拓事業に関わる道路整備が進められます。昭和29年、国が政令で指定する道道や道内の市町村道を全額国庫負担によって整備する開発道路制度がスタートしました（昭和45年以降は全額負担ではなくなっています）。

当初、開発道路の大半が開拓道路（※）と呼ばれる短距離の市町村道でしたが、次第に幹線道路の整備へと軸足を移し、国直轄で重要な道道を整備する役割を果たすようになります。昭和62年度までに延べ653路線、5000km以上が開発道路に指定されました。しかし、各路線は整備の完了とともに指定を解除され、積丹半島を巡る国道229号のように国道に昇格した区間も少なくありません。

北海道開発に絶大な効果を発揮した開発道路でしたが、工事が長期化していた13路線の指定が平成18年までに解除されて未成道（→284ページ）となり、残った５路線も平成18年度からは従来の国庫負担率を継承した特定道路事業交付金で北海道が整備を行うことになり、開発道路制度は事実上終了しました。

**道路の新設・改築にかかる費用負担の北海道と沖縄県の特例**

| 道路の種類 | | 国庫の負担・補助の割合 | | |
|---|---|---|---|---|
| | | 全国一般 | 北海道 | 沖縄県 |
| 一般国道 | 直轄国道 | 2/3 | 8/10 | 9.5/10 |
| | 補助国道 | 1/2 | ― | 9/10 |
| 地方道 | 開発道路 | ― | 8/10 | ― |
| | 主要地方道 | 1/2 | 1/2 | 9/10 |
| | 一般都道府県道 | 0 | 0 | 9/10 |
| | 市町村道 | 0 | 0 | 8/10 |

（※）開拓道路は、昭和21年の「緊急開拓事業としての補助開墾及び開拓道路事業補助要綱」に基づく国庫補助で整備された開拓地の道路です。内地においては農林省、北海道では北海道開発局が所管しました。

## 沖縄県の道路の歴史

沖縄県は、終戦から昭和47年5月15日まで日本の施政権の外を経験した特殊な地域です。明治から今日に至る沖縄の道路の変遷を調べてみました。

沖縄県は明治12年の廃藩置県で誕生し、終戦まで日本の県として歩みを共にします。道路に関する諸制度も内地と変わるところはなく、北海道のような特例も国庫補助の優遇もありませんでした。明治18年に東京と沖縄県庁を結ぶ国道44号が指定されますが、鹿児島までは国道37号との重用で、単独区間の大半は海上のため、県内の実延長は那覇港のわずか300mほどでした。旧道路法下の国道26号も同様に短距離でしたが、大戦中に、特35号、特39号、特40号という３本の軍事国道が県内に指定されています。

昭和20年、沖縄本島は米軍に占領され、米軍はすぐさま軍用道路の整備を進めました。現在の国道58号にあたる南北の幹線道路は合衆国一号線と呼ばれ、島内の主要道路にも米軍独自の命名がなされました。この命名法には特徴があり、島の縦断線に奇数、横断線に偶数を振っていました。これが後の政府道に多く継承され、現在の沖縄県道にも一部受け継がれています（合衆国２号線→政府道２号線→沖縄県道２号線など）。

昭和27年、旧沖縄県の区域に米国民政府が指揮する琉球政府が成立しました。この年に本土では新たな道路法が公布されましたが、琉球政府も道路法を公布しています。同法は道路の種類を政府道、市道、町村道の３種としていましたが、昭和41年に改正されて政府道と市町村道の２種類になりました。しかし、琉球政府が管理する政府道の上位には、米軍が管理する（道路法に拠らない）軍道が存在しており、政府道の一部も軍が管理する軍営繕道として区別されました。政府道の多くは番号だけの命名で、現在の沖縄県道にも多く継承されています。また、昭和22年から道路は右側通行となり、道路標識にはマイル表示が用いられました。

昭和47年5月15日、沖縄県の本土復帰が実現し、道路制度も日本国の道路法へ切り替わりました。左側通行への復帰は、昭和53年７月30日午前６時のことでした。

**本土復帰以前の沖縄の道路**

| 琉球政府時代（昭和44年6月末現在） | | | |
|---|---|---|---|
| 道路の種類 | | 管理者 | 実延長km |
| 軍道 | | 米軍 | 129.6 |
| 政府道 | 軍営繕道 | 米軍 | 93.0 |
| 政府道 | | 琉球政府 | 897.5 |
| 市町村道 | | 市町村 | 2,214.2 |
| | | 合計 | 3,334.3 |

（参考：平成31年3月末の道路法の道路の県内実延長8,196.1㎞）

## 奥地等産業開発道路

奥地《おくち》等産業《とうさんぎょう》開発道路《かいはつどうろ》は、いまはもう制度自体がなくなってしまった道路です。奥産道は、昭和39年に成立した奥地等産業開発道路整備臨時措置法で定義づけられた存在で、地域間の均衡ある発展を基本目標とした全国総合開発計画の一翼を担うものとして、第４次道路整備五箇年計画に初めて盛り込まれました。

奥産道の仕組みを簡単に説明すると、まず、交通条件が極めて悪く、産業の開発が十分に行われていない全国（※）の山間地その他のへんぴな地域である「奥地等」を基準に沿って市町村単位で指定します。次にこの中から未開発の森林資源、酪農適地、開拓適地、地下資源、水産物集積地、観光適地など、一定の要件を満たす未開発資源を選び、それと既存の幹線道路を連絡する地方的な幹線道路（＝奥産道）を政令で指定して、その新設と改築にかかる費用の４分の３を国が補助するというものでした。この「政令で指定する」という部分は、国道と同様の格式の高い手法であり、主要地方道を上回る高い補助率で未開発地域の都道府県道や市町村道を整備する、奥地開発の特効薬になると期待された制度でした。

ただ、現実の成果は少し微妙でした。指定された路線数に対して割り当てられた全体の事業費が少なかったため、一度指定されても十分に整備されないまま時間を経過する路線が多くありました。奥産法の有効期限も繰り返し延長され、平成10年の第８次指定まで存続しましたが、これを最後に平成15年３月限りで失効して、自動的に全国の奥産道も指定を解除されました。

奥産道はあくまでも都道府県道や市町村道の新設や改築を国が補助する制度であり、完成後の道路が奥産道になるわけではありません。そのため、完成せずに工事を打ち切られた未成道に奥産道の名前が残りやすい傾向があり、不名誉で気の毒に思います。実際にはこの制度の恩恵を受けながら完成し、いまも立派に活躍している道が数多く存在します。信州の有名な野麦峠を越える県道はその一つです。

### 奥地等産業開発道路の推移

| | 第１次指定 | 第２次指定 | 第３次指定 | 第４次指定 | 第５次指定 | 第６次指定 | 第７次指定 | 第８次指定 |
|---|---|---|---|---|---|---|---|---|
| 指定年度 | 昭和40年 | 昭和41年 | 昭和47年 | 昭和53年 | 昭和58年 | 昭和63年 | 平成5年 | 平成10年 |
| 指定路線数 | 130 | 182 | 242 | 296 | 289 | 300 | 359 | 345 |
| 指定延長(km) | 2,094 | 2,714 | 3,178 | 3,381 | 3,293 | 3,282 | 4,638 | 4,328 |

（※）ただし、北海道と沖縄県および離島については、より高率な国庫補助の規定があるため、本制度の対象外とされました。

# 第２章
# 「道路法」以外の道路

道路は道路法の道路だけにあらず。林道や農道たちは、その筆頭です。道路法以外の道路には、どのような種類のものがあり、誰がどのように管理しているのかを解き明かしていきましょう。際立った個性を見せる道路達が勢揃いしています。

1

# 農林水産省や環境省も道路を造っている

## 国交省管轄の道路でも、道路法によらないものがある

### 道路法によらない道路が身の回りにはたくさんあります

わたしたちが利用している道路の中には、道路法以外の法律を根拠に整備され、管理されている道路が多数あります。左ページの表は、根拠法令ごとに道路の種類を分類したものです。所管する省庁に注目すると、やはり国土交通省が多数派ですが、これも旧建設省系の道路と、旧運輸省系の道路に分けられます。次いで農林漁業という専門分野を所管する農林水産省も林道や農道などの多くの道路を握っています。

このように様々な法律による道路があるのはなぜでしょうか。それは、道路の利用目的を考えるとわかります。通勤に役立つ道路は、できるだけ街と街を短距離で結ぶ道路だと思います。しかし林業に役立つ道路は、広い範囲の山林の隅々にアクセスしやすい道路（端的にいえば迂回した）ということになるでしょう。

道路に求められる機能は、社会のさまざまな場面によって異なるので、そうした違

この時期に設置された可能性が高い。現在は1000番台を主要道道、3000番台を一般道道としており、ヘキサにはそれぞれ1000/3000を減じた数を表示している。

## 根拠法による道路の分類（太字は道路法による道路）

| 根拠法令 | 道路の種類(*) | 所管省庁 | | 道路交通法 |
|---|---|---|---|---|
| **道路法、高速自動車国道法** | **高速自動車国道** | 国土交通省 | （旧建設省） | 適用 |
| **道路法** | **一般国道** | | | |
| | **都道府県道** | | | |
| | **市町村道** | | | |
| 都市計画法 | 都市計画道路 | | | |
| 都市公園法 | 園路 | | | |
| 道路運送車両法 | 一般自動車道 | | （旧運輸省） | |
| | 専用自動車道 | | | |
| 港湾法 | 臨港道路 | | | |
| 森林法、森林・林業基本法 | 林道 | 農林水産省 | | |
| 土地改良法 | 農道 | | | |
| 漁港漁場整備法 | 漁港施設道路 | | | |
| 自然公園法 | 車道、自転車道、歩道 | 環境省 | | |
| 鉱業法 | 鉱山道路 | 経済産業省 | | 状況によって適用 |
| 特定の管理法なし（認定外道路） | 里道 | 財務省 | | |
| | 私道 | | | |

(*)法的に定められた呼称以外も含む

いをフォローしつつ、効率的に道路整備を行えるように役割分担が行われているのです。また、地方が欲する道路を整備する際に利用できる様々な国庫補助制度（↓278ページ）があるなかで、ここは市町村道としてではなく農道として整備した方が早く実現できるというような状況が生じる場合もあり、工夫して地域に根ざした道路整備が進められています。

■トリビア　北海道名寄市風連町の道道789号西風連名寄線の路上に5798番のヘキサの存在が発見されている。北海道には路線管理番号という独自の県道番号があり、昭和53年頃まで4000番台を主要道道、5000番台を一般道道としていたので、

## 道路法による、よらないにかかわらず、共通する部分

さまざまな法による道路がありますが、大半はその道路の管理者や所有者以外でも自由に通行ができる、いわゆる**公道**です。たとえば伊豆半島にある「伊豆スカイライン」は道路法上の道路ではありません。道路運送法に定められた一般自動車道という種類の道路です。しかし、入口に料金所があることを除けば、外見は道路法の道路と区別がつきません。そこにある最高速度標識や信号機などはほかで見るものとまったく同じです。もちろん、その意味するところもです。

これは、公道には等しく**道路交通法**という大きな網がかかっていることによります。道路交通法は、わたしたちが道路を利用するときに守るべきルールを定めています。前出の最高速度標識や信号機は、道路交通法の規定によって公安委員会が設置する施設であり、道路法が定めるものではないのです。同様に、大半の道路と関わる法律としては、自動車運送事業や旅客自動車運送事業（バスなど）を定めた道路運送法や、「往来を妨害する罪」を定めた刑法などがあります。

道路法の道路の総延長は約１２２万㎞。対して農道が総延長約17万㎞、林道は約14万㎞です。道路法の道路が日本の道路の主流ではありますが、立派な2車線の広域農

ずで完成させたという。北海道には囚人の労働力によって作られた道路が多くあり、囚人道路と呼ばれる。

道に並行して１車線の未改良県道があるような、整備状況の逆転した光景もしばしば見られます。広域農道と県道の整備事業は別ですが、共に県が計画に携わります。よってこのような例では、県が「農道の方が事業の条件がよい」と、農道の整備を優先したのかもしれません。

遠山併用林道の入口に立つ案内標識。国道152号が通行不能なので、代わりに林道が案内されています。林道は道路法の道路ではありませんが、利用者はそれを意識することなく通行していきます。

中部山岳地帯を走る国道１５２号の地蔵峠には、国道が途切れた部分をバイパスする遠山併用林道という林道が何十年も昔からあります。おかげで難所を通り抜けることができますが、同時に、管理者や構造基準が異なる林道を国道に取り入れることの難しい事情が想像されます。過剰に並行整備をすれば縦割り行政の弊害と批判されることにもなります。道路整備事業に関わる多様な当事者間の高度な調整のもとに今日の道路網は作り出されているのです。

■トリビア　日本一長い直線道路は、国道12号の滝川市と美唄市の間で、29.2kmにわたって直線である。この道路は明治24年に開通した「中央横断道路」の一部で、工事には大勢の囚人が使役された。石狩から北見までの160kmをわずか1年足ら

2

# 林道

## 林道と呼ばれている道の多くは、森林法に根拠を持つ道路である

### 一般名詞としてはメジャーな林道も、その実態はあまり知られていない

林道は、山の中にある道を表わす一般名詞として、国道や県道、あるいは農道と同じくらいメジャーな道路の一種です。しかし、その種類の豊富さも含めて、実態は意外と知られていません。

山中の砂利道という、いかにも林道らしい林道が大半を占める一方で、外見的には国道と見分けがつかないような2車線完全舗装の林道や、路面にレールが敷かれていて木材運搬のトロッコ列車が行き来する林道もあります。険しい山岳地帯に設けられ、林業という素人には縁遠い専門世界を支える林道は、道路界のガラパゴスに見えることがあります。

林道は平成30年現在、全国に13万9０００km あまり存在し、管理者別にみると、国が管理する国有林林道が約4万6０００km、国以外が管理する民有林林道が9万30０

大阪府 396km／47位：沖縄県 300km 【森林・林業統計要覧2019】

本州屈指のダート県道である青森県道28号「白神ライン」は、国有林林道（弘西林道）として開通し、後に県道となりました。外見からは道路法の道路と林道の区別はできません。

００kmあまりです。民有林林道の管理者としては、市町村が９割近くを占めており、残りは都道府県や森林組合等が管理しています。

道路法の道路の舗装率が82％（都道府県道以上は98％）まで高まっている今日、舗装率が４割程度に過ぎない林道は、長距離ダートを求める人々のフロンティアとなっています。

しかし、林道には危険防止などを理由に一般に開放されていない路線が数多く見られます。このことは、林道が道路法の道路（一般の用に供する道＝一般開放が原則）ではないことの最大の証といえます。

■トリビア『林道が長い／短い都道府県』１位：北海道 23861km／２位：長野県 7201km／３位：岐阜県 6092km／４位：岩手県 5883km／5位：福島県 5827km／……43位：千葉県 684km／44位：東京都 558km／45位：香川県 460km／46位：

| 森林と林道のデータ | | | | |
|---|---|---|---|---|
| 森林 | 管理者 | 面積 (ha) | 林道 | 全長 (km) |
| **国有林** | 国（林野庁） | 758万 | **国有林林道** | 45,951 |
| **民有林** | 都道府県・市町村・森林組合・財産区・企業・個人など | 1,739万 | **民有林林道** | 93,466 |
| | | 計 2,497万 | | 計 139,417 |

出典：森林・林業統計要覧 2019（林野庁）

## 林道は森林法に定められた、森林管理施設の一種

林道は**森林法**によっています。道路法が道路整備を目的に制定されているのに対し、森林法の目的は森林の適正な管理であって、林道の整備はそのための手段という位置づけに過ぎません。

わが国は国土面積の66％を森林が占める森林国家といえますが、森林法はこの広大な森林を**国有林と民有林**の二つに分けています。国有林は国が所有する森林で、かつて官林と呼ばれていたものです。民有林は都道府県や市町村などの地方公共団体が所有する公有林と、個人や法人が所有する私有林を合わせたものです。

森林法が森林を管理する具体的な手段は森林計画によります。まず農林水産大臣は5年ごとに15年を計画期間とする**全国森林計画**を策定します。これには国有林も民有林も含まれます。そして国有林においては、森林管理局（国有林野行政

公団が後に手がけた大規模林道には、より長い大規模林道宇目須木線全長142kmもあったが、これも開通後は市町村道へ移管済。現行の最長林道は不明。

を所掌する林野庁の地方支分部局で全国に7局あります。平成11年までは営林局と呼ばれていました）が**国有林の地域別の森林計画**を立案し、これに沿った施行実施計画を地域ごとの実行部隊である森林管理署（旧営林署）に指示します。一方民有林においては、都道府県知事が**地域森林計画**を立案し、これに沿って市町村森林整備計画が立てられます。

森林法の条文に林道が登場するのは、これらの森林計画が定めるべき項目を列挙した部分で、第４条（全国森林計画等）第２項第４号に「**林道の開設**その他林産物の搬出に関する事項」とあります。地域森林計画（第５条）や国有林の地域別の森林計画（第7条の2）が定めるべき項目にも「林道」の文言がありますが、具体的にどのような道であるかについては一切記載がありません。「林産物の搬出に関する事項」の一つとしか捉えられていないのです。しかし森林法の第１９３条は林道にとって非常に重要な内容で、**国は民有林における林道事業について一定の補助を与えること**が定められています。この条文の存在が、民有林内の林道を整備するためのさまざまな補助事業の根拠となり、複雑怪奇な林道の世界を生み出す基になっています。

■トリビア　日本一長い林道は徳島県の剣山スーパー林道全長87.7kmといわれるが、この路線は昭和61年に森林開発公団による特定森林地域開発林道として全通した時点で地元の市道および町道に移管されており、厳密には林道ではない。同

## 「林道規程」による林道の種類

林道を大別すると、主に国有林内に所在し、森林管理署（国）が管理する**国有林林道**と、主に民有林内に所在し、地方公共団体や森林組合などが管理する**民有林林道**に分けられます。これらは林道上に設置される路線標識などで区別できますが、地図上で見分けることはできません。

国有林林道と、国庫補助事業の対象となる民有林林道の基本的な事項を定めているのが**林道規程**（林野庁長官通達）です。繰り返し改訂されていますが、現行のものでは、林道を構造によって**自動車道**、**軽車道**、**単線軌道**（地方のみかん畑などに見られる運搬用モノレールをイメージしてください）の3種類に区分したうえで、さらに自動車道を1級、2級、3級に分けています。またこれと別に本支線の区分として、幹線、支線、分線があります。現在ある林道の大部分は自動車道です。

林道規程の主たる内容は道路構造の基準であり、道路法に対する道路構造令に近い位置づけですが、自動車道3級の縦断勾配が最大18％まで認められているなど、山岳地形に適応したより柔軟な内容になっています。そのため一般に開放されている林道でも「公道とは規格が異なります」という注意書きがしばしば見られます。

った。なお、現在建設が進められているリニア新幹線の南アルプストンネルの最大土被りは1400mに達し、最新の技術が投入される。

民有林林道の一種である森林管理道を表わす林道標識の例。奥に見える標識は古く、森林管理道ではなく「林道」(普通林道のこと) 表記になっています。

国有林林道の林道標識の例。国有林林道は一般通行禁止が基本です。そして**「○○林道」は国有林林道、「林道○○線」は民有林林道の命名法です。**

## さまざまな事業によって建設される民有林林道

国有林林道にも若干の管理上の区分はありますが、それが路線名に現れることはありません。一方で民有林林道の路線名には、いろいろな「種類」が顔を出します。

次ページの表にあげた林道の種類は代表的なものに過ぎません。このように種類が多いのは、民有林林道を整備する際に利用される国庫補助や交付金の制度が多数存在しているためです。地方では林道が生活道路の一部になっているケースが多いほか、治山や治水との関連もあって、民有林の管理にも国が積極的に関与しているのです。

民有林林道の大部分を占めているのは、平成14年まで**普通林道**と呼ばれていた**森林管理道**です。これは最も林道らしいといえる林道で、距離が短

■トリビア　我が国で最も地表から深い地点を通過する道路トンネルは、東海北陸自動車道の飛騨トンネル。平成19年に完成した全長10.7kmの同トンネルは1000mを越える土被りを持ち、激しい地圧と湧水のために国内屈指の難工事とな

く、行き止まりの未舗装路線が多くあります。**森林基幹道**はそれより規模が大きく、延長も長い、通り抜けできる道が大半です。平成14年までは**広域基幹林道**と呼ばれていました。林業専用道や森林施業道は林業専用の小規模で低規格の路線です。

**峰越連絡林道**は**農免林道**とも呼ばれ、農免農道（↓118ページ）の林道版です。行き止まりの林道をほかの道路とつなぐことで利便性を高める事業となります。**ふるさと林道**は平成5年に始まった事業で、林業そのものよりも過疎に悩む林業地域の生活環境を整備することを主眼としています。そのため完成した路線の多くは舗装され、2車線のものも見られます。**県単林道**は文字通り県が単独独自に行う事業で、作業路などの小規模な路線が主体です。

現在は行われていない林道事業としては公団系の林道があります。昭和31年に設立された森林開発公団による各種の林道事業がそれで、全国26路線が建設された特定森林地域開発林道（**スーパー林道**）や、大規模林業圏開発林道（**大規模林道**）がありました。その後公団は解体され、大規模林道は**緑資源幹線林道**へ変わりましたが、平成20年に事業廃止となり、現在も残余の一部工事が**山のみち地域づくり交付金**という国庫補助事業で続けられています。これは完全舗装のハイスペック林道でした。

団が一般有料道路「金精道路」として供用を開始し、平成7年に無料開放された。冬期間は閉鎖される。

## 林道の種類と事業名

| 管理者 | 種類 | | | 事業名（現在は行われていない事業） | 根拠法（廃止法） |
|---|---|---|---|---|---|
| 森林管理署 | 国有林林道 | | | 国有林野事業 | 森林法、国有林野事業特別会計 |
| 都道府県、市町村、森林組合など | 民有林林道 | 一般補助林道 | 森林基幹道（旧広域基幹林道） | 地域地主戦略交付金 | 森林法 |
| | | | 林業専用道 | 同上、農山漁村地域 整備交付金等 | |
| | | | 森林管理道（旧普通林道） | 同上 | |
| | | | 森林施業道（旧施行林道） | 同上、農山漁村地域 整備交付金 | |
| | | 峰越連絡林道（農免林道） | | 農林漁業用揮発油税財源身替林道整備事業 | |
| | | ふるさと林道 | | ふるさと林道緊急整備事業 | |
| | | 県単林道 | | 県単林道事業 | |
| | | 山のみち | | 山のみち地域づくり交付金 | 森林・林業基本法 |
| | | 林業構造改善事業林道（林構林道） | | 林業構造改善事業 | |
| | | 公団林道 | 緑資源幹線林道（大規模林道） | 緑資源幹線林道事業 | 緑資源公団法 |
| | | | 特定森林地域開発林道（スーパー林道） | 特定森林地域開発林道整備事業 | 森林開発公団法 |

富山市にある有峰林道小見線は、民有林林道→大規模林道→緑資源幹線林道という変遷を経て、現在は「山のみち交付金林道」となっています。林道とは思えないような高規格な作りですが、ここは生粋の林道です。

■トリビア　我が国で最も高所にある道路トンネルは、群馬県片品村と栃木県日光市を隔てる海抜2024mの金精峠を貫く、国道120号の金精トンネル（全長755m）である。トンネルの最高地点は海抜1840mにある。昭和40年に日本道路公

## 3 森林鉄道

### 森林鉄道は制度的には国有林林道の一形態

50年くらい前まで全国各地に存在していた森林鉄道をご存知でしょうか。個人的には、名作映画シリーズ『インディー・ジョーンズ魔宮の伝説』で一大スペクタクルシーンを演出したトロッコのイメージが重なり、なんだかワクワクする存在です。

日本の森林鉄道は軌間（2本のレールの間隔）が一般の鉄道より3割ほど狭い762㎜の狭軌で、レール自体も華奢でした。しかしその分小回りがきき、急峻な谷に沿って伐採の現場である山奥へと伸びていました。その目的は木材をはじめとした林産物の搬出であり、林道の鉄道版そのものです。また、林道が沿道の生活道路としても利用されるように、森林鉄道も山深い地方の交通機関として活躍していました。

森林鉄道の利用方法は、小型の機関車（蒸気機関車と内燃機関車がありました）が数両の運材列車を牽引する機械化運材と、自然の勾配を利用して無動力の運材貨車を1両ずつ走らせる乗り下げ運材（空貨車の引き上げは人や家畜が行いました）に大別され、一般的には前者を（狭義の）**森林鉄道**、後者を**森林軌道**と呼びました。

存在する可能性が高いといわれる。竣工年が明確なものとしては、耶馬溪の有名な青の洞門の第一洞が、寛延3(1750)年竣工で最古とされる。

高知県の魚梁瀬森林鉄道での様子。和田山付近にて。(写真：:四国森林管理局 http://www.rinya.maff.go.jp/shikoku/koho/shinnrinntetudou.html)

**森林鉄道は国有林林道の一種**です。林道規程にその根拠があります。次ページの表をご覧ください。昭和48年に改定される前の林道規程では、林道の種類の筆頭に森林鉄道が掲げられていました。前節で森林法は林道をいち搬出施設としか捉えていないと書きましたが、鉄道と道路でさえ分け隔ててはいないのです。林道規程はすべての林道が林道台帳（道路台帳の林道版）を整備することを定めていますが、その「種類欄」の○を付ける位置が変わるだけです。

青森県の津軽半島で明治42年（１９０９年）に産声を上げた森林鉄道は、従来の主力であった河川流送運材に対する速

■トリビア　現存する我が国最古の道路トンネルは、横浜市金沢区の称名寺境内にある素掘りの隧道で、鎌倉時代の西暦1323年に描かれた絵図にも現在と同じ位置に存在する。鎌倉七口の一つである釈迦堂切通にある小さな隧道も、中世から

## 「林道規定」にある林道の種類の変遷

| 時期 | 明治35年<br>山林局通達 | 昭和30年<br>林野庁長官通達 | | 昭和48年<br>林野庁長官通達 | | 平成 24年現在 | |
|---|---|---|---|---|---|---|---|
| 説明 | 最初の林道建設の基準 | 森林鉄道の全盛期 | | 林鉄（ほぼ）全廃後 | | 現行 | |
| 通達名 | 林道工および河川工取扱いに関する手続き | 林道規定および森林鉄道建設規定 | | 林道規程（改正） | | 林道規程（改正） | |
| 林道の種類 | 軌道 | 森林鉄道 | 1級 | 自動車道 | 1級 | 自動車道 | 1級 |
| | 車道 | | 2級 | | 2級 | | 2級 |
| | 牛馬道 | 索道 | | | 3級 | | 3級 |
| | 歩道 | 自動車道 | 1級 | 軽車道 | | 軽車道 | |
| | 木馬道 | | 2級 | 牛馬道 | | 単線軌道 | |
| | | 車道 | | 木馬道 | | | |
| | | 木馬道 | | | | | |
| | | 牛馬道 | | | | | |
| | | 流走路 | | | | | |

度と安定性の圧倒的優位が認められ、大正期には秋田、木曽、魚梁瀬《やなせ》など著名な林業地を中心に全国へ広がっていきました。全盛期の昭和28年頃には総延長が6500kmにも達しました。しかしこの頃になると自動車の性能が向上し、勾配に弱い鉄道の不利が目立ち始めました。そのため自動車道への置き換えが林野庁の強力な指導で全国的に進められ、昭和50年の木曽（王滝）森林鉄道の廃止後は、屋久島の安房《あんぼう》森林鉄道だけが存続しています。

森林鉄道から自動車道への切り替えの過程では、同じ林道を線路と道路が共有する**併用軌道**となった区間も各地にありました。ちなみにこれとよく似た用語に**併用林道**と

を進めた。太平洋戦争で4年間中断したが、着工から16年後の昭和24年に見事貫通した。土木学会選奨土木遺産に指定されている。

いう制度がありますが、意味は全く異なります。併用林道制度とは、国有林と地元市町村の間で併用林道の協定を結び、市町村道や市町村が管理する民有林林道を、森林管理署（旧営林署）が市町村の代わりに国有林林道として敷設し、管理までを行うものです。必要な費用を両者で分担することで、財政難の市町村が山間部に生活道路を確保する手段として活用されており、国有林林道の２割弱にあたる８０００㎞が併用区間に指定されています。

森林鉄道はほとんどが国有林林道でしたが、山梨県には県営の森林鉄道が多くありました。山梨市の西沢渓谷の遊歩道には、今も当時のレールが敷かれたまま残っています。

古い林道規程には、ほかにもいろいろな林道の種類がありました。たとえば木馬《きんま》道は木材を乗せた橇《そり》（木馬）を人や牛馬が牽引する通路で、路面には摩擦を減らすために枕木のように木材を並べてありました。林道は、とても変化に富んだ道路です。

■トリビア　我が国で建設に要した期間が最も長いとみられる道路トンネルは、新潟県長岡市と魚沼市の間にある中山隧道である。全長922mの素掘り隧道で、現地の小松倉集落の住人達が昭和8年から自主的に掘り始め、農閑期を中心に工事

# 4 農道

## 「ここは農道です」とわざわざ主張するにはわけがある

### 農業の生産性を高めるために整備される道路

一般名詞としての農道は、耕地内の道としてイメージされますが、ここにも道路法以外の法によって整備・管理が行われる一群の道路が存在します。

ここで登場する法律は**土地改良法**です。同法の目的は、農地を整備して農業の生産性を高めることであり、そのために行われる事業を土地改良事業と総称します。そして土地改良事業の具体的内容を列挙した同法第２条第２項の冒頭に、「農業用用排水施設、**農業用道路**その他農用地の保全又は利用上必要な施設の新設、管理、廃止又は変更」とあります。この農業用道路こそが法的な意味での農道です。

農道は平成30年現在、全国に17万２０００㎞あまり存在し、道路法の道路に次ぐ延長があります。管理者別にみると、都道府県が63㎞、市町村が11万５０００㎞、土地改良区などの団体管理が5万７０００㎞で、ほとんどは市町村以下の管理です。国が

196km／46位：東京都 84km／47位：埼玉県 57km 【平成30年農道整備状況調査】

広域農道は快適な道路ですが、あくまでも土地改良事業の一環として建設・管理された農道です。農道をその外見から道路法の道路と区別することは不可能です。

直轄で管理する農道はありません。林道以上に未舗装道路が多く、舗装率は36％ほどです。

農道の種類も、林道と同じように、その整備に用いる事業によって分けられます。通常、農道は市町村によって計画され、その予算の一部を国や都道府県が補助することで建設されます。そして完成した農道は市町村や、土地改良法が定める土地改良区が管理し、農道台帳が作られます。なお林道もそうですが、農道が後から道路法の道路へ移管される場合もあります。

農道は規模が大きい順に**広域農道**、**基幹農道**、**一般農道**があります。広域農道の基礎になっているのは、複数の市町村に跨る

■トリビア『農道が長い／短い都道府県』１位：新潟県 14693km／２位：鹿児島県 12705km／３位：山形県 8049km／４位：青森県 7404km／5位：宮城県 7111km／……43位：大阪府 548km／44位：神奈川県 369km／45位：群馬県

**農道の種類**

| 農道の種類 | 事業名（廃止された事業） | 事業の根拠法（廃止法） |
|---|---|---|
| 広域農道 | 広域営農団地農道整備事業 | 農地改良法 |
| 基幹農道（旧農免農道） | 基幹農道整備事業（旧農林漁業用揮発油税財源身替農道事業） | |
| 一般農道 | 一般農道整備事業 | |
| ふるさと農道 | ふるさと農道緊急整備事業 | |
| 基幹農道 | 農用地総合整備事業<br>特定中山間保全整備事業 | 緑資源公団法 |

ような広大な地域を一つの農産地として一体的に整備する広域営農団地整備計画です。点在する農地を有機的に連結することで大型農業機械の導入や集荷の効率化を行い、農産地としてのブランドを強化しようとするもので、その基幹施設が広域農道なのです。広域農道がある場所には広域営農団地が指定されており、やたらめったら作られているわけではありませんが、走りやすい2車線道路であるため、混雑する一般道のバイパスとして農業関係者以外にもひろく利用されています。

基幹農道は広域農道に次ぐ幹線で、平成21年までは**農免農道**として整備されていました。農免農道の正式名は**農林漁業用揮発油税財源身替農道**といい、**道路特定財源制度**と深い関わりを持っています。

わが国では昭和28年以来、道路を利用する側の受益者負担という観念から、（道路法による）道路を整備する財

呼鳥門は、高さ15m、幅30mもある巨大な自然洞穴で、平成14年まで国道305号がここを通過していた。

源の一部として揮発油税（ガソリンなどにかかる税金）が用いられてきました。このような目的税による道路財源を道路特定財源といいます。本来、トラクターや漁船のように、道路を利用しない**農林漁業用機械に消費されるガソリンについては揮発油税を免除することが望ましい**のですが、購入されたガソリンの用途を確認することは現実的でないため、農林漁業用機械に消費される分の揮発油税に相当する額を財源とした農林漁業用の道路整備を行う制度がありました（農「免」は免税の免です）。しかし道路特定財源制度が平成20年度限りで廃止されたことに伴って、この身替財源制度も廃止されています。このほか、地方債を財源として農村地域の生活道路を整備する**ふるさと農道事業**が平成５年から行われています。

農道の外見は道路法の道路とまったく見分けがつかない場合が多いですが、トラクターなどの低速車との混合交通を考えた広めの幅員や、路肩に集荷のための作業スペースが設けられているなど（地味な）特徴があります。そして、**農道は本来農耕車が優先。**ハンドルを握るときは、常にそのことを忘れずにいたいものです。

■トリビア　世にも珍しい天然トンネル。岡山県高梁市にある県道宇治下原線の羽山第二隧道（全長32m）は、車のすれ違えない狭い素掘り隧道だが、石灰岩に自然に生成された鍾乳洞を一部利用している。また、福井県越前町の海岸にある

5

# 港湾や漁港の道路

## 港の近くにある、妙に車線幅の広い道路の正体

### 城ヶ島大橋や東京ゲートブリッジは、このカテゴリの道路

林業農業と来て次は漁業の道路です。必然的にその所在地は漁港施設とその周辺に限定されますが、**漁港漁場整備法**により漁港施設の一つとして規定されている道路が存在し、事業によって**漁港施設道路**、**漁港関連道**、**漁港集落道**などに分類されます。漁港施設道路は漁港内に設けられ、漁港管理者（地方自治体）が管理します。残る二種の道路は、漁港と幹線道路を結ぶ輸送路や、漁村内の生活道路ですが、これらは完成と同時に道路法の道路になります。

また、水陸交通の結節点であり、貿易の拠点となる港湾施設においては、**港湾法**に定められた臨港交通施設としての道路があり、**臨港道路**と呼ばれています。都道府

秋田港の港湾道路には、ヘキサとそっくりの路線標識が設けられています。管理しているのは秋田港湾事務所です。

非常に珍しい構造のダムと道路の兼用工作物である。

## 港湾にある道路の種類

| 種類 | 事業名 | 根拠法 | 例 |
|---|---|---|---|
| 漁港施設道路（漁港道路） | 漁港整備事業 | 漁港漁場整備法 | 城ヶ島大橋（神奈川県）など |
| 漁港道路（旧漁免道） | 漁港関連道整備事業(*)（旧農林漁業用揮発油税財源身替漁港関連道路整備事業） | | |
| 漁港集落道 | 漁業集落環境整備事業(*) | | |
| 臨港道路 | 臨港道路整備事業 | 港湾法 | 東京港臨海道路（東京ゲートブリッジ）、新潟港臨港道路（新潟みなとトンネル）、神戸港臨港道路（ハーバーハイウェイ）等 |

(*)供用開始と同時に道路法上の道路に組み込まれる

県道の認定要件に登場した主要港は、港湾法第２条に規定された国際戦略港湾、国際拠点港湾、重要港湾、地方港湾などを指しましたが、こうした港湾のグレードに応じた国庫補助を受けて臨港道路は整備されます。管理者は港湾管理者（地方自治体）です。

漁港施設道路や臨港道路の特徴としては、通行車両に占める大型車の割合が特に高く、水揚げや荷役の都合により短時間に交通が集中することが挙げられます。そのためこれらの道路は一般に広幅員で、車線外にも車両が待機できるスペースを設けている場合が多く見られます。

■トリビア　和歌山県那智勝浦町にある小匠防災堰堤という高さ36mの重力式コンクリートダムは、堤体を林道のトンネルが貫いており、出水時にはトンネルの入口が水門によって閉ざされ、上流の林道は完全に水中に没してしまうという、

6

# 公園道、都市計画道路

## 貴重な自然環境を守るための道路と、都市を開発するための道路

**自然公園内の道路は、乱開発を抑制するための道路である**

自然公園は**自然公園法**の規定によって整備される国立公園、国定公園、都道府県立自然公園の総称で、国土の約14%が何らかの自然公園に指定されています。このうち、環境大臣が指定する国立公園（国が管理）と国定公園（都道府県が管理）では国の公園計画に従って保護や利用のための整備事業（公園事業）が行われることで、ほかの法（たとえば道路法）による道路整備事業は制限されます。

公園事業が整備する**公園道は車道、自転車道、歩道**の3種です。しかし、環境の保護を最大の目的とする自然公園法に定められたこれらの道路の性格は、道路法による道路とは大きく異なっており、**国立公園内には公園計画で定めた公園道以外は造れないという、開発抑制のための道路制度なのです**（国定公園も同様ですが、国の道路事業は妨げられません）。このことから、自然公園法の道路（特に車道）の大半は、道路

いずれも石アーチ橋である。国道最古の現役トンネルは、長野県筑北村にある明通トンネル（国道143号）で、明治23年竣工である。

法や、そのほかの法による道路を兼ねています。

昭和40年代に大きな問題となった尾瀬国立公園の尾瀬沼畔における県道計画をご存知でしょうか。当初この県道は公園計画に車道として盛られていましたが、環境保護運動の高まりを受けて建設が中止された直後に公園計画からも削除され、工事の再開が極めて困難になりました。公園計画は道路整備と環境保全がしのぎを削る影の戦場といえるでしょう。

千葉県の清澄山を通る「関東ふれあいの道」。全国9路線の長距離自然歩道にはロゴマーク付きの標柱が立っています。

公園事業のほかに環境省が行う道路事業としては、**長距離自然歩道**や**利用集中特定山岳地域登山歩道**（通称：日本百名山登山歩道）の整備があります。前者は「関東ふれあいの道」（首都圏自然歩道）や「新・奥の細道」（東北自然歩道）といった路線名の方がとおりがよいと思います。全国9路線の総延長が2万1000㎞余りもあるといいますから、歩道とはいえ侮れません。これらは主に既存の登山道や遊歩道の改良を都道府県に対する補助事業で行うもので、

■トリビア　国道にある最古の現役橋は、佐賀県嬉野町にある湯野田橋（国道34号）で明治21年竣工。2番目に古いのは大分県津野原町の小岩戸橋（国道442号）で明治36年竣工。3番目に古いのは東京都の日本橋（国道1号）で明治44年竣工。

完成した歩道は都道府県が管理します。しかし国立・国定公園内では補助率が高まるなど、公園計画と一体的な運用がなされています。

自然公園法と名前が似ている**都市公園法**にも独自の道路制度が盛られています。都市公園とは主に都市計画の一部として国や地方公共団体が整備する公園のことで、規模や事業によってさまざまな種類がありますが、都市公園の一部として公園管理者が管理する道路を**園路**と呼びます。バリアフリーへの特別な配慮が規定されているなど、歩行利用中心の構造に特徴があります。地形図に園路が描かれる場合は二重破線の「庭園路」の記号が用いられることが多く、ほかの道路と区別ができます。

## 都市計画道路は、すべて道路法の道路である

国土交通大臣または都道府県知事の認可を得て実施される都市計画施設の整備に関する事業を**都市計画事業**といい、それを定めた法律が**都市計画法**です。都市計画区域内では都市計画事業の障害となるおそれのある土地の形質の変更や建築物の建築などの行為が制限されるなど、行政がまちづくりを主体的に行うための制度です。都市計画に盛り込まれた道路を**都市計画道路**と呼び、その機能によって左表の4種類に分け

一長い道路橋は、東京湾アクアラインのアクアブリッジで全長4.4km。第2位は明石海峡大橋（3.9km）で、主径間長世界最長の吊橋である。

## 都市計画道路の種類

| 都市計画道路の種類 | 説明 |
|---|---|
| 自動車専用道路 | 都市高速道路、高規格幹線道路、その他の自動車専用道路 |
| 幹線街路 | 都市の骨格となる道路 |
| 区画街路 | 宅地内の道路 |
| 特殊道路 | 主に自動車以外の交通（歩行者、自転車、新交通システムなど）のための道路 |

られます。

**都市計画道路はすべて道路法の道路**であり、高速自動車国道から市町村道までのいずれかに属しますが、それに縛られない都市計画道路としての種類や幅員を反映した独自の命名則による路線名で管理されています。たとえば日野市内の国道20号日野バイパスは、都市計画道路の路線名では「日３・３・４号線」です。農道や林道など、道路法以外の道路は都市計画道路には含まれません。

道路法では、山や海や街が点在する全国をネットワークする超広域的な道路網が想定されています。一方、都市計画法では、特定の都市内の交通網（道路網、鉄道網）を、その都市内にある諸施設（住宅、工業施設、商業施設、公共施設、公園施設など）と一体的に整備することで機能を最大限に発揮させ、同時に過密から起こる都市問題に対処しようという考え方で道路を整備しています。

■トリビア　日本一高い橋は、大分県九重町にある「九重夢大吊橋」で、高さ173mの人道用の観光吊橋である。車が通れる最も高い橋は、岐阜県郡上市にある東海北陸自動車道の鷲見橋（下り線）で、中央の橋脚の高さが125mある。日本

# 7 民間による有料道路(一般自動車道と専用自動車道)

道路を営利事業として成立させるのはなかなか厳しい!?

## 道路法とは目的が異なる有料道路事業

第1章では道路法で定められた自動車専用道路や一般有料道路を見てきましたが、道路法以外の法律にも有料の道路があります。その筆頭は**道路運送法**による自動車道です。道路運送法は、道路上で自動車を利用して行う運送事業(道路運送事業)について定めた法律で、二種類の**自動車道**(専ら自動車の交通に供する道路法による道路以外の道路)が規定されています。一つは、事業者が自動車道を所有し、これを一般の交通に供する事業(自動車道事業といいます)であり、この用途の自動車道を**一般自動車道**といいます。もう一つは事業者が自動車道を所有するところまでは同じですが、これを自らの事業にだけに使うもので、**専用自動車道**といいます。

自動車道事業を行うためには国土交通大臣の認可を受ける必要があり、これは民間による鉄道事業によく似た仕組みです。しかし許可の範囲内であれば自由に通行料金

る8本の一般有料道路の運営権が、愛知道路コンセッション株式会社に与えられています。

を設定して有料道路を経営することができるうえ、道路法による有料道路がすべて経費の償還目的で料金を徴収していたのに対し、こちらは**利潤を追求**することもできます。そもそも、道路法では民間人による有料道路の運営自体を認めていません（※）。

道路運送法が意図する民間による有料道路の制度は非常に歴史の深いもので、同法の前身である自動車交通事業法（昭和６年制定）が戦前から多くの一般有料道路を誕生させています。戦後に道路法による各種有料道路が開始されてからも、マイカーブームに乗って日本中の観光地に多種多様な観光道路を生み出してきました。しかし近年は人件費の高騰や国内観光の低迷などから多くの路線が採算割れをしており、平成６年には51路線４５６㎞がありましたが、平成30年には31路線３１２・９㎞へ激減しています。

箱根ターンパイク株式会社が保有、運営している箱根ターンパイク（全長１５．８㎞）では、民間ならではの取り組みとして、平成19年から道路のネーミングライツ（命名権）を販売して収入を確保する取り組みが行われています。そのためこの道路の正式名称は「ＴＯＹＯ ＴＩＲＥＳ ターンパイク」（平成19年）「ＭＡＺＤＡターンパイク箱根」（平成26年）と変遷し、平成30年からは「アネスト岩田 ターンパイク箱根」

（※）平成27年に施行された改正構造改革特別区域法により、地方道路公社が民間事業者に対して一般有料道路の運営権を与える制度（コンセッション方式）が認められるようになりました。現在この制度によって、愛知県道路公社が管理す

として案内標識などを使った企業名の周知宣伝が行われています。また同路線や、これと接続する静岡県道路公社が管理する伊豆スカイライン（40.6㎞）では、全国に先駆けた**自動車道ナンバリング**をスタートしました。ターンパイク「D18」、伊豆スカイライン「D10」を、案内標識などに使用しています（Dはdriveway＝私道の頭文字）。

専用自動車道は、一般自動車道より数が少なく稀少です。現存する道路としては、ジェイアールバス関東株式会社が保有する同社バスの専用道路、白棚《はくほう》高速線があります。戦時中休止された国鉄白棚線の跡を利用して昭和32年に国鉄バス専用道路として開業しました。

道路法以外の有料道路は他に、森林組合法によって有料林道として管理される林道（例：白山スーパー林道）、漁場漁港整備法による有料の漁港施設道（例：城ヶ島大橋）、施設利用料として料金を徴集する私道（例：鋸山登山自動車道）などもあります。

## 日本初の有料道路はどこにあった？

日本初の有料道路として名前の挙がる道は、以下のようにいくつもあります。

した道路が、現行の道路運送法にまで受け継がれている。

①青の洞門（大分県中津市）　寛延３（１７５０）年
②箱根湯本新道（神奈川県箱根町）　明治８（１８７５）年
③日本自動車道（神奈川県鎌倉市～藤沢市）　昭和６（１９３１）年
④参宮有料道路（三重県松阪市～伊勢市）　昭和２８（１９５３）年

単純に開通時期だけを比較すれば2番目以降の立場はなさそうですが、これらはそれぞれ異なる制度のもとで最初に実現した（とされる）有料道路たちです。①は有志が掘った手掘隧道で通行料を取ったものですが、近世には橋賃を取る橋も多くあり、それも含めて最古だったかはわかりません。②は、明治4年の太政官布告〝治水修治ノ便利ヲ興ス者ニ税金取立ヲ許ス〟による最初の有料の有料道路で、現在の国道1号の一部です。③は、道路運送法の前身にあたる昭和6年公布の自動車交通事業法により実現した、湘南モノレールの先祖である日本初の有料自動車専用道路です。④は、昭和27年に公布された道路整備特別措置法によって実現した最初の一般有料道路であり、現在の三重県道鳥羽松阪線の一部です。制度の数だけ最古があります。

■トリビア　わが国で営業中の一般自動車道で最も営業開始日が古いのは、昭和8年8月1日に供用された、コクドが経営する鬼押ハイウェイで、現在営業中である日本最古の有料道路ともいえる。昭和６年公布の自動車交通事業法によって実現

# 私道と里道「認定外」の道路たち

## 行政による道路としての特定の認定行為を受けない、認定外道路

**特定の管理法を持たない、私有財産である道路が私道**

私道とは、個人や企業などの私有地を現に道路として使っているもので、管理者が国や地方公共団体などの公機関ではないものをいいます（道路法上の道路であっても土地は私有地である場合がありますが、その場合は私権の行使は大幅に制限されます）。対して、私道以外の道路を総称して**公道**といいます。原則として、私道を通行するためには所有者の承諾（通行権）が必要です。

**私道は、物理的に公道と分離されている場合と、公道と連絡している場合とで、法的な位置づけが変わります。**前者は**民地内道路**と呼ばれ、工場や鉱山、ゴルフ場などの敷地内にある構内道路や、屋敷内の通路、サーキットや自動車教習場内の練習コースなどがあります。

このタイプの私道では道路交通法や道路運送車両法など、公道全般で適用される法

の倍近くの長さを持つ。最短路線は東京高速道路が経営する東京高速道路と庄内交通の羽黒山自動車道で、共に全長2.0km。

一般車両は立ち入れない「宇部興産　宇部・美祢高速道路」の風景。（写真：OAzipper（CC BY-SA 3.0））

律が適用されません。山口県にある宇部・美祢高速道路（全長28㎞）は宇部興産株式会社が敷地内に設けた日本最長の私道（構内道路）であり、道路運送車両法の規格外である超大型トレーラーが走行しています。

一方、公道との連絡が特に遮断されていない場合は、私道といえども「一般交通の用に供するその他の場所」（道路交通法第２条）として**公衆用道路**（土地の用途を示す登記簿上の「地目区分」による）と見なされ、道路交通法や道路運送車両法が適用されます。これは一般的な私道のイメージに近い住宅地内の小さな街路や、商店の駐車場などを含みます。規模の大きなものとし

■トリビア　平成30年4月現在に営業中の一般自動車道は、27事業者による31路線313kmであるが、このうち最も長い路線は静岡県道路公社の伊豆スカイライン（40.6km）であり、第2位の近畿日本鉄道が経営する信貴生駒スカイライン（20.9km）

ては、千葉県にある鋸山《のこぎりやま》登山自動車道は全線が私有地にあり、民間の企業が管理にあたっています。

このような公衆用道路である私道には、建築基準法の規定によって行政が指定する**位置指定道路**も含まれます。建築基準法では、たとえば普通の住宅の場合、その敷地が幅員4m以上の「道路」に2m以上接していなければならないという防火防災上の規定があります。この条件を私道で満たそうとする場合は、行政にその私道を「道路」として指定してもらう必要があるのです。一度指定した位置指定道路を再び「道路」でなくすることは容易ではなく、建築基準法が目指す安全な住環境を確保する制度となっています。

## 里道とは、歴史の中で取り残された、公道の一種

**里道**も私道と同じように、特定の法によって認定されない認定外道路の一種であり、**明治時代の道路制度の遺物です。**里道の敷地は長らく国有地として管理されていましたが、平成17年の国有財産特別措置法の改正により、現に道路として機能している（公衆用道路）土地は、市町村に委譲されました。

チ橋が最古とみられ、1502年の完成。木橋に比べて圧倒的に長持ちのする石アーチ橋の面目躍如たるものがある。

第3章で詳しく解説しますが、わが国の近代道路法制は三つの時代に分けられます。第一は明治から大正8年（1919年）までの旧道路法制定以前。第二は昭和27年（1952年）までの旧道路法時代。第三がそれ以降の現行道路法の時代です。明治の道路制度では、道路の種類を国道、県道、里道の3種類に分け、道路用地はすべて国有地でした。大正の旧道路法制下ではこれがリセットされ、旧里道のポストに市道や町村道が設定されましたが、市道や町村道の管理には市や町村があたることになったため、財政負担の増大を懸念して認定されない旧里道（もちろん旧国道や旧県道でもそういう路線はありました）がたくさん残りました。それら「**道路の形をしていても道路として認定されなかった国有地**」が、ここでいう里道の起源です。

なお、里道の存在やその位置を知るには、明治初期に国が全国の土地の用途を調べるために作成した詳細な図面である公図を見るのが、ほぼ唯一の方法です。公図で道路は赤色で描くことが決められていたため、里道を**赤道**《あかみち》とも呼びます。しかし、古い公図は戦災などで失われている場合もあります。図面の中だけの存在となった里道には、土地の先人達の思いや足どりが刻まれているはずで、多くの地域史家が熱い視線を注いでいます。

■トリビア　現存する日本最古の橋は、沖縄県那覇市の末吉公園にある末吉宮磴道（とうどう）橋という陸上の石アーチ橋で、西暦1456年頃の建立と伝えられる。水上に架かる橋としては、同じく那覇市の円覚寺境内にある天女橋という石アー

## 日本最初の「高速道路」東京高速道路

都心の銀座に、東京高速道路（株）が道路運送法による一般自動車道として運営する、全長2kmの東京高速道路があります（自動車道ナンバリング「D8」）。道路法の道路である首都高速道路の都心環状線と中継所を介して前後ともつながっており、実質的に首都高の一部のように利用されていますが、一般自動車道としては稀な無料の道路であり、この道路内だけの乗り降りなら料金はかかりません。

車窓にも首都高との違いがいろいろあります。まず、首都高の本線では見られない２車線の対面通行区間があります。また、４車線区間にも中央分離帯がなく、簡単な縁石で仕切られているだけです。そのため最高速度も40kmに規制されています。しかしこの道路の外見上の最大の違いは、降りて下から見るとわかります。この道路は細長いビルの屋上に敷かれているのです。

東京高速道路のビジネスモデルは、自ら建設した、屋上が道路であるビルのテナント料収入で、建物だけでなく道路部分の管理費用を賄い、さらに利益を上げるという、一等地である銀座に相応しい、他の自動車道事業者に類を見ないものです。このような「路下室ビジネスモデル」は世界的にも稀なものといわれます。

東京高速道路の出願と会社設立は昭和26年であり、これは東京都が首都高速道路の初期計画を公表する2年も前です。発起人達は昭和25年に前身となるスカイビルディング＆スカイウェイ構想を出願しています。現在の東京高速道路の位置にあった外濠を埋め立てて、そこに地上12階地下4階長さ1.5kmの巨大なビルを建造し、2階を自動車専用道路、1階を駐車場、3階以上を貸事務所にする。さらにビルの南端から東海道線の上に高架道路を造り羽田空港に至るという壮大な構想でした。これは住民の反対も大きく実現しませんでしたが、財政難のため早急な首都高の建設は難しいと考えていた東京都は、東京高速道路が首都高の建設に先鞭を付け、将来その一翼を担うものになるとして、ある条件を付けて事業を認めました。また、建設省と運輸省もある条件を付けて、自動車道の免許を与えました。ある条件とは、通行料金を無料にせよという、一般自動車道としては異例のものでした。

しかし同社は外濠などを埋め立てる難工事を克服し、昭和34年に最初の区間を開通させます。これは首都高が首都高速道路公団によって最初の開通をみる3年前で、名神高速道路の初開通の4年前。銀座は「高速道路」の名を持つ道が初めて日本に誕生した記念地なのです。

# 第3章 道路法制の変遷

太古の昔から踏み分け道は自然と生まれ、利用されてきました。明治維新により国民が移動の自由を得たとき、政府はそこに資本主義という巨大なエネルギーの根源を見い出します。道を整備することが、国を強くすることにほかならない。わが国の道路法制は明治期に始まり、戦後に現在の道路法となって一応の完成を見ました。

1

# 旧道路法制定以前　明治から大正まで

「国道」という名称が誕生したのは明治9年

## 道路を知るために、道路法とその精神を読み解く

現在の国道は、昭和27年（１９５２年）の道路法制定にともなう第一次の路線指定で誕生した一級国道40本と二級国道１４４本、あわせて2万４０００㎞の体制でスタートしました。現在よりだいぶ少ないですが、それでも相当に巨大な道路網といえます。それらの道路はもちろん、道路法が制定される以前からそこに存在していた道路でした。都道府県道、市町村道も同様です。

国道、都道府県道、市町村道。このような道路の種類は、同時に道路の格づけでもあります。これは道路法以外の道路ではあまり見られない特徴です。そして格づけには認定要件があることも大きな特徴です。国は道路のグレードごとに認定要件と予算面での優遇措置を設けることで、個別にすべての路線を選定することなく、全国の道路網をどの方向に育てるかという間接的な操作を行っています。これが道路法の目的

道を整備する工事が進行中。

であり正体です。道路法は、道路に関する国のグランドデザインを担っているのです。
この遠大な手法は、道路法の制定以前から長く培われてきたものでした。本章では「道路の種類」の変遷を軸に、近代から道路法制定までの道路制度史を概観します。

## 明治維新は交通制度と、交通手段の維新だった

明治政府が幕府に変わって政権を握ったことで、交通に関しても極めて劇的な変化が起きました。明治2年（1869年）1月24日（太陽暦では3月6日）に太政官より発せられた「**箱根始メ諸道關門《かんもん》ヲ廢ス**」がそれです。これは東海道にあった箱根関所をはじめとする全国の関所をすべて廃止するという、幾百年制限されていた旅行の自由を国民に与える重大な内容でした。太政官とは明治政府が初期に置いた中枢機関であり、明治18年（1885年）に内閣制度が発足するまで法令の多くが太政官布告の形で発せられています。

旅行の自由化は物流の自由化を意味しますから、道路や港津など、交通施設の需用は当然高まりました。さらに明治維新は交通の手段の自由化でもありました。幕府は江戸や京都など大都市内では荷牛車や荷車の使用を許可していましたが、都市間交通

■トリビア　日本一短い（供用中の）道路トンネルは、和歌山県道213号白浜久木線の白浜町久木にある無名隧道で全長2.4m。幅2.5m、高さ1.6mの荷車がようやく通れるほどの小型のトンネルで、明治8(1875)年の竣工とされる。現在、隣に新

を担う街道では車両による交通をほとんど認めていませんでした。明治5年に新橋と横浜の間に初の鉄道が開業しますが、これに先駆けて明治2年には早くも横浜と東京の間で乗合馬車が走り始め、翌年から東京府内での人力車営業が許可されています。しかし、車両は道路がそれに耐えうる状態でなければ、十分に機能できません。

明治維新は交通の維新です。道路の整備に対する熱望が、殖産興業を果したい政府と、便利な生活を望む国民の両方から、一斉に湧き上がりました。

## 有料道路の歴史は明治初期にさかのぼる

とはいえ、生まれたばかりの明治政府には十分な財政的基盤もなく、全国にわたる道路整備を主体的に行うことは困難でした。そこで考え出されたのが民力の活用です。明治4年12月に太政官布告**「治水修路架橋運輸ノ便ヲ與《おこ》ス者ニ入費税金徴収ヲ許ス」**（有料道路の制）が発令されました。その内容は、今後有志において運河の開通や道路の開削または架橋をなす者には、経費に応じて期間を定めて通行人から料金を徴収することを許す、よって地方官（現在の知事）は人民よりそのような申し出を受けたら直ちに大蔵省へ申し出よ、というものでした。これは紛れもなく民間による有料道路

ラス橋である。大型の木橋は型式を問わず極めて現存例が少なく貴重なので、発見したらぜひ記録を残して欲しい。

制度を意味するものでした。近世から一部の橋や隧道で賃取が認められていましたから、慣例を追認したものですが、この太政官布告は昭和の時代まで生き続けました。

明治6年8月、大蔵省布達**「河港道路修築規則」**が発令されました。これは河川、港、道路について、その重要度に応じて一等から三等までに分け、等級ごとに修築費用の国と地方の分担割合を明確にするものでした。一等道路は「東海中山陸羽道ノ如キ全國ノ大經脈《けいみゃく》ヲ通スル者」、二等道路は各地方の道路で一等道路に接続する「脇往《わきおう》還《かん》」、三等道路は「村市ノ経路」という基準を示していましたが、具体的な道路の認定要件や手続きが定められておらず、この制度自体も治水事業に対する補助を主眼としたものであったため、本格的な道路網の指定や整備には至りませんでした。しかし宮城県などのいくつかの県では、実際にこの区分に従って県内の道路を管理した記録が残っています。

宮城県白石市の国道４号の旧道に残る「一等道路東京街道」の道標石。上部に手のイラスト、その下に筆記体で「Main Road To Tokyo」とある。明治初期の極めて貴重な道路遺産だ。

明治6年12月には太政官達に

■トリビア　木造橋は耐用年数が最大でも50年程度しかないため、規模の大きなものはほとんどがコンクリート製や鉄製の永久橋に架け替えられたが、群馬県下仁田町の内山峠旧道脇に残る旧々落合橋は、おそらく現存する唯一の大型木造ト

よって全国の**道路里程《りてい》調査**が行われました。これは従来慣例によっていた諸街道の距離を把握することで、郵便や陸運事業の運賃を正確に算定しようとするもので、現在の道路法にも道路の付属物（↓２０８ページ）としてその名が残る里程標や道路元標の起源はここに求められます。そしてこの調査の対象としてリストアップされた全国41本の道路こそ、当時の政府が考えていた幹線道路網であり、後の国道の原点ともいえるものです。なお、この調査の最中の明治7年1月に内務省が設立され、以後昭和20年まで長らく道路行政を担うことになりました。

## 「国道」の由緒は、明治9年の太政官布告にあり！

明治9年6月8日は「国道の誕生日」と銘記してもいいかもしれません。この日に発せられた**太政官達第60号「道路ノ等級ヲ廢シ國道縣道里道ヲ定ム」**は、お馴染みの「国道」や「県道」という呼称がわが国の道路法制に初登場した記念すべきシーンです。

この布達は府県のトップに対して出されたもので、その内容は①明治6年に定めた一等～三等道路の区分は廃止する②道路は国道、県道、里道に分け、それぞれを一等

は昭和46年11月。原理的にこれよりも古い“おにぎり”や“ヘキサ”はないはずだが、最古の現存箇所は不明である。

**道路法**（道路法制定以前は各種法令）**による道路の種類の変遷**

| 和暦 | 西暦 | 法令名 | 道路の種類 | | | | | | | | | |
|---|---|---|---|---|---|---|---|---|---|---|---|---|
| 明治6年 | 1873 | | | 一等道路 | | | 二等道路 | | | 三等道路 | | |
| 明治9年 | 1876 | | | 国道一等 | 国道二等 | 国道三等 | 県道一等 | 県道二等 | 県道三等 | 里道一等 | 里道二等 | 里道三等 |
| 明治18年 | 1885 | | | 国道 | | | 県道 | | | 里道 | | |
| 大正8年 | 1919 | (旧)道路法 | | 国道 | | | 府県道 | | 郡道 | 市道 | | 町村道 |
| 大正11年 | 1922 | 同 改正 | | 国道 | | | 府県道 | | | 市道 | | 町村道 |
| 昭和27年 | 1952 | 道路法 | | 一級国道 | | 二級国道 | 都道府県道 | | | 市町村道 | | |
| 昭和32年 | 1957 | 同 改正 | 高速自動車国道 | 一級国道 | | 二級国道 | 都道府県道 | | | 市町村道 | | |
| 昭和40年 | 1965 | 同 改正 | 高速自動車国道 | 一般国道 | | | 都道府県道 | | | 市町村道 | | |

～三等に区分する③この9種類の道路それぞれの基準を定めるから、**各府県は該当する路線を詳しく調べ上げて内務省に報告せよ**、という内容でした。定められた道路の種類と基準については、原文をご覧いただきましょう。

**國道（国道）**

一等　東京ヨリ各開港場ニ達スルモノ

二等　東京ヨリ伊勢ノ宗廟《そうびょう》及《および》各府各鎮臺《ちんだい》ニ達スルモノ

三等　東京ヨリ各縣廳《けんちょう》ニ達スルモノ及各府各鎮臺ヲ拘聯《こうれん》スルモノ

**縣道（県道）**

一等　各縣ヲ接續《せつぞく》シ及各鎮臺ヨリ各分營ニ達スルモノ

二等　各府縣本廳ヨリ其支廳ニ達スルモノ

■トリビア　「道路標識・区画線及び道路標示に関する命令」の改正によって、国道のシンボル“おにぎり”こと「国道番号」の案内標識が制定されたのは昭和35年5月である。県道のシンボル“ヘキサ”こと「都道府県道番号」の案内標識の制定

三等　著名ノ區ヨリ都府ニ達シ或ハ其區ニ往還スヘキ便宜ノ海港等ニ達スルモノ

**里道**

一等　彼此ノ數區ヲ貫通シ或ハ甲區ヨリ乙區ニ達スルモノ

二等　用水堤防牧畜坑山製造所等ノタメ該區人民ノ協議ニ依テ、別段ニ設クルモノ

三等　神社佛閣及田畑耕耘ノ爲ニ設クルモノ

国道は国全体の利害に関わる道路、県道は府県の利害に関わる道路、里道は区（当時は大区小区制で府県が多くの区に分割されていました）の利害に関わる道路です。現在の国道、都道府県道、市町村道にも通じるように感じられますが、たとえば国道の要件を現在のもの（↓50ページ）と比較すると、その違いは歴然としており、国道三等の一部「各府各鎭臺ヲ拘聯（連絡）スルモノ」を除く**ほぼすべての国道が東京を起点としていました。**

最も重要な国道一等を、外国との貿易の場である開港場（長崎、横浜、新潟、大阪、神戸、函館の6港でした）への道路としていたことは、製糸業などの輸出産業を国家財政の基盤として最重視していた現れです。また国道二等の筆頭に天皇家の先祖神を祀る「伊勢ノ宗廟（伊勢神宮）」への道路を掲げたのは、天皇を中心とした強固な中央

える案内標識が各地にあり、平成初期まで本州の北の果て、青森県大間町のフェリー乗り場近くにあった「東京798km」が歴代最遠と見られる。

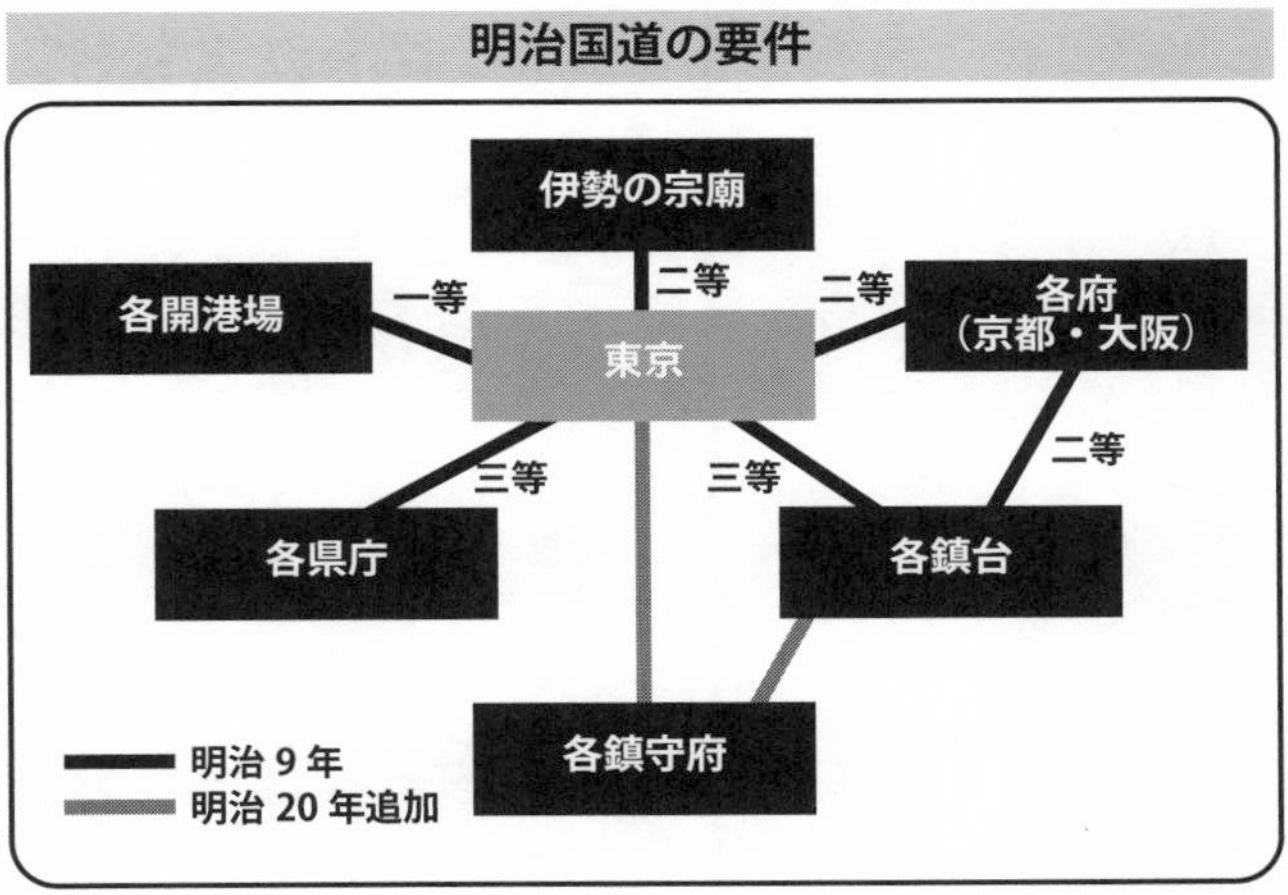


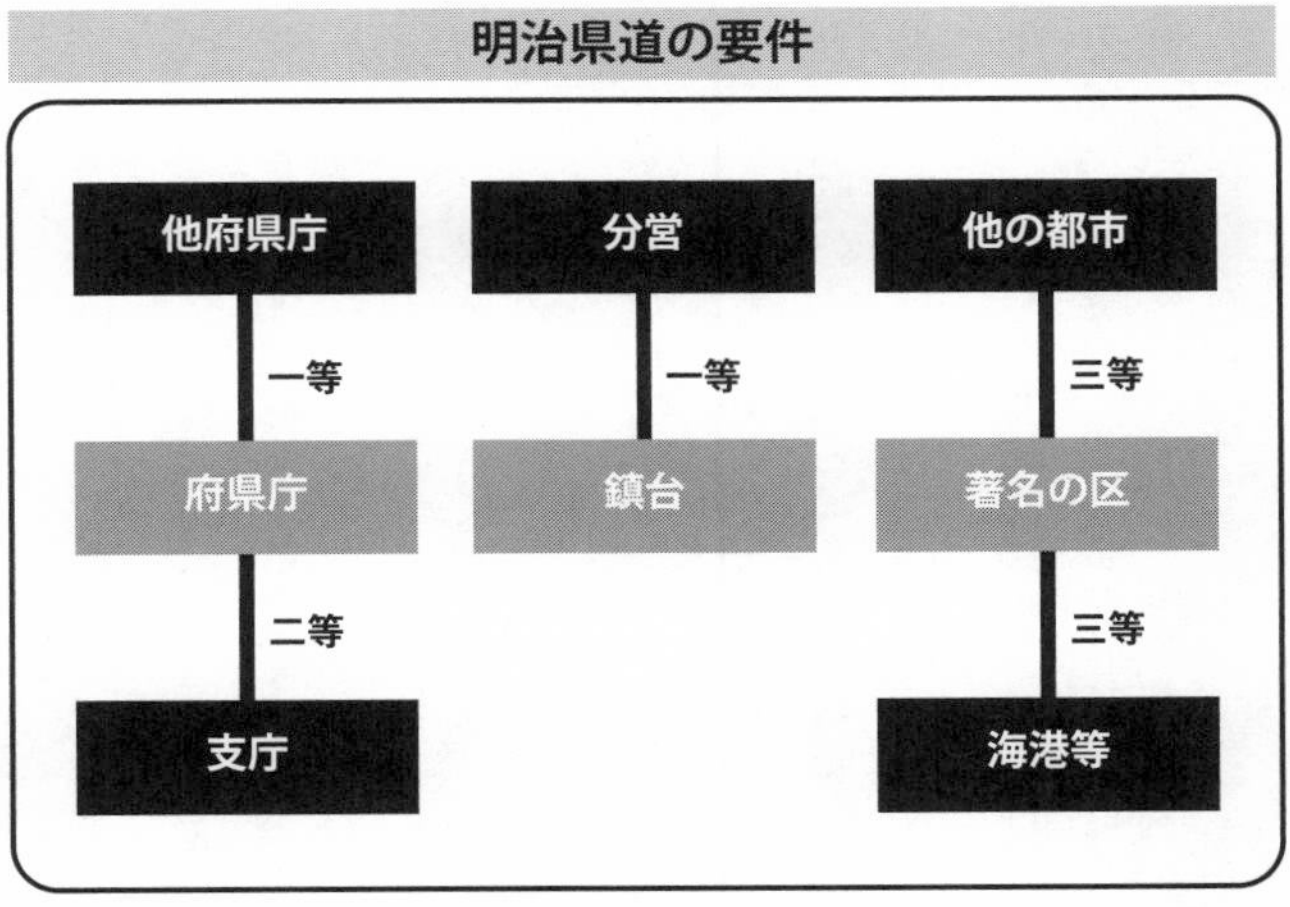


■トリビア　案内標識に表示されている最も遠い行き先は、岩手県洋野町の国道45号にある「仙台392km」とみられる。300kmを越える表示は稀で、北海道、秋田県、岩手県、福島県、鳥取県などで発見されている。かつてはこれを大きく越

集権国家への指向といえるでしょう。なお「各府」は東京府を除く京都府と大阪府を指し、「鎮台」は日本陸軍の最大の編成単位（明治21年に「師団」へ改称）で、東京の他に仙台、名古屋、大阪、広島、熊本に置かれていました。国道三等でようやく各県庁への道路が登場しますが、富国強兵を国是に掲げていた明治政府がこのように軍国的色彩を帯びた道路網を指向したのも当然でした。

この布達の後半では、国道と県道を今後改築する場合の幅員を、原則として国道一等は幅7間（約13m）、国道二等6間、国道三等5間、県道5間～4間（約7m）とすべきことを定めています。これは明治の道路法制が初めて道路構造の基準に言及した部分ですが、その広さに驚きます。幅4間でも現代の二車線道路に匹敵します。実はこの数字の背後には陸軍の強い要望がありました。当時の主力戦力であった六頭立て砲車（戦車の先祖）を道路上で転回するには、道幅は最低でも6間半必要で、分解などの特別な方法でも4間を要するという主張でした。ここにも軍事道路としての性格が潜んでいたのです。そして実際にこの幅員で造られた道路は、都市部や平野部の一部に限られました。

## 道路整備における地方官主導の時代

明治9年の布告により各府県で管内道路網の区分が行われ、たとえば群馬県は明治10年7月に国道と県道を以下のように定めて県下に公布しています。

国道　一等　中山道　三国往還
　　　三等　前橋ヨリ伊勢崎通リ東京道
県道　一等　清水越《しみずごえ》往還　例幣使《れいへいし》街道　ほか2線
　　　三等　伊香保道　信州中野町道　四万《しま》温泉道　ほか10線

明治10年代は各地で府県主導による道路整備が盛んに行われた時代でした。近年も「新潟県は田中角栄の出身地だから道路が立派だ」というような話を耳にすることがありますが、議会政治が十分に機能していなかった明治初期ほど地方官（現在の知事。政府が任命し、県が県令、府が知事でした）の力量に府県の運営が大きく左右された時代はありません。その施策の良し悪しや、強権の発動をも厭わない実行力もさることながら、藩閥に支配された中央とのパイプの太さが、もろに国庫補助金の多寡に影響しました。たとえば内務卿大久保利通と密接な関係にあった山形県令三島通庸《みちつね》（薩

■トリビア　案内標識に表示されている最も近い行き先は、鳥取市の国道482号に「←河本30M」と表示する「方面、方向及び距離」の案内標識が確認されている。左折すると橋があり、対岸が河本集落である。

摩出身、後に福島と栃木の県令も歴任）は、その任期中に次々と高率の国庫補助を受けて「土木県令」とあだ名されるほど多くの道路を建設しました。福島県、岩手県、長野県、島根県なども、この時代の道路建設における先進的な地域でした。

なお、本来ならば明治6年の布達により国道と県道の建設費用の6割を国が負担するはずでしたが、財源の問題から補助率は3割以下が普通で、国道であっても補助ゼロの工事が数多くありました。明治時代を通じて国が直轄で道路工事を行った例は、東京と新潟港を結ぶ馬車道として明治14年から18年に建設された清水越新道（現在の国道17号と国道291号の一部）だけでしたし、官設鉄道の建設や開港場の整備、官営鉱山の運営などに膨大な国費を投入する一方で、大量輸送に不向きな道路はしょせん地方の利害に属するものという考え方が支配的でした。

府県にあっても地方税収だけで道路整備を行うことは難しく、有志者からの寄附はもちろん、沿道地域には先行的な受益者負担という形で、賦役や課金を設けることも珍しくありませんでした。三島通庸の工事も多くがこの形で実行され、15歳から60歳までの男女は月に1日、自ら現場へ赴いて土木作業に従事することを強要されたのです。わたしたちの先祖は、道路利用者であるのみならず、建設者でもあったのです。

---

**0.1** ではなく、青森県六ケ所村の日本原燃敷地内に182 t 制限標識がある。

明治14年に開通した栗子山隧道の跡。開通当時日本最長だったこの隧道を含む「万世大路」（明治天皇が命名）の建設は、三島通庸の事蹟の代表的なものです。国道三等羽州街道の一部でもありました。

## 国が定めた最初の国道は44本。第1号は「東京横浜間」だった

明治9年以降、内務省へ集められた府県ごとの国道の路線図をもとに検討が行われ、**明治18年2月の内務省告示「国道表」**に結実します。この事務にあたった時の内務省土木局長官は三島通庸でした。この時に国道の等級が廃止され、全国共通の1号から44号までの44路線が定められました。路線番号という概念はこのとき初めて導入されたものです。栄えある「壹《いち》號」は「東京ヨリ横濱ニ達スル路線」とされ、日本橋、品川、川崎、神奈川、横浜という「駅名」（内国通運の取次所を駅といいました）が「管轄名」（府県名）と「國名」（旧国名）とと

■トリビア　規制標識「最大重量」で発見されている最小の重量は0.1ｔ。和歌山県那智勝浦町にある人道用の吊橋に設置されている。なお、車両制限令が定める総重量の最大は20ｔなので、これより重い制限はないはずだが、私道はこの限り

参考資料：KOKUDOU.COM（http://www.kokudou.com/）ほか

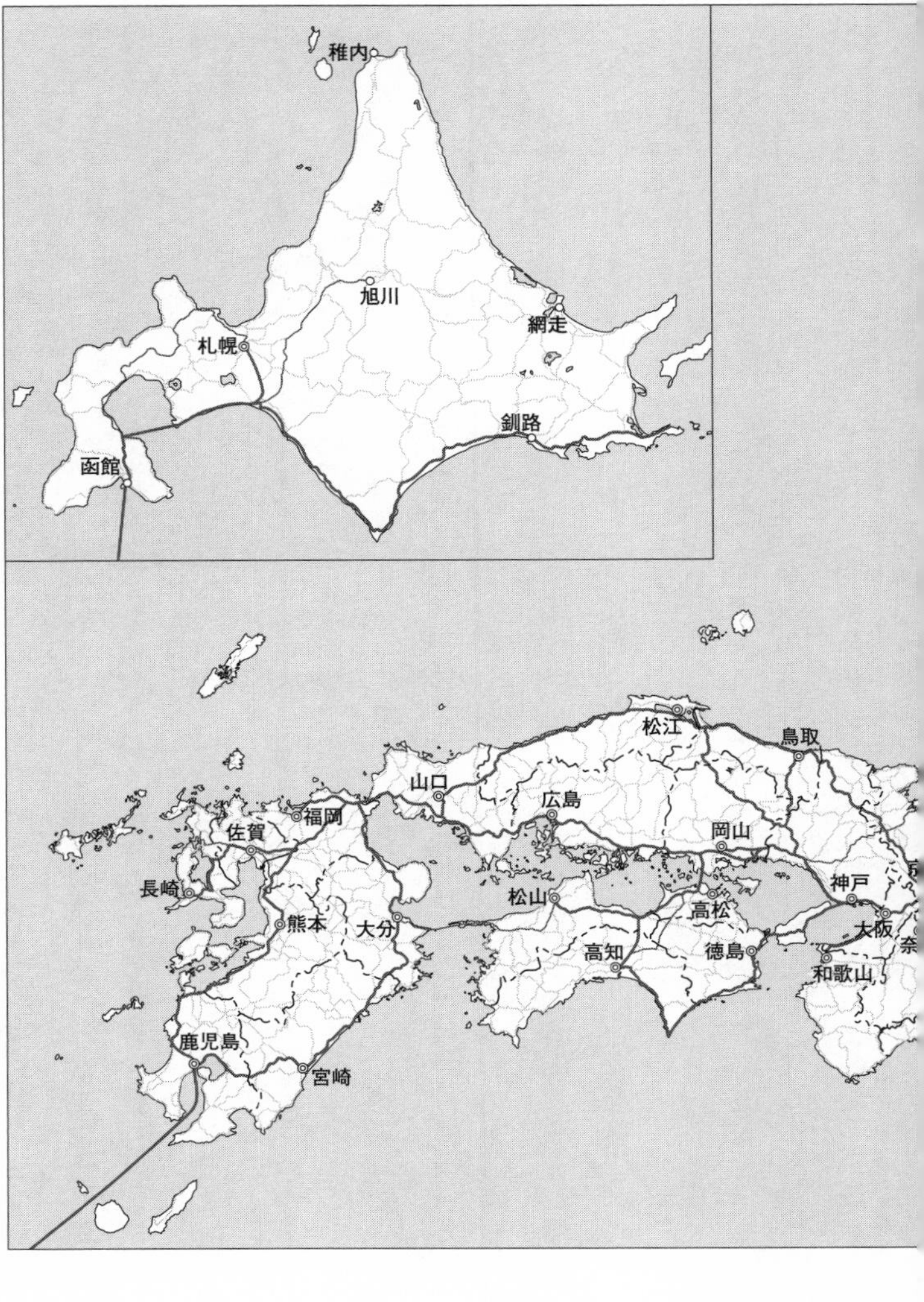
稚内
旭川
網走
札幌
釧路
函館
松江
鳥取
山口
広島
福岡
佐賀
岡山
長崎
松山
神戸
高松
熊本
大分
大阪
高知
徳島
和歌山
鹿児島
宮崎

大阪府にある「国道第二号路線」の標柱。「距高麗橋元標六里」とあるのは、当時の里程元標があった大阪市内の高麗橋からの距離です。（写真：藤田哲史）

もに列挙されています。このように起点と終点と重要な経由地を示して路線を指定する手法は、現在の「一般国道の路線を指定する政令」に受け継がれています。

国道表によって定められた一連の国道を、今日の国道と区別する意味で**明治国道**と呼ぶことがあります。明治国道の路線網を148ページに掲載していますが、26号「大坂府ト廣島鎭臺トヲ拘聯スル路線」以外はすべて東京が起点でした。また、1号から8号までが開港場、9号が伊勢宗廟、以降に鎮台や府県を終点とする路線が並ぶなど、明治9年の布達をベースにしていました。

明治20年には勅令28号で、東京府から鎮守府に達する道路および鎮守府と鎮台を結ぶ道路も国道に編入され、45～48号の路線が追加されました。鎮守府とは日本海軍の地方司令部で、横須賀、呉、佐世保（明治34年に舞鶴が追加）にありました。以降も

定されていた大半の国道の起点となっていた。形状としては、東京市電の架線柱を兼ねた瀟洒なデザインの金属柱で、東京市道路元標と陽刻されている。

明治国道の追加や変更が行われ、国道表が役目を終える直前の大正７年時点では61路線、総延長は重複を除いて約８５２２㎞でした。

## 明治国道の実態と、正式には認められなかった明治県道

明治９年に続いて18年にも国道の幅員の原則（４間、ただし並木や側溝をあわせて７間以上）が示されましたが、翌年にはさらに踏み込んで現在の「道路構造令」の原点といえる**内務省訓令「道路築造標準」**が発せられました。これにより新たに道路勾配や曲線半径についての基準も示されましたが、国道の勾配の上限が30分の１（約３・３％）であるなど、現在の上限12％と較べて明治の勾配の基準は緩やかでした。これは当時日本に存在しなかった自動車ではなく、それよりも圧倒的に非力な人力車や馬車を基準としていたためです。

同じ車道であっても、自動車道と馬車・人力車道とでは大きく違った**線形**（↓２２２ページ）を見せます。特に山越えの区間でその差は顕著で、**緩やかで過剰にグネグネした道**があれば、馬車や人力車の道だと疑うことができます。現役の道路では、国道18号の碓氷峠旧道（明治17年に開通した馬車道に由来）などにこの特徴が残ってい

■トリビア　旧道路法は全国のすべての市町村に道路元標の設置を義務づけていたが、別格の存在だったのが、東京市日本橋区（現在の東京都中央区）の日本橋の中央に昭和３年から設置された東京市道路元標だった。この道路元標は当時指

ます。このことは道の古さを知る手掛りになることがあります。

この時代に車道として整備された道がある一方、国道でありながら一切車両が通れない現代の「酷道」に相当するような路線もかなりありました。『明治工業史土木編』によれば、明治44年当時、平均道幅が規定の4間以上を満たしている国道は18道府県にあるのみで、勾配についてはさらに酷い状況でした。当時最も急勾配の国道は、横浜と横須賀鎮守府を結ぶ45号で、2分の1勾配（50%、27度！）がありました。東京と大阪を結ぶ国道2号にも3分の1勾配（箱根峠）があったくらいですから、全国津々浦々に車両による交通が行きわたるのは、当分先のことでした。

ところで、明治時代には正式な県道が存在しなかったという話があります。当初、政府は明治18年の国道表に次いで「県道表」を制定し、全国の県道を法的に確定させるつもりでしたが、あまりに膨大なため省内で調整が付かず、明治9年の要件を満たす路線を公認はするが「正式ではない」ということで、**仮定県道**と呼ばれていました。

いまなお象徴的な存在として、国道1号ほか7本の国道の起点である日本橋の中央線上に設置されている。

「過剰なグネグネ」の例。この道は明治中頃に里道として建設されました。当時の車道はこのように冗長な線形のため、歩行者には大変不評であったという話が各地に伝わっています。（写真は福島県南会津町駒止峠旧旧道）

横須賀市にあった明治「最急」国道は現在、このような階段になっています。国道16号の祖先にあたる道ですが、今は横須賀市道です。

■トリビア　東京市道路元標は市電廃止に伴い昭和47年に橋の北西袂に移設され、その際にもと場所には、「日本国道路元標」と刻まれた50cm四方の金属プレートが新たに埋め込まれた。現在の道路法では道路元標に特別の機能はないものの、

## 2 旧道路法の制定　大正～戦前

### 旧道路法は現在の道路法に近い完成度を持っていた

### わが国最初の道路法（旧道路法）は、道路を5種類に区分していた

明治18年（1885年）の「国道表」制定以後、道路法制は大きな進歩や転換を見ることなく明治を終え大正時代を迎えます。既に見てきたとおり、明治の道路制度はさまざまな布告や布達あるいは省令が組み合わさったもので、体系的とはいえませんでした。実態を見ても、国道の整備さえ地方に任せきりで、鉄道が明治25年（1892年）に鉄道敷設法を制定し国が主体的に全国の主要幹線を整備していったことと比べれば、道路は冷遇されました。

冷遇の最大の原因は、馬車や人力車をによる道路輸送が、鉄道輸送に対して輸送力と速達性の両面で大きく劣っていたことでした。とはいえ短距離の輸送においては道路も必要とされており、明治10年には全国で500台足らずだった荷馬車の台数も、大正元年（1912年）には17万台を超えています。道路は短距離輸送の装置であっ

たからこそ、地方の利害に関わるものとして、その整備も地方に委ねられていたのです。

このような道路法制の立ち後れは、大正時代になって自動車が本格的に輸入され始め、欧米先進諸国の状況から見ても将来の自動車輸送の激増が予測されるようになったことで、政府部内でもようやく問題視され、大正8年（1919年）にわが国最初の「道路法」（以下、「旧道路法」とする）が制定されて翌年施行されました。もちろん、それまでも道路法の制定が議論されなかった訳ではなく、明治8年の「道路橋梁法案」（その一部である道路の種類が明治9年の布達として世に出ました）に始まり、明治21年の「公共道路法案」などを叩き台として継続的に議論がされていました。そうした取り組みが時宜を得て結実したのが旧道路法であり、昭和27年（1952年）に現行の道路法が公布されるまで有効な存在でした。

旧道路法は、現在の道路法と同様の道路の定義「本法ニ於テ道路ト稱スルハ一般交通ノ用ニ供スル道路」（第1条）を持ち、道路法以外の道路の存在を暗に認めています。そして、道路を五種類に分けています。

**第八條　道路ヲ分チテ左ノ五種トス**

■トリビア　視線誘導標（デリニエータ）は昭和30年頃からポールに蛍光テープを巻いたものが各地で使用され始め、昭和37年に名神高速道路で本格的に採用されてから、全国に広まっていった。

一　國道　二　府縣道　三　郡道　四　市道　五　町村道

第九條　道路ノ等級ハ前條記載ノ順序ニ依ル

明治時代の各種布告や省令を整理した旧道路法では、国道と県道の下に郡道が追加され、里道が消えて市道と町村道が新たに設定されました。現在は市町村道とまとめられている市道と町村道が分けられているのは、当時の地方制度が国—府県—郡—町村（ただし市は郡と並列）というヒエラルキーを持っていて、市は町村よりも上の位置にあったことによるものでしょう。郡役所には郡長がいて郡費で郡内町村の事務を執っていました。しかし旧道路法制定から2年後の大正10年に郡制の廃止が決定され、**大正11年の道路法改正で早くも郡道は削除されました。**

旧道路法の制定により従来の国道、県道、里道はリセットされ、新たに5種類の道路が、管理者により認定を受けました。国道は内務大臣、府県道は府県知事、郡道は郡長、市道は市長、町村道は町村長が管理者です。市道と町村道以外は認定要件を持ち、国道の場合は次のようなものでした（第10条）。

一　東京市ヨリ神宮、府縣廳所在地、師團司令部所在地、鎭守府所在地又ハ樞要ノ開港ニ達スル路線

射鏡の原点は、見通しの悪い踏切に設置された平面鏡にあるという説があり、やがてより広い範囲を映し出せる凸面鏡に改良された。

大正国道の要件

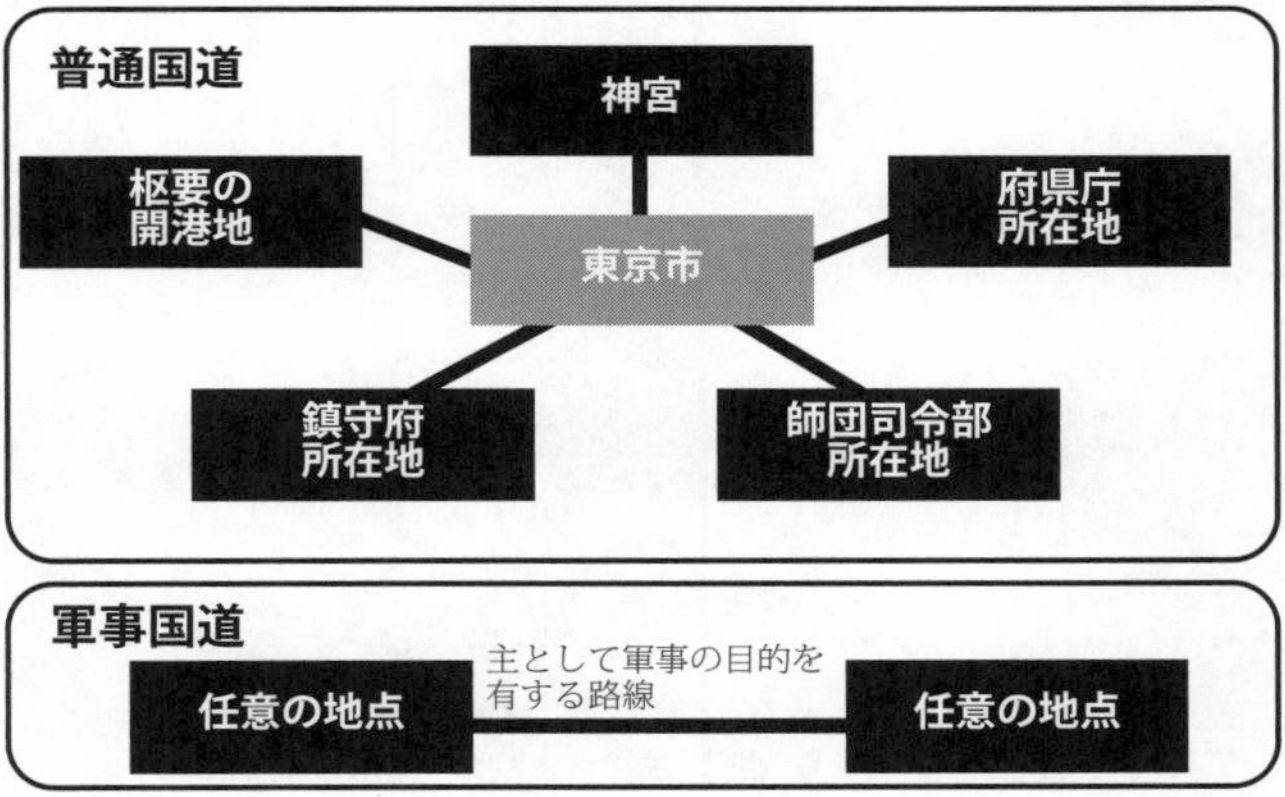


二　主トシテ軍事ノ目的ヲ有スル路線

基本的には明治9年の布達を踏襲していますが、さらに軍国主義的な性格を深めています。「主トシテ軍事ノ目的ヲ有スル路線」を別枠で設けることで、軍事目的の道路であれば際限なく国道に認定できました。この第10条第2項で認定された国道の路線番号には「特1號」のように「特」の字を付したことから、法令で定められた用語ではありませんが、**特別国道**あるいは**軍事国道**と呼ばれ、それ以外の**普通国道**と区別されることがありました。これらの国道は内務省告示により大正9年4月に普通国道38本、9月に軍事国道26本が認定され、合計64本でスタートしましたが、明治国道同様

■トリビア　日本初の道路反射鏡（カーブミラー）は昭和32年に、伊豆箱根鉄道の十国自動車専用道路に設置された。現在の静岡県道20号線の箱根峠～熱海峠間である。その後に全国の見通しの悪い交差点やカーブに普及していった。道路反

横須賀市の国道16号で発見された、「國道三一號線」と刻まれた用地杭。大正国道の遺物です。塗装の状態から見て、現在も有効な存在かもしれません。

に大正国道も追加が随時行われ、最終段階である昭和20年当時は普通国道、軍事国道とも41本ずつの合計82本という体制でした。路線網の概念図を160ページに掲載しています。

国道が軍事色一色であったのに対し、府県道や郡道の要件には軍事施設が含まれておらず、港や停車場を根拠とする路線があるなど、現行道路法の都道府県道要件によく似ています。さすがに観光地への要件はありませんでしたが。左ページの図は郡道廃止を受けた法改正前後の府県道の認定要件をまとめたものです。だいぶ道路網が密になってきました。

**大正府県道の要件（大正８年時点）**

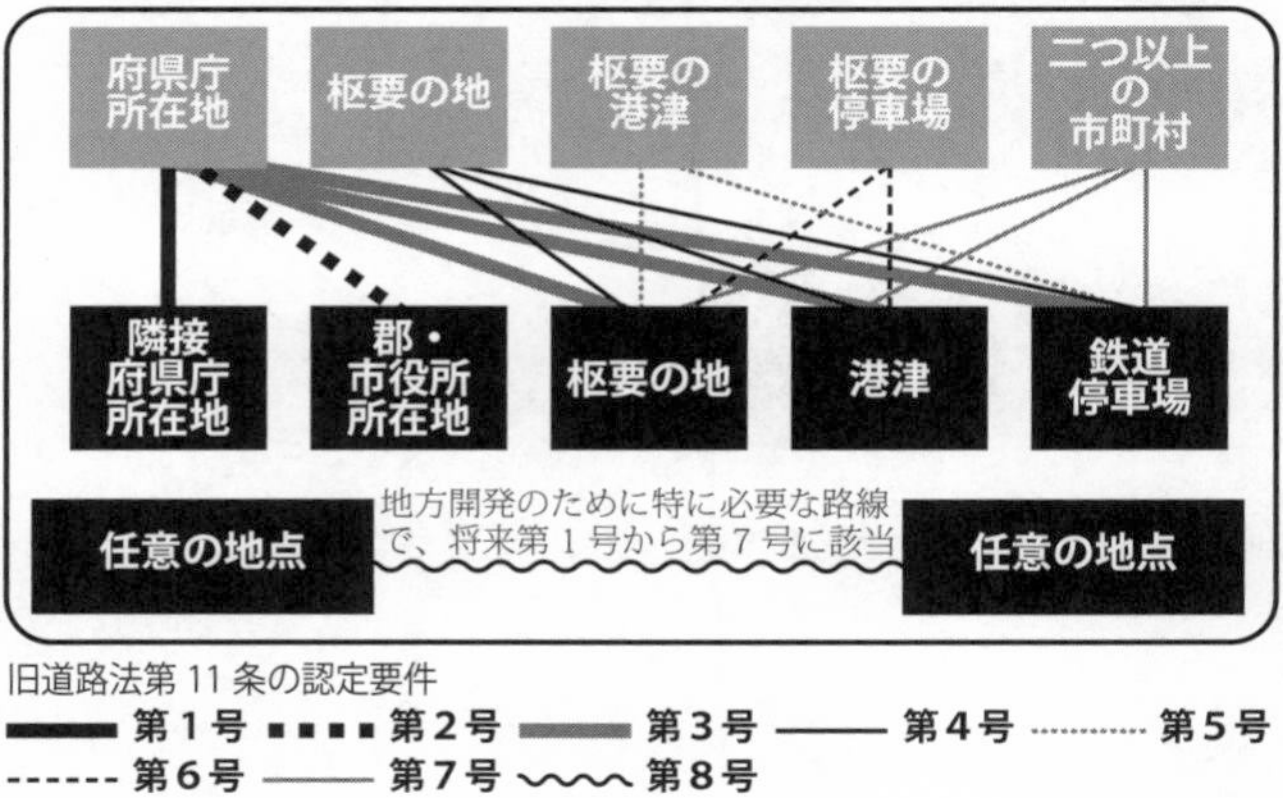


**大正府県道の要件（大正11年改正以降）**

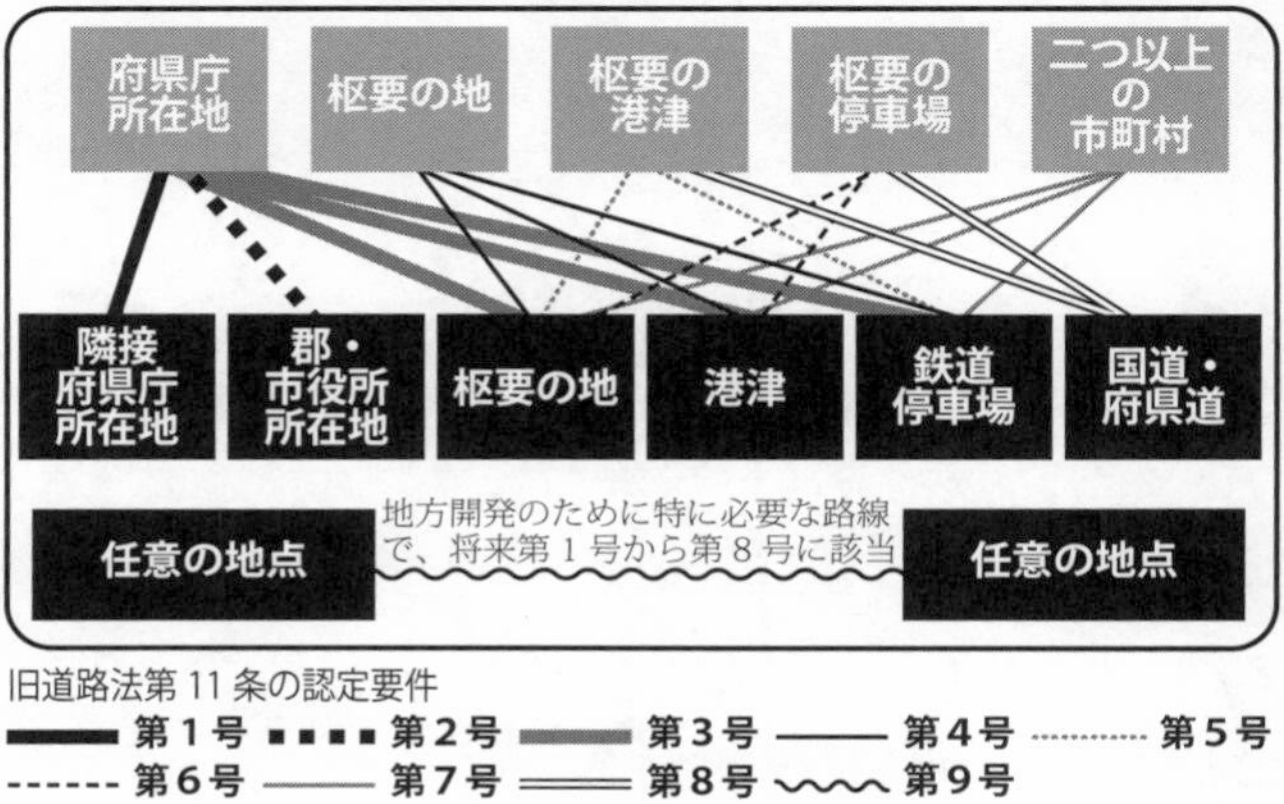

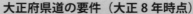

参考資料：KOKUDOU.COM（http://www.kokudou.com/）ほか

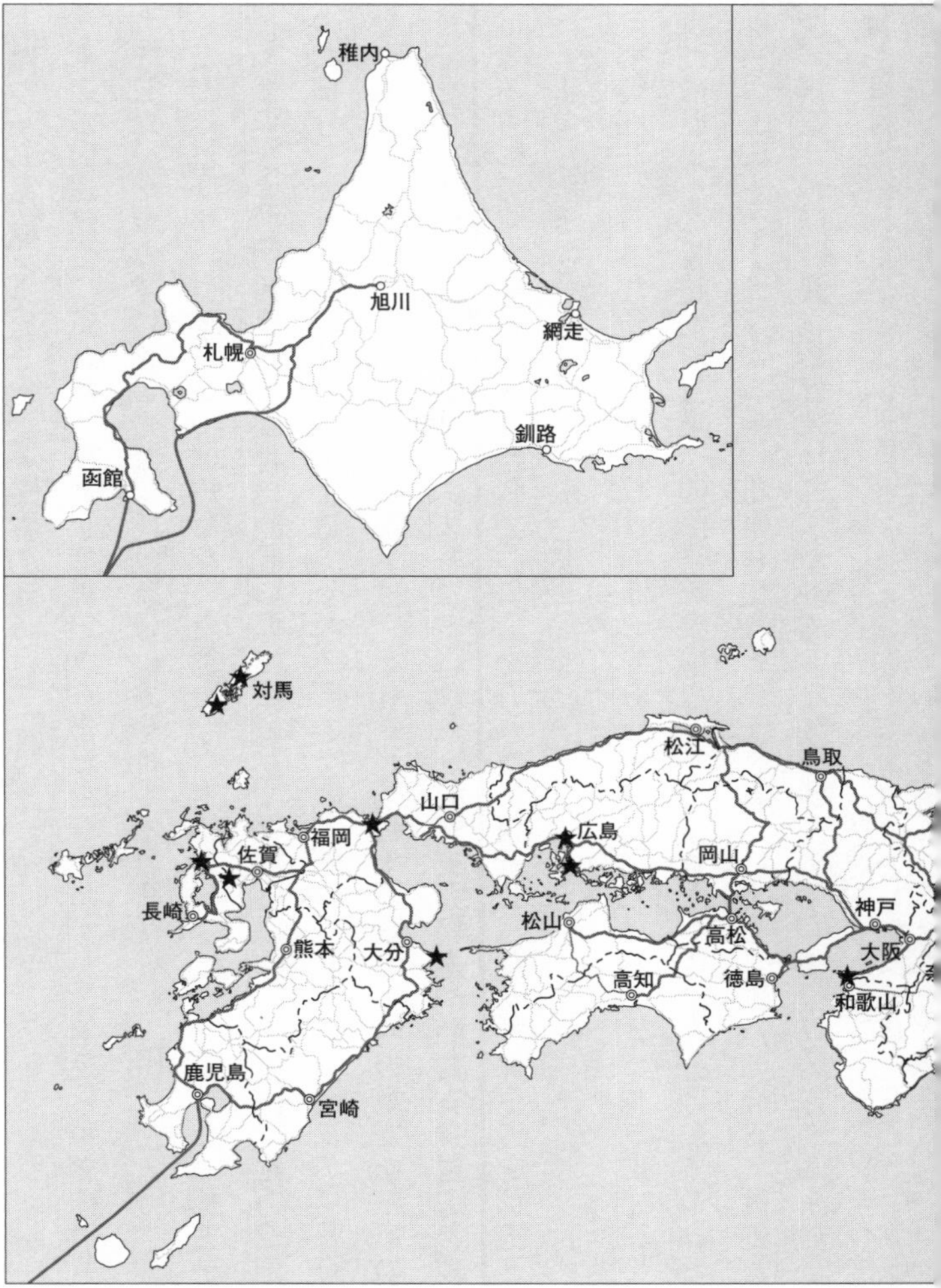
稚内
旭川
網走
札幌
釧路
函館
対馬
松江
鳥取
山口
福岡
広島
佐賀
岡山
長崎
神戸
松山
高松
熊本
大分
大阪
高知
徳島
和歌山
鹿児島
宮崎

## 道路ファンを熱くさせる、道路界の希少種「郡道」

郡道は旧道路法で道路の一種として規定されましたが、わずか3年足らずで抹消されました。それだけに郡道の具体的痕跡には希少性があります。

ただし道路法の道路としては短命だった郡道も、実態としてはもう少し長い歴史を持っています。明治県道の要件は現在の県道と較べてとても厳しく、実際に地方交通の大部分を受け持っていたのは里道でした。そのため多くの府県や郡（大正７年時点で全国５３６の郡のうち２３７の郡）は、それぞれ県費や郡費で管内の重要な里道の管理を行う独自の制度を設けていました。これらが**県費支弁里道**や**郡費支弁里道**と呼ばれるものです。旧道路法は県費支弁里道を府県道に包括し、郡費支弁里道を郡道として独立させたものでした。

旧道路法による郡道は全国に約４万７０００㎞も認定されましたが、郡制廃止に伴って府県道への昇格か町村道への降格を余儀なくされました。この仕分けにまつわる悲喜こもごものドラマが各地の市町村史などに記されています。また、今日では郡道が「軍道」の同音異義語で誤って伝わっているケースもあり、情報収集時には注意を要します。

面からの高さ4.5mを建築限界として規定しているため、これを越える規制標識はおそらく存在しない。

**大正郡道の要件（大正８年時点）**

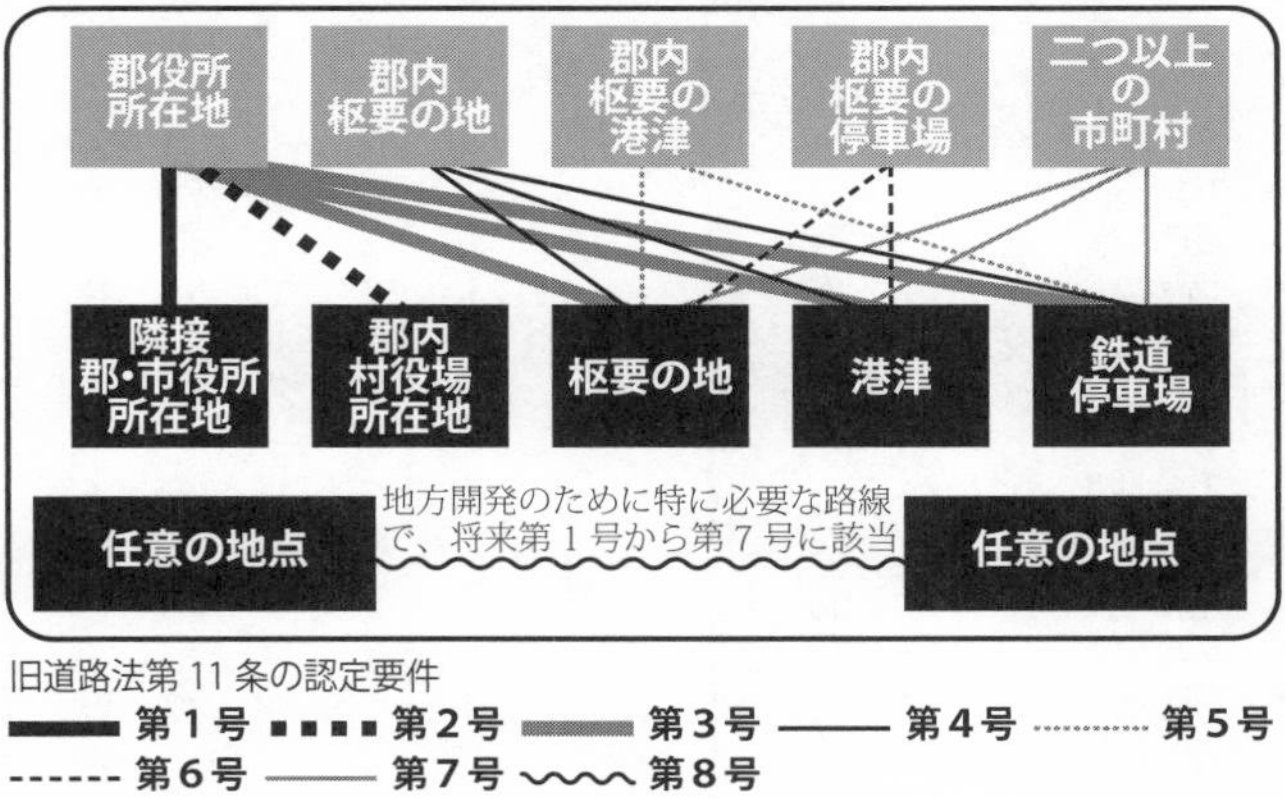

新潟県五泉市で発見された、「郡道新津巣本線」と刻まれた保存状態のよい標柱。側面には「大正十一年七月竣工」とあります。これは道路法から郡道が消えたわずか４ヶ月後です。

■トリビア　規制標識「最大高さ」で発見されている最小の高さは1.2m。大阪府淀川市や愛知県半田市の鉄道高架下で発見されている。これらはいずれも人道で、車道に設置されているものとしては1.4mが確認されている最小。道路構造令は路

郡道は時限的な意味で希少な存在ですが、地域的な意味で珍しいものとして、北海道内に置かれた**地方費道**と**準地方費道**があります。地方費道は府県道の代替であり、準地方費道は郡制がなく支庁制を敷いていたことによる郡道の代替です（後者は道路法ではなく勅令である「北海道道路令」により定められました）。これらの制度は現行道路法の施行まで存続しています。また、当初は市制が敷かれていなかった北海道と沖縄県では、市道の代わりに**区道**が置かれました（それぞれ大正11年と大正10年に市制施行により廃止）。

## 戦前における二度の道路改良計画と時局匡救《きょうきゅう》事業の成果

大正8年に道路構造の包括的な基準を定めた**道路構造令**が、大正15年には同細則が発令されました。同年に約4万台だった自動車は、昭和9年までに15万台余りへ急増しましたが、まだ交通の主役は自転車（昭和9年時点で457万台）や荷車（同196万台）であり、この時期の道路構造令は、線形については自動車を、勾配についてはそれ以外の車両を想定したものになっていました。

明治以来の道路政策の冷遇も徐々に終わりを迎え、大正9年にはわが国初の道路整備に関する長期計画である**道路改良計画**が、計画期間30年で開始されるとともに、財源の確保のために道路公債法が施行されています。さらに大正10年には国道の新設や改築に要する費用の２分の１を国が補助する制度が誕生し、交通量が特に多かった京浜国道（現在の国道15号で、明治国道1号、大正国道1号）、京阪国道、阪神国道などが整備されました。京浜国道では、並行する新橋〜横浜間の鉄道が国によって敷設されてから半世紀もたった後に、ようやく本格的な改築が行われたことになります。

さらに大正11年には国道の大規模な改良事業に直轄工事の道を開く法改正が行われ、国道4号の長大な利根川橋が永久橋として架橋されています。これらは道路改良計画の華々しい成果でもありましたが、大正12年に発生した関東大震災を契機に予算が大幅に緊縮されたことで、計画は途上で中止されました。

尻すぼみになった道路改良計画に代って大きな役割を果したのは、昭和7年から9年にかけて国の主導で行われた**時局匡救《きょうきゅう》事業**でした。これは長引く不況によって壊滅的なダメージを受けていた地方農村部の失業救済を主たる目的とした、国直轄や補助による土木事業で、幹線道路を自動車が通れるように改築する産業振興道路改良と、失業者に直接的な働き口を与える農村振興道路助成事業が二本柱でした。主要な道路

■トリビア　日本一短い交差点名は、江（え）。三重県伊勢市二見町江の国道42号上にある。1文字の交差点は他にもあるだろうが、1文字かつ母音のみ（e）は、同着1位が他にあっても、抜かれることはない。

大正国道５号の栗子峠は、時局匡救事業による車道改築を受けた代表的な道路です。工事は昭和８年から12年まで行われました。写真左側の隧道が昭和の改築で完成した栗子隧道です（右は明治の栗子山隧道）。

橋の永久橋化（木造から鉄橋、コンクリート等の橋に改良すること）もこの一環で多く行われており、古い橋の竣工時期を調べると、この時期に行き当たることがよくあります。また、峠の旧国道や旧隧道といった道路ファンが好む構造物にも、この時期に起源を持つものが多くあります。

　時局匡救事業にかわって昭和9年から20年間を計画期間とする**第二次道路改良計画**が始められ、国道については従来の補助事業を中心とした改良から、直轄改良が中心になりました。これによって全国で規模の大きな国道改良工事が進められましたが、太平洋戦争が

る最大幅は3.5mなので、これを越える最大幅の規制標識はおそらく存在しない。

現在の国道2号、関門国道トンネル。戦後に工事が再開され、昭和33年（1958年）に開通しました。現在も大動脈として使われています。（写真：JKT-c GFDL）

始まると予算は厳しく制限され、一部の軍事目的を持つ道路以外は補修もされずに酷使を受けて荒廃してゆきました。この時期の大事業としては、本州と九州を結ぶ関門国道トンネルが昭和14年に着工しましたが、昭和20年に工事中断しています。群馬〜新潟間の三国国道も戦争で中断して戦後開通した国道の一つです。

また、昭和17年に内務省は後の高速道路計画の原点となる全国自動車国道網計画を策定し、それは設計時速150㎞などという極めて意欲的なものでしたが、調査が行われたのみで建設には至りませんでした。

■トリビア　規制標識「最大幅」で発見されている最小の幅は0.8m。石川県小松市の石川県道43号線の戸谷隧道に平成20年代まで設置されていた。次点は1.0mで、静岡県道244号線や各地の人道用踏切などで発見されている。道路構造令が定め

# 3 終戦後の道路政策と現行道路法の策定

## GHQの主導により民主化された道路法制

**戦後の道路政策は、GHQの指令による幹線道路の維持修繕から始まった**

昭和20年（1945年）の終戦とともに連合国軍最高司令官総司令部（GHQ）による日本の占領政策が始まりました。日本の民主化を実現するためには、極度に荒廃した国土を復旧し、生産の復興を行い、日本の国民生活が自立可能な状態へと立ち直る必要があったことから、あらゆる経済活動の土台となる道路の整備に強力な指導がなされました。

GHQが日本政府に発した道路に関する最初の指令は、幹線道路への**英文地名標識**の設置でした。これは主に米兵により構成されていた進駐部隊への利便もあったでしょうが、何より日本の国民に対する占領のメッセージとして効果があったはずです。

次いでアメリカ陸軍第8軍（実際に日本の大部分を占領していた部隊）が発令するPD（調達命令書）による道路特別修繕工事や、農林業や鉱業の生産物を搬出するため

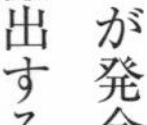

置が確認されていたものの、平成30年に相次いで撤去されて現存を確認ができなくなった。「並進可」は昭和39年に登場した。

の道路を優先して改良する生産道路改良事業が行われ、復員者を含む大量の失業者を吸収しました。

　昭和23年11月、ＧＨＱは「日本政府に対する覚書」（通称：マッカーサー覚書）、表題「日本の道路及び街路網の維持修繕五箇年計画」を発令します。その内容は、今後日本はＰＤによるのではなく、自らの計画によって道路を維持すべきである、よって日本政府は道路整備の五箇年計画を立案して提出せよというものでした。これは戦後の日本が（命令を受けたとはいえ）立案した最初の道路計画でしたが、あくまでも内容は道路の維持修繕を中心としたものであり、大規模な道路の改良や新設が認められる状況にはありませんでした。もちろん、戦中に中断した工事の再開も勝手にはできません。またこの年には、長らく道路行政を司った巨大官庁である内務省が解体され、代わりに設立された建設院が翌年に**建設省**へ改称されて新たな道路行政の中核になりました。

　道路の修繕を強力に押し進めるべく新たに制定された法律に、**道路の修繕に関する法律**（昭和23年公布）があります。この法律は道路の修繕を促進するために大正道路法の特例を定めたものであり、国は「当分の間」地方公共団体に対し道路の修繕に要

■トリビア　令和3年現在「道路標識・区画線及び道路標示に関する命令」に規定される道路標識の種類は約200種類あるが、自転車が並んで走ることのできる区間を指定する指示標識「並進可」は、愛媛県新居浜市と滋賀県野洲市にのみ設

する費用の一部を補助できることや、同じく「当分の間」国が国道の修繕を直轄で行えることを定めています。そしてこの法律は現在の道路法に対しても（一部修正のうえ）有効であり続けています。こうしたさまざまな施策を長い時間と手間と莫大な終戦処理費を費やして行った結果、日本の道路はようやく回復していきます。

興味深いのが、戦後の日本にも当初は「軍事国道」が歴然と存在していたということです。道路法は国のグランドデザインを決める基本となるものですので、国道の認定要件に象徴される軍国主義的色彩や、国道から町村道に至るまですべての道を国の営造物（それぞれの管理者は国の下位機関としてそれを管理する）と見なすような中央集権主義的色彩を多分にまとった大正道路法は、新しい時代にはあいません。そのため政府では軍事国道を個別に廃止するのではなく、大正道路法自体を刷新する、道路法全面改定の作業を進めていました。そしてＧＨＱの占領政策が終了（沖縄県など一部地域を除く）した２ヶ月後の**昭和27年6月、全面改正された道路法が公布**されました。

れたことで再制定され、依然として二人乗りが禁止されている首都高速道路などに設置されている。

## 「道路法」改正の最大の要点は、路線の認定や管理手続きの民主化

新たな道路法が定めている事柄の範囲は大正道路法とほとんど変わっていません。その意味では大正道路法はかなり完備された道路法でした。しかし条文全体に通底するムードは変化し、日本国憲法が謳う地方自治の理念を大きく取り入れたものとなっています。道路の種類は次のとおりに改められました（第４条）。

**一　一級国道、二　二級国道、三　都道府県道、四　市町村道**

新道路法では国道の種類が変わっただけではなく認定要件も一変し、国民の生活にとって重要な道路は可能な限り国道へ組み込む方針に改められました。これにより国道の総延長は旧法時代の約９５００㎞から２万４０００㎞へ大幅に拡充されています。そしてこの一級・二級国道は政令により路線を「指定」し（この表現が従来の「認定」から「指定」に変わったことも、大臣の一存で決めるものではないという秘めたる意図を感じさせます）、管理は都道府県知事があたります。

都道府県道と市町村道については、それぞれ都道府県知事と市町村長が認定する点は従来と同じですが（もっとも戦前は知事も市町村長も官選でしたが、いずれも民選に変わっている点で潜在的な違いがあります）、その際に都道府県議会あるいは市町村

■トリビア　「自動二輪車二人乗り禁止」は、高速道路上でのバイク二人乗り規制が始まった昭和40年に一度制定されたが、昭和53年に二人乗りが全面禁止になったことで必要がなくなり削除された。しかし平成17年に再び二人乗りが解禁さ

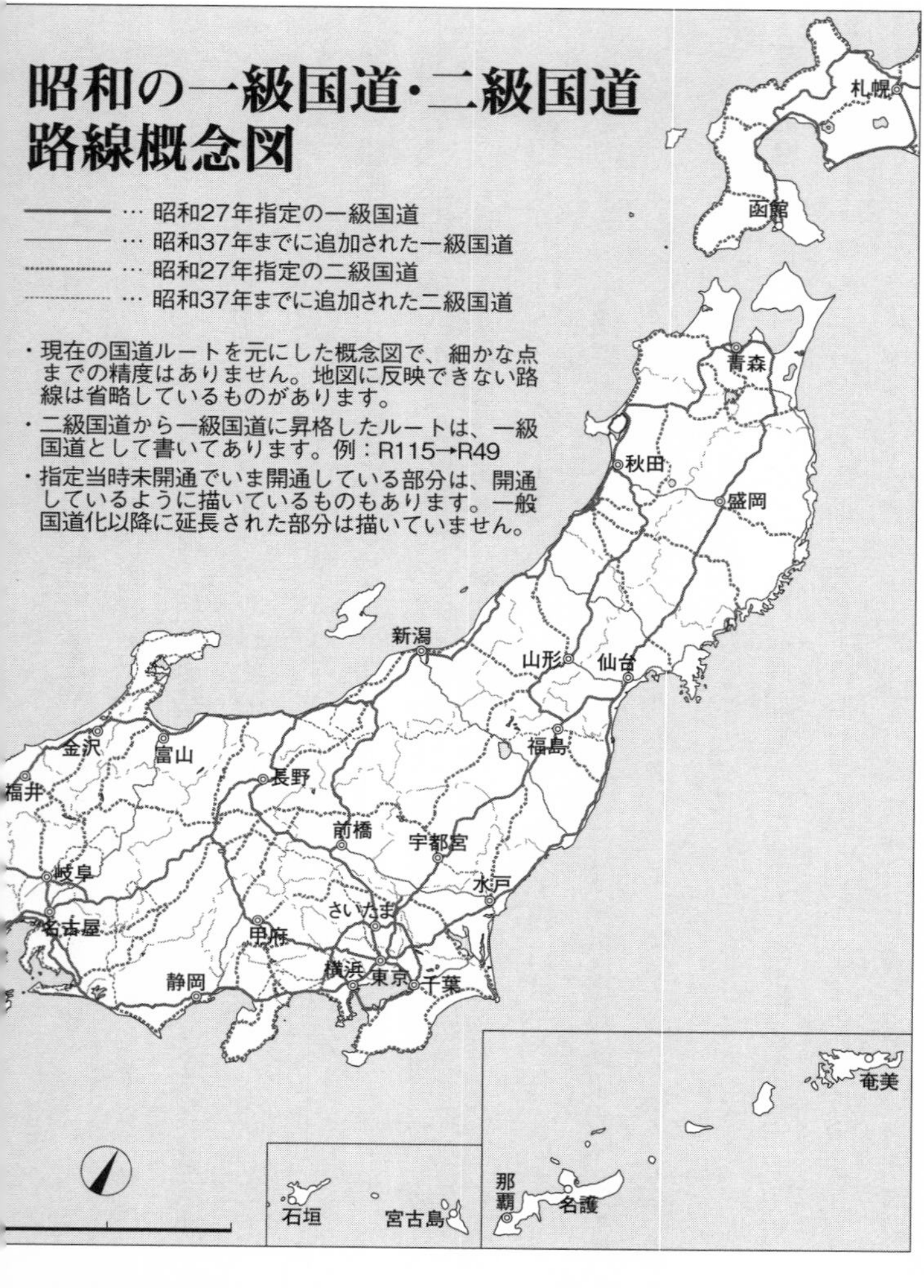


会関係車両等専用通行帯」と「大会関係車両等優先通行帯」は、同年9月30日を設置期限としている。

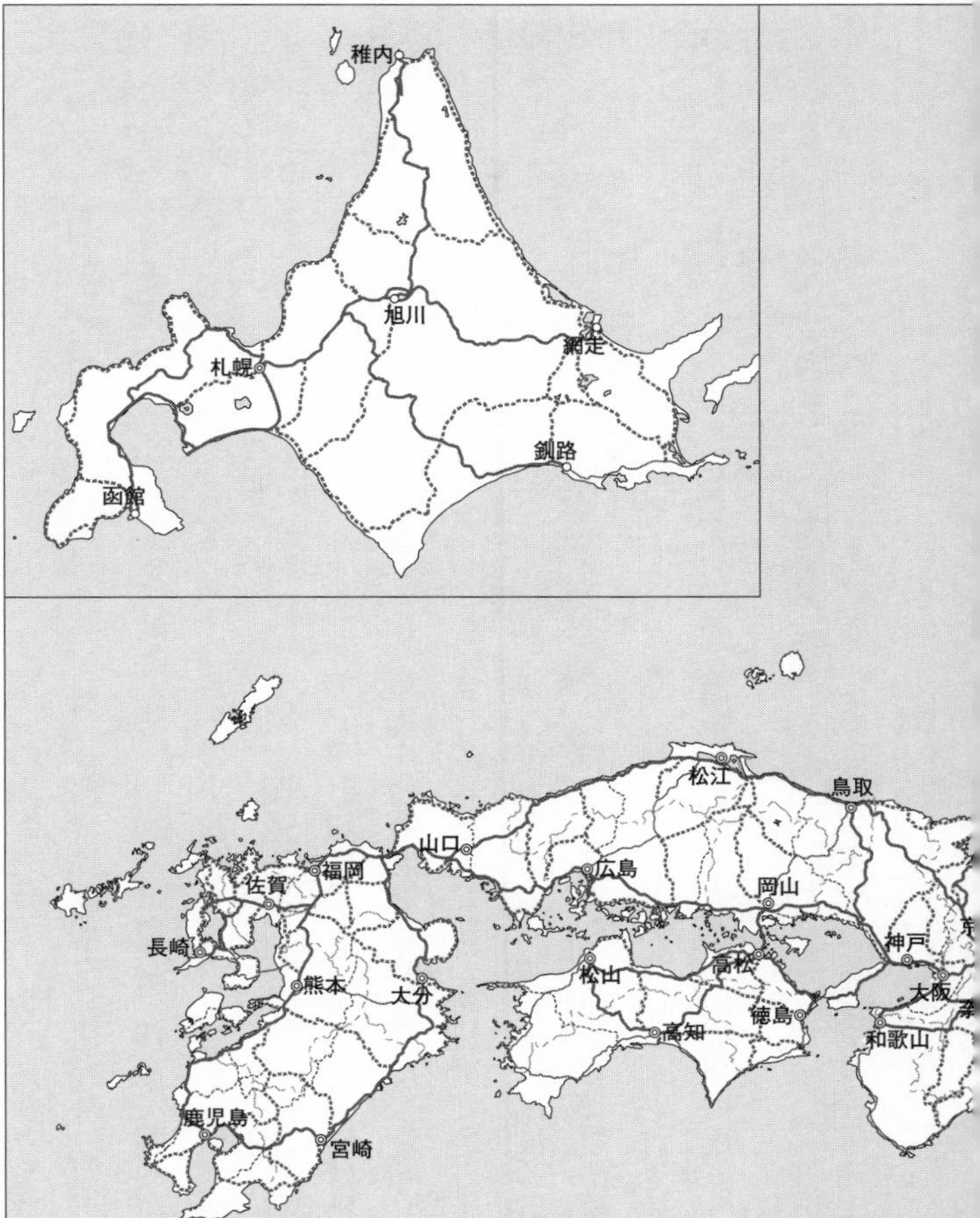

「一級国道の路線を指定する政令」「二級国道の路線を指定する政令」から作成

■トリビア　右の様式の「工事中」は、昭和38年3月に一旦策定されたが、同年7月に様式が変わり、4ヶ月間しか作られなかった。実際に設置されたかは不明である。また、令和3年7月に設置が始まった、オリンピック東京2020大会に伴う「大

**道路の発展**

| | | 実延長 (km) | 改良率 (%) | 舗装率 (%) |
|---|---|---|---|---|
| 昭和 20 年度 | 国道 | 9446 | 23.0 | 17.0 |
| | 府県道 | 24469 | 14.0 | 3.0 |
| | 市道・町村道 | 774450 | | 1.0 |
| 昭和 28 年度 | 一級・二級国道 | 24067 | 33.8 | 14.5 |
| | 都道府県道 | 119575 | 19.5 | 4.1 |
| | 市町村道 | 779294 | 4.7 | 0.7 |
| 昭和 50 年度 | 一般国道 | 38540 | 84.9 | 91.2 |
| | 都道府県道 | 125714 | 53.7 | 66.2 |
| | 市町村道 | 901775 | 21.0 | 24.2 |
| 平成 31 年度 | 一般国道 | 55874 | 92.9 | 99.5 |
| | 都道府県道 | 129754 | 70.7 | 96.9 |
| | 市町村道 | 1031840 | 59.5 | 79.6 |

（注）昭和 20 年度は『昭和の道路史』（昭和の道路史研究会）、昭和 28 年度・50 年度は『道路統計年報 1989』（建設省）、平成 31 年度は『同 2020』（国土交通省）より抜粋。昭和 28 年度～平成 31 年度の舗装率は「簡易舗装」を含みます。

議会の諮問を要するようになりました。また、管理者は従来の都道府県「知事」や市町村「長」ではなく、都道府県や市町村が自らの事務としてあたるようになりました。これは**国道を国の営造物として存続させつつ、それ以外の地方道については地方の営造物へと観念を改めた**ことを意味しています。もっとも、新道路法制定から半世紀あまり経た現在も、地方財政制度の貧弱さやそれに伴う地方の国庫依存体質の根強さから、地方自治の理念に基づいた主体的な道路整備という道路法の理想は達成されていないという声があります。

　新道路法の制定を受けて大正8年以来の内務省令「道路構造令」も全文改訂され、

での超短期間だけ北海道道1111号釧路インター線が存在した（現在の北海道道148号釧路西インター線の一部）。

昭和33年に同名の政令として生まれ変わりました。従来は道路の種類によって設計の基準が定められていましたが、改訂後は道路の利用形態（都市部であるか地方部であるかや、どの程度の交通量が見込めるか）に応じて細かな区分がなされるようになり、道路の実情に合わせた構造基準が実現しました。（↓２１６ページ）

## 道路と鉄道と陸運、三つ巴の覇権争い

第1章とこの章では道路法を中心とした道路法制を見てきました。そして第2章では道路法以外の法による道路が各種存在することも確認しました。今日では総延長と利用度の両面において、道路法の道路こそ道路交通の揺るぎない王者になっていますが、新道路法制定から間もない昭和30年代には、このパワーバランスを崩しかねない大問題が発生しました。それは従来ほとんど存在しなかった有料道路と自動車専用道路、さらにその合わせ技である高速道路を、いかなる法律で実現するかという問題でした。これは道路法の番人である建設省と、陸海空における運輸の番人である運輸省の熾烈な覇権争いともいえるものでした。

道路行政、鉄道行政、運輸行政という、陸上交通の世界で密接に関わり合う三つの

■トリビア　ラッキーな路線番号777を持つ都道府県道は、北海道道777号川崎三の原線と、三重県道777号松阪伊勢自転車線の2本。ちなみにぞろ目で一番番号が大きいのは北海道道999号美利河二股自然休養村線だが、平成6年4月から10月ま

行政分野を、国のどのような省庁が握っていたかの変遷を、180ページの表に示しました。これを見れば平成13年（2001年）の国土交通省誕生は、明治3年（1870年）以来実に131年ぶりに三分野が一省庁に集約された歴史的なできごとだったことがわかります。

一般自動車道の項で既に解説した通り、有料道路と自動車専用道路は、昭和6年の自動車交通事業法によって初めて近代的な法制度の下で実現されたものでした。そしてその監督権は運輸省の前身である鉄道省にありました（自動車交通事業法の後を継いで戦後に成立したのが道路運送法です）。一方で旧道路法を監督した内務省は、公共物たる道路は無料であるべきという理念に固執して最後まで有料道路や自動車専用道路を同法に取り込むことはしませんでした。しかし、戦後に内務省の後を継いだ建設省は、現実的な道路整備の手段として有料道路の利点を無視できないと判断し、新道路法と合わせて道路整備特別措置法を成立させることで、道路法による有料道路を初めて実現しました。また自動車専用道路についても、昭和34年に道路法を改正して実現可能としました。

このような建設省サイドの追い上げはありましたが、有料道路と自動車専用道路に

を含む、指示標識カテゴリの標識板の地色が緑だった。そのため稀に緑色の旧標識が発見される。

おいては運輸省サイドが一日の長を有しており、戦後における高速道路計画のスタート地点といわれる日本縦貫高速自動車道協会の構想（昭和30年）では、全国５５００㎞の高速道路網を「道路運送法による自動車道」として整備することになっていました。当初はこれをベースに国土開発縦貫自動車道建設法（昭和41年に改正されて現行の国土開発幹線自動車道建設法となる）が議論されていました。

運輸省にとっては、道路網の頂点である高速道路網を掌握することで、建設省が支配してきた道路行政に大きな力を及ぼす、一発逆転のチャンスでした。それだけに両省間の議論は白熱しました。最終的には建設省側が競り勝ち、昭和32年に成立した国土開発縦貫自動車道法では、国土開発縦貫自動車道を道路法による高速自動車国道として建設することになりましたが、高速自動車国道法において「建設大臣が定めるその予定路線については一般自動車道との調整について特に考慮しなければならない」とするなど、運輸省サイドにも一定の配慮がなされました。

有料道路や自動車専用道路には、なぜ道路法と道路運送法によるものがあるのかという謎は、建設省と運輸省という二つの巨大省庁が併存していた長い時代を抜きには語れないものだと思います。

■トリビア　「道路標識・区画線及び道路標示に関する命令」によって緑色の道路標識が自動車専用道路関係の案内に使われるようになったのは昭和38年3月からだが、その前身にあたる昭和25年制定の「道路標識令」では、右図の「駐車場」

## 戦前、「外地」の道路はどうなっていた？

| 地域名 | 日本の領有期間 | 道路の種類 | 全長 |
|---|---|---|---|
| 朝鮮 | 明治43(1910)年～<br>昭和20(1945)年 | 国道 | 12632km　※1 |
| | | 地方道 | 18814km　※1 |
| | | 府道 | |
| | | 邑面道 | |
| 台湾 | 明治28(1895)年～<br>昭和20(1945)年 | 国道 | 17400km ※2 |
| | | 指定道路 | |
| | | 市道 | |
| | | 街庄道 | |
| 樺太 | 明治38(1905)年～<br>昭和20(1945)年 | 主要道路（樺太庁道） | 1968km　※2 |
| | | 連絡道路 | |
| | | 農耕道路 | |

※1　昭和18(1943)年時点
※2　昭和17(1942)年時点

今日ではほとんど語られることのないテーマではありますが、戦前の日本が領有していた本土（内地）以外の領土（外地）には、いったいどのような道路制度が敷かれていたのでしょうか。ここに掲載した表は「日本土木史（大正元年～昭和16年）」および「外地法制史」の記述をもとに、代表的な外地である台湾、朝鮮、樺太の道路制度について私が独自にまとめたものです。

朝鮮総督府の朝鮮では、明治44年に道路規則を設けて道路を１～３等道路と等外道路の４種類に区分しましたが、昭和13年に内地の旧道路法に相当する朝鮮道路令を公布し、国道を筆頭とする上表の４種類に改められました。

台湾総督府の台湾でも、全額国費で整備される道路を国道とし、一部国費の補助がある道路を指定道路とするなど４種の道路がありましたが、道路法に相当する法令は施行されませんでした。

樺太庁の樺太では、主要道路が道路の筆頭で、樺太庁道とも呼びました。昭和18年に外地から内地に編入されていますが、いずれの期間も道路法に相当する法令は施行されず、樺太庁が独自に道路整備を行っていました。

また外地ではありませんが、昭和7年（1932年）に建国された満州国でも国道の呼称が使われており、広大な国土を走る一等・二等国道の総延長は6万kmにも及びました。

## 自衛隊による道路整備

120万kmを越える日本の道路網の中には、悪条件を克服して完成した、いわゆる難工事の賜物がたくさんあります。しかし、度を越して条件が悪いと、民間の土木事業者では工事を完成させても採算の取れないおそれがあり、それを警戒して請け負い手がいないということが起こります。そんなプロたちすら逃げ出す悪条件下の工事を特別に請け負ってきたエキスパート集団が存在します。それは自衛隊です。

自衛隊法第100条は自衛隊による土木工事等の受託を定めた条文で、「防衛大臣は、自衛隊の訓練の目的に適合する場合には、国、地方公共団体その他政令で定めるものの土木工事、通信工事その他政令で定める事業の施行の委託を受け、及びこれを実施することができる」とあります。この制度は自衛隊の前身である保安隊の創立時（昭和27年）に始まったもので、国や都道府県などの委託者にとっては請け負い手のいない難工事を格安で引き受けてもらえるメリットがあり、受託する自衛隊にとっても施設科部隊が所有する大型建設重機の訓練を様々な条件下で行えるメリットのほか、民生協力の手段として活用されてきました。

自衛隊受託工事の国内実績件数は、昭和28年度（1953年度）から平成21年度（2009年度）までの累計で8263件に及びます。内訳は「整地」が約5400件と一番多く、本項に述べる「道路」が2245件、「除雪」も約300件あります。年代別では昭和40年前後が最も多く、「道路」だけで毎年100件以上も行われていました。なお、これらの数字に災害派遣に関わるものは含まれていません。

自衛隊が工事に携わった道路は全国にあり、そこにはしばしば委託者が立てた記念碑が見られます。その所在地の一例を挙げれば、伊豆七島の新島を縦貫する断崖絶壁の都道や、一年の半分を雪に閉ざされた秋田県の玉川温泉を走る国道341号、全長50kmに及ぶ国内屈指の山岳道路である塩那スカイラインなど、いずれも超が付く難工事を感じさせる場所です。しかし近年は民業圧迫の問題や僻地での土木事業の減少などから、自衛隊の受託件数も減少しており、「道路」については平成13年度（2001年度）を最後に行われていません。

東京都新島村の都道沿いに立つ陸上自衛隊の部隊名が入った開通記念碑。離島のように民間の土木事業者が少ない場所では、自衛隊受託工事が大いに活用されました。

## 道路・土木、鉄道、運輸行政の中央主務官庁名の変遷

| 西暦 | 和暦 | 月 | 道路・土木行政 | 鉄道行政 | 運輸行政 |
|---|---|---|---|---|---|
| 1868 | 明治元年 | 4 | 会計官営繕司 | | 会計官駅逓司 |
| 1869 | 明治 2 年 | 6 | 民部官土木司 | | 民部官駅逓司 |
| | | 7 | 民部省土木司 | | 民部省駅逓司 |
| 1870 | 明治 3 年 | 3 | ↓ | 民部省鉄道掛 | ↓ |
| | | 8 | ↓ | ↓ | 大蔵省駅逓寮 |
| | | 12 | ↓ | 工部省鉄道掛*1 | ↓ |
| 1871 | 明治 4 年 | 7 | 工部省土木司*2 | ↓ | ↓ |
| | | 8 | 工部省土木寮 | 工部省鉄道寮 | ↓ |
| | | 9 | ↓ | ↓ | ↓ |
| | | 10 | 大蔵省土木寮 | ↓ | ↓ |
| 1874 | 明治 7 年 | 1 | 内務省土木寮*3 | ↓ | 内務省駅逓寮*3 |
| 1877 | 明治 10 年 | 1 | 内務省土木局 | 工部省鉄道局 | 内務省駅逓局 |
| 1881 | 明治 14 年 | 4 | ↓ | ↓ | 農商務省駅逓局*4 |
| 1885 | 明治 18 年 | 12 | ↓ | 内閣鉄道局*5 | 逓信省*5 |
| 1890 | 明治 23 年 | 7 | ↓ | 内務省鉄道庁 | ↓ |
| 1892 | 明治 25 年 | 7 | ↓ | 逓信省鉄道局 | ↓ |
| 1908 | 明治 41 年 | 12 | ↓ | 内閣鉄道院 | ↓ |
| 1920 | 大正 9 年 | 5 | ↓ | 鉄道省 | ↓ |
| 1928 | 昭和 3 年 | | ↓ | ↓ | 鉄道省*6 |
| 1941 | 昭和 16 年 | 9 | 内務省国土局 | ↓ | ↓ |
| 1943 | 昭和 18 年 | 11 | ↓ | 運輸通信省 | 運輸通信省 |
| 1945 | 昭和 20 年 | 5 | ↓ | 運輸省*7 | 運輸省*7 |
| 1948 | 昭和 23 年 | 1 | 内閣建設院 | ↓ | ↓ |
| 1949 | 昭和 24 年 | 6 | 建設省 | ↓ | ↓ |
| | | 7 | ↓ | 運輸省・国鉄 | ↓ |
| 1987 | 昭和 62 年 | 3 | ↓ | 運輸省・(JR) | ↓ |
| 2001 | 平成 13 年 | 1 | 国土交通省 | | |

*1　民部省の重工業分野を分離、工部省設置　*2 民部省廃止　*3 内務省設置　*4 内務省から農商務省を分離　*5 内閣制度成立、農商務省から逓信省を分離、工部省廃止　*6 陸運事業の監督権が逓信省から鉄道省に移管　*7 運輸通信省から電気通信省・郵政省を分離、運輸省と改称

# 第４章 道路の構造物

道路を形作る橋やトンネルなどの構造物を知ることで、道路はまた一つ新たな魅力をあなたの前に開花させます。また、そこにあるカーブや坂道には、どんなルールが秘められているのか。誰もが使いやすい道路になるべく進化し続ける、道路とその構造物たちのストーリーを覧下さい。

1

# 橋

## 日本には20万本近くの道路橋がある

### 様々な要素が相まって橋の型式は選ばれる

　川や谷、他の道路や鉄道、町並みをも悠々と越えてゆく橋の姿は高潔で、機能美に溢れています。橋は土木技術が生み出した芸術作品として観賞対象にもなっています。橋には左図のような様々な型式があります（これは代表的なものです）。それぞれの型式に得意や不得意がありますが、絶対に特定の形式でなければ実現できない架橋地点はなく、ある型式の橋がそこにあるのは、プロである設計者達の選択の結果です。地形やコストや技術的な制約はもちろん、美観を重視すべき位置にあるか、設計者個人の癖や好み、地域や時代の流行り、こうした様々な要素から、型式が選ばれます。

　橋は単に渡っただけでは味わいきれません。たとえば**上路橋**（路面より下に橋の主要な構造がある橋、反対は**下路橋**）の場合、道路上から橋の構造を見ることはできません。橋を味わうなら、側面や下に回り込むことをオススメします。

／5位：国道3号（福岡～鹿児島）812本（50km）【道路統計年報2020】

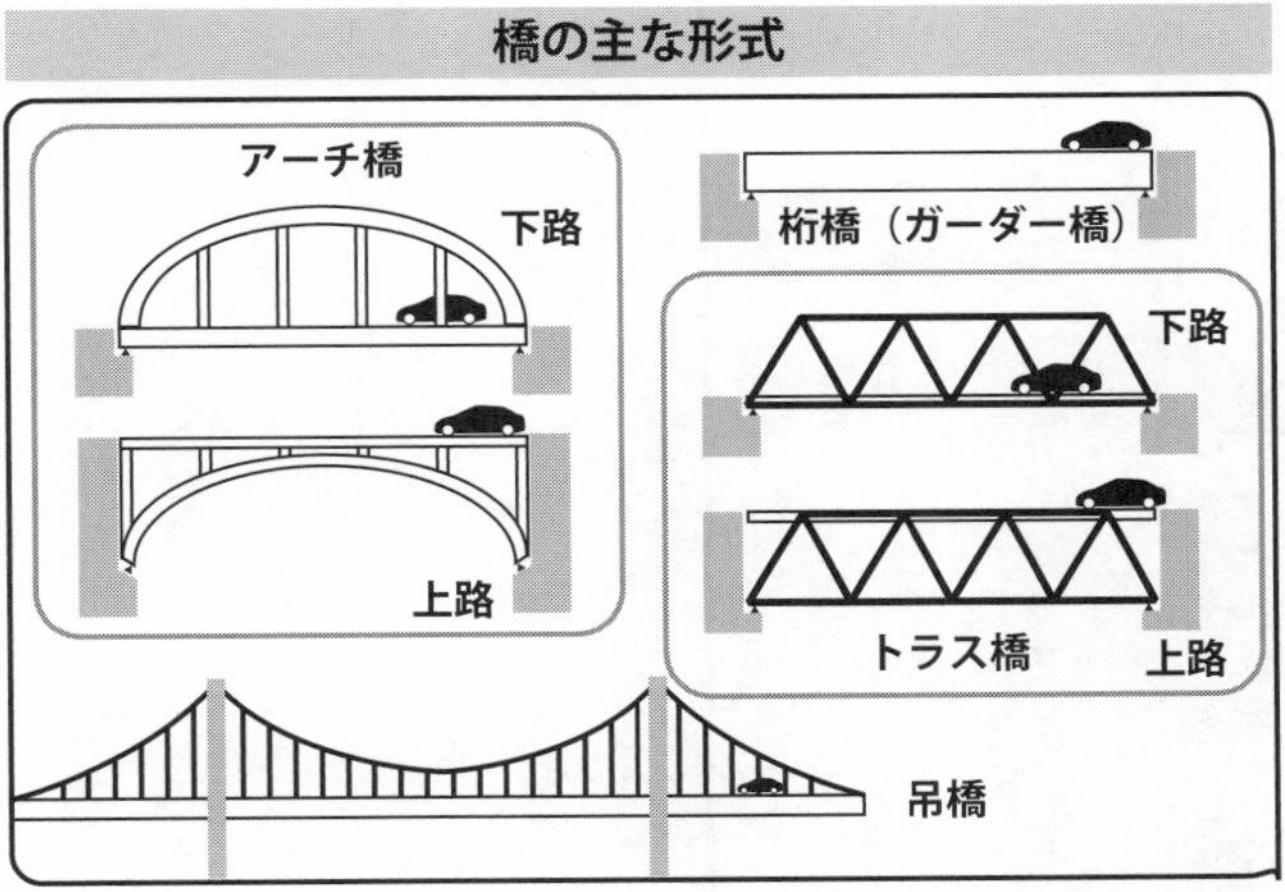


上路と下路は、トラス型式やアーチ型式の場合、どちらを選んでも同程度のコストで架けることができますが、道路橋では上路橋が選ばれやすく、鉄道橋では反対に下路橋が選ばれやすい傾向があります。下路橋は道路上に橋の構造が覆い被さるような形になり、ドライバーの視界を妨げて圧迫感を与えるために渋滞などの原因になりやすいデメリットがあります、しかし下路橋は上路橋よりも通船の邪魔になりにくいなどのメリットがあり、ドライバーの心理的要素が影響しない鉄道では下路橋が多く選ばれています。心理にまで踏み込んでいるなんて、意外でしょ？

橋は平坦な道路より遙かに手間とお金が

■トリビア『橋の本数が多い国道トップ5』1位：国道1号（東京～大阪）1446本（140km橋延長1位）／2位：国道2号（大阪～福岡）1363本（77km）／3位：国道9号（京都～山口）1341本（57km）／4位：国道8号（新潟～京都）1054本（43km）

かかりますから、昔は特にそれ自体が記念碑的な存在と見なされました。そしてその象徴として、橋の四隅にしばしば**親柱**と呼ばれる石やコンクリートのモニュメントが設置され、そこには**銘板**と呼ばれる橋の名前や竣工年を記したプレートがはめ込まれました。道路の多くが無記名である中で、銘板や扁額を与えられる橋やトンネルは特別な存在といえます。

最近の統計から、日本にある橋とトンネルの総数を調べてみました。左の表をご覧ください。道路法の道路には、平成31年3月末現在、70万本以上の橋（長さ2m以上）と1万本以上のトンネルが存在しています。昭和35年3月末のデータと比較すると、橋については集計対象が変化しているため単純に比較はできませんが、トンネルの総延長は16倍にも増えています。1本造るだけ

トンネルのような圧迫感を感じさせる、下路トラス形式の道路橋。橋の入口にある大きなコンクリート塊が親柱です。そこに銘板が取り付けられています。通常親柱は4本あるので、銘板も4枚あります。私は全部読みたくなります。

オレンジ色の空間を連想する人が多いだろう。しかし平成20年代からは、より経済的で寿命が長い白色LED灯への置き換えが進んでいる。

## 橋梁の総括

| 最新の統計 | 道路種別 | 長さ15m以上の橋の本数 | 総延長(km) | 1本あたりの平均の長さ(m) |
|---|---|---|---|---|
| 平成31年 | 高速自動車国道 | 11,517 | 1,943 | 169 |
| | 一般国道 | 29,334 | 2,963 | 101 |
| | 都道府県道 | 36,767 | 2,847 | 77 |
| | 市町村道 | 97,492 | 3,888 | 40 |
| | 小計 | 175,110 | 11,641 | 66 |
| 令和2年 | 農道 | 3,496 | 155 | 44 |
| 平成17年 | 林道（※） | 17,054 | 231 | 14 |
| | 合計 | 195,660 | 12,027 | 61 |

| 比較 | 道路種別 | 長さ2m以上の橋の本数 | 総延長(km) | 平均長(m) |
|---|---|---|---|---|
| 昭和35年 | | | | |
| | 一級・二級国道 | 24,104 | 348 | 14 |
| | 都道府県道 | 103,817 | 1,292 | 12 |
| | 市町村道 | 445,095 | 3,032 | 7 |
| | 合計 | 571,398 | 4,718 | 8 |

出典：
道路統計年報 2020 ／ 1961（国土交通省）
令和２年農道整備状況調査結果（農林水産省）
平成17年農道・林道の整備状況調査（農林水産省）
※林道については長さ4m以上の橋の集計

## トンネルの総括

| 最新の統計 | 道路種別 | 本数 | 総延長(km) | 1本あたりの平均の長さ(m) |
|---|---|---|---|---|
| 平成31年 | 高速自動車国道 | 1,450 | 1,454 | 1,002 |
| | 一般国道 | 4,201 | 2,216 | 527 |
| | 都道府県道 | 2,712 | 950 | 350 |
| | 市町村道 | 2,549 | 477 | 187 |
| | 小計 | 10,912 | 5,097 | 467 |
| 令和2年 | 農道 | 232 | 83 | 358 |
| 平成17年 | 林道 | 533 | 90 | 169 |
| | 合計 | 11,677 | 5,270 | 451 |

| 比較 | 道路種別 | 本数 | 総延長(km) | 平均長(m) |
|---|---|---|---|---|
| 昭和35年 | | | | |
| | 一級・二級国道 | 580 | 76 | 131 |
| | 都道府県道 | 1,324 | 130 | 98 |
| | 市町村道 | 1,495 | 107 | 72 |
| | 合計 | 3,399 | 314 | 92 |

出典：
道路統計年報 2020 ／ 1961（国土交通省）
令和２年農道整備状況調査結果（農林水産省）
平成17年農道・林道の整備状況調査（農林水産省）

でも大変な仕事である橋やトンネルの躍進には、この国の道路の進歩が詰まっています。

■トリビア　トンネル照明は、長いトンネルを多く有する都市間高速道路の整備とともに、昭和40年代から本格的に設置されるようになった。常に点灯しているトンネル照明には経済性の高いナトリウム灯が主に使用され、トンネルといえば

2

# トンネル

## 入口（坑門）にトンネルが背負ってきた歴史が隠されている

### トンネルの形はなぜ丸い？　四角いトンネルもあるけれど…

トンネルは、技術と歴史が高いレベルで結晶した存在です。それゆえ道路構造物の中では橋と並んで花形であり、マニアックな人気を誇っています。

トンネルと橋には、自然の地形（起伏）を土木の技術で克服しようとする営為という共通点があります。構造的には谷を越す橋と山をくぐるトンネルは正反対のように見えますが、実は共通する部分が多くあります。

大抵のトンネルは、断面が半円形に近い形をしています。実際は正確な半円は稀で、楕円や三心円という少し複雑な断面が多いですが、どれも半円に近い形です。これはなぜでしょうか。自動車は四角いのですから、トンネルの断面が四角くてもよさそうなものですが、四角いトンネルは丸いトンネルよりもかなり少ないはずです。

トンネルと橋には構造的に共通する部分があると書きましたが、トンネルの断面と

多くの旧道廃道ファンが訪れる二ツ小屋隧道だが、旧道となった2年後に、自らの身を挺して、我々の安全に繋がる重要なデータを提供した。

### トンネルと橋の「アーチ」構造

アーチ構造は、上部からかかる力を両端に振り分ける。両端の固定が重要。

同じように丸い形をした橋があります。それは**アーチ橋**です。アーチ橋とは**アーチ構造**によって外力に抵抗して自立する橋のことで、九州地方などには江戸時代に作られた石アーチ橋がたくさん残っています。アーチは人類が紀元前から会得していたとても強くて頼りになる構造形式なのです。アーチ構造は様々な材料に適応し、石よりも強度や加工性に勝る鉄筋コンクリートや鋼鉄を使えば、長さ１００ｍを優に超える橋を造ることもでき、現在はアーチの端から端までの長さ（スパン）が４００ｍを超す鋼鉄のアーチ橋も作られています。

　トンネルの断面が円形に近い形をしているのは、このアーチ構造の強みを活かすこ

■トリビア　トンネル内での自動車火災がトンネルの構造に与える影響や、煙の流れなどを調べるため、実車と実際のトンネルを用いた世界初の火災実験が、昭和43年10月に国道13号の旧二ツ小屋隧道（全長384mの中央部）で行われた。現在、

真円形をしたトンネルの例。このJR伊東線新宇佐美トンネルは、温泉余土という膨張性の地山に掘られており、強大な地圧に抵抗するために真円形の断面を採用しています。

とができるからです。トンネルの壁には重力よりはるかに大きな地圧が作用するため、スパンはアーチ橋のように大きくすることはできませんが、地圧に負けてトンネルが潰れてしまう事故が起こらないのは、アーチ構造が地山を支えているからです。

アーチ構造の曲線は真円に近いことが理想です。しかし真円（あるいはその半円）のトンネル断面では、車が通行するには必要のない余分な部分をたくさん掘る必要がありますので、楕円や三心円といった車両の形に少し寄せた断面にしています。単線の鉄道トンネルは縦に細長く、道幅が広い道路トンネルは横に広い扁平な断面をしており、これらは強度と経済性を十分に検討した上で設計されています。稀にギョッとするほどきれいな円形をしたトンネルを見かけますが、そういうときは特に地圧の大きい場所だった可能性が高く、難工事がうかがえます。ただし、最近のシールド工法で建設されているトンネルは基本的に真円

的な歩行者天国は、昭和47年にスタートした旭川市駅前から8条通に至る1kmの平和通買物公園が最古である。

なので、この予測は効きません。

トンネルの壁を掘りっぱなしにしておくことを**素掘**《すぼり》といい、石や煉瓦やコンクリートなどで表面を保護することを**覆工**《ふっこう》といいます。トンネルを覆工する目的はアーチ構造で地圧に対する強度を高めるだけでなく、漏水や石ころが路面に落ちることを防ぐ目的もあります。素掘でも断面が円形に近ければ、岩盤それ自体にアーチの作用が機能しますが、覆工なしでは地圧を支えられない軟弱な地質も多く、現在作られるトンネルはほぼ例外なく覆工が施されています。

トンネルの掘り方（工法）は**山岳工法と開削工法**の二つに大きく分けられます。山岳工法は文字通り山岳で多く用いられる工法で、砂場遊びで砂山に腕を突っ込んで穴を貫通させるイメージです。開削工法は一旦トンネルの深さまで地山を開削し、そこにトンネルの形をした構造物（ボックスカルバート）を設置してから再び土で埋め戻す工法です。これは地表からの距離（これを土被りと呼びます）が浅いトンネルで用いられ、他の道路や鉄道と交差するアンダーパス（地下道）や地下鉄トンネルなどに多用されています。開削工法のトンネルは一般に土被りが浅く地圧も少ないために、より経済的で施工も容易な四角い断面が選ばれることが多いのです。

■トリビア　繁華街から自動車を締め出して歩行者に開放する歩行者天国は、昭和43年に北海道旭川市で12日間だけ試行的に行われたのが我が国の最古。昭和45年から銀座、浅草、新宿、池袋などで相次ぎスタートした。時間を限らない恒久

なお、開削工法の仲間に海底トンネルなどで用いられる**沈埋工法**《ちんまいこうほう》があります。これはまず海底の地形を掘削して平らに均し、そこに地上で作成した沈埋函というトンネルの本体を沈めて固定してから埋め戻し、最後に沈埋函内部の水をポンプで抜いてトンネルにする工法です。この場合も断面は四角くなります。

## トンネル坑門にみる材料とデザインの変遷

わたしたちがトンネルを通行するとき最初に出合うのが**坑口**《こうこう》です。そして覆工されたトンネルの坑口にはたいてい**坑門**《こうもん》という壁状の構造物（坑門工ともいいます）があります。坑門はトンネルの第一印象を決定づける顔であり、凝ったデザインのものが少ない道路構造物の中では、橋の親柱と共に例外的に意匠（おしゃれ）を施されやすい存在です。坑門なんてコンクリートの塊みたいでどこも同じじゃないの？　そう思われる方は、きっと最近のトンネルばかりを見ているのだと思います。昔のトンネルにはしばしば魅力ある意匠が施されました。これから４本の隧道を古い方から順にご覧いただきましょう。

江戸時代後期に建設された道路トンネルが日本中に何本か残っています。横浜市金

本／46位：青森県 50本／47位：沖縄県 40本　【道路統計年報2020】

沢区の称名寺境内には、元亨3年（1323年）の絵図に描かれているトンネルがあり、これが日本最古の現存するトンネルと見られます。近世以前から灌漑用の水路トンネルや鉱山の坑道が独自の技術で掘られていましたが、いずれも素掘であり、坑門を持つものは知られていません。したがって特に意匠と呼べるものもありません。また、道路トンネルの建設は極めて稀でした。これは勾配に弱い車両による交通がほとんど発達していなかったことを原因としています。

明治時代になり、わが国には鉄道技術とともに、アーチ構造の覆工を用いた近代的なトンネル築造の技術がイギリスから輸入されました。覆工を行うことで、従来難しかった大きな断面のトンネルを掘ることができるようになりました。明治4年に現在の東海道本線住吉～灘駅間に造られた（鉄道の開通は明治7年）石屋川隧道が近代的工法で建設された日本初のトンネルです（解体され現存しません）。

わが国のトンネルは質、量ともに、戦前は鉄道が道路をリードしていました。馬車や荷車などを想定した

元治元年（1864年）完成、綾戸巌穴。“関東の青の洞門”とも呼ばれる江戸末期の道路トンネルで、現在の国道17号綾戸隧道脇の岩場にわずかに痕跡を留めています。

■トリビア『道路法の道路のトンネルが多い／少ない都道府県』１位：大分県596本／２位：北海道 505本／３位：千葉県 468本／４位：高知県 414本／5位：和歌山県 386本／……43位：香川県 55本／44位：佐賀県 53本／45位：茨城県 52

明治38年完成、天城山隧道。川端康成の短編小説「伊豆の踊子」の舞台としても有名な、日本を代表する純石造の道路トンネルです。

明治37年完成、宇津ノ谷隧道。東海道の要衝である宇津の谷峠には明治９年にわが国最初の近代工法による道路トンネルが完成しましたが、火災で通行不能となったために一部掘り直して改築したのがこのトンネルです。

道路トンネルも各地に作られましたが、その多くは旧来の技術を用いた素掘のものでした。明治14年に完成した、当時は日本最長の道路トンネルであった栗子山隧道の工事では、鉄道に先んじて削岩機を輸入して使用した記録がありますが、これも素掘トンネルでした。

明治期に近代的工法で建設された道路トンネルの代表例は、東海道の難所である宇津の谷《や》峠で明治37年（１９０４年）に完成した宇津ノ谷隧道と、その翌年、伊豆半島の下田街道に完成した天城山隧道です。この二本のトンネルの坑門を見較べると、前者が**煉瓦**で後者は**石材**でできているいう違いはありますが、よく似たデザインであることがわかると思います。これらはトンネル技術とともに輸入された**冠《か》木門式《ぶきもん》**と呼ばれる伝統的な坑門の様式を踏襲してい

／5位：国道197号（高知〜大分）61本（29km）【道路統計年報2020】

**トンネル坑門の名称（冠木門式）**

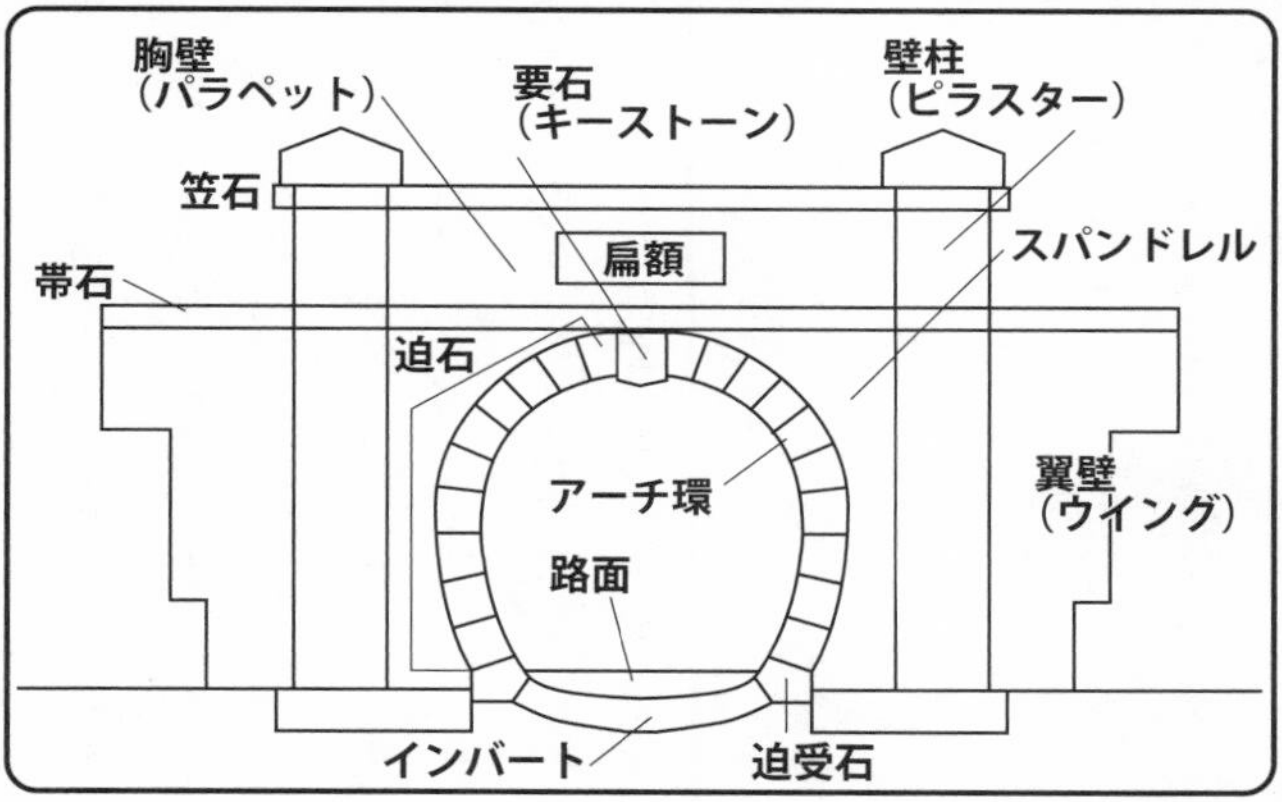


ます。

冠木門式坑門の各部名称は、上の図のようになっています。

・**要石**《かなめいし》／**迫石**《せりいし》／**迫受石**《せりうけいし》／**インバート**　これらは坑道内の覆工に連なるアーチ構造です。最後に要石をはめ込むことで坑門のアーチは自立します。インバートは地質が悪い場合にアーチを補強するために設けられますが、通常は路面の下に隠れます。

・**翼壁**／**壁柱**／**胸壁**　これらは地山が崩れないように抑える部分で、壁柱は坑門が手前に倒れないように支える役割を持っています。

・**笠石**／**帯石**　坑門を伝う雨水を切る機能がありますが、多分に装飾的といえます。

■トリビア『トンネルの本数が多い国道トップ５』１位：国道45号（宮城～青森）94本（68kmトンネル延長1位）／２位：国道9号（京都～山口）86本（36km）／３位：国道42号（静岡～和歌山）80本（47km）／4位：国道56号（高知～愛媛）70本（33km）

・**扁額**　トンネルの名前などを飾る額で装飾的です。これについては後述します。

これらの構造をすべて有している隧道はむしろ珍しく、また各部の形状や大きさもトンネルごとに個性が見られます。

　トンネルの坑門や覆工には明治期を通じて石材および煉瓦が用いられました。石材の場合は現地調達が基本であり、それが難しい場合に煉瓦を購入して使いました。鉄道は官営の煉瓦工場が多くあったことから煉瓦トンネルが多いですが、道路は石造トンネルが大勢を占めています。また、明治末期から大正初期にかけてコンクリートが新たな土木の材料として登場しますが、最初のうちはコンクリートをブロック状に固めた**コンクリートブロック**を煉瓦や石材の代わりに使いました。このコンクリートブロックの使用も鉄道が中心で、道路トンネルでは鈴鹿隧道（三重～滋賀、大正13年竣功）など大正期～昭和初期に建設された比較的少数のトンネルでしか使われていません。

　石材、煉瓦、コンクリートブロックなどで作られた構造物を**組積造**《そせきぞう》といいます。これに対し、現場で型枠に流し込んだ生コンクリートを固めて構造物を造る**場所打ちコンクリート**の技術が昭和初期にトンネルでも使われ始めました。そして今日に至るま

を誇っていた（昭和49年65本第1位、平成5年76本第1位）が、長大トンネルへ統合する防災改築が進んで本数が減少した（平成31年59本第6位）。

で、トンネルにおけるコンクリート主流の時代が続いています。
左ページの写真は昭和5年に完成した二代目の宇津ノ谷隧道です。覆工も坑門もすべて場所打ちコンクリートで施工されています。従来の坑門の様式は組積造のトンネルを想定したものですので、強度に勝る場所打ちコンクリートの坑門には本来必要のないものです。しかしこの坑門のアーチは胸壁から突出し、そこに迫石と要石を模した凹凸が刻まれています。また上部には笠石の意匠も見られます。これらは装飾的な意味合いで設けられたと考えられますので、旧来の様式が伝統として昭和初期にも受け継がれていたことがわかります。

昭和５年完成、（２代目）宇津ノ谷隧道。国道１号の自動車交通量の増加を受け、当時としては特別に広い幅員で設計されました。そのために扁平な断面をしています。

昭和に入って場所打ちコンクリートが主流になってからも、一部のトンネルでは敢えて坑門に石材を用いたり、場所打ちコンクリートの利点を活かして意匠に曲線を多く取り入れたりするなど、従来の様式美を継承あるいは拡張しようと努力したことが見て取れます。しかしこうした自由な発想も、太平洋戦争からその復興、そして高度経済成長へと続く、

■トリビア　かつてトンネルの本数が日本一多かった国道は、国道229号。小樽市から北海道西海岸に沿って積丹半島を通り江差に至る路上には、かつて多くの未改良トンネルがひしめき、平成中頃までは現在の上位陣を上回るトンネル本数

平成10年完成、新潟県長岡市にある中山トンネル。コンクリートは坑門のシルエットにも多彩な変化をもたらしました。このような山形の坑門は雪崩などから道路を守る力が強く、雪国を中心によく採用されています。

道路の量の充実を急いだ時代が続いたことで忘れ去られ、日本中に扁額のほか一切の意匠を持たないトンネルを大量に出現させました。

現在は再び道路にもゆとりが求められる時代となり、コンクリート坑門に石材を模したタイルを貼付け、地元の特産品を描いたレリーフを据え付けるなど、個性豊かになりつつあります。でも個人的には長い歴史のある様式美に則ったトンネルデザインの復活を期待しています。

トンネルの坑門の形状や意匠は、基本的に覆工に用いた材料によって決まります。そして覆工の材料としては明治が煉瓦および石材、大正はこれにコンクリートブロックが加わり、昭和以降はコンクリートにほぼ統一されました。現在、長大なトンネルを掘る際によく用いられるシールド工法では覆工に鉄筋コンクリートや鋼鉄製のセグメントという部品を使っています。つまり**坑門や覆工の様子を観察することで、トンネルが生まれた時代をある程度絞り込める**ことになります。

9607m／5位：栗子トンネル（東北中央自動車道）8972m

## 西洋渡来の様式美に加わった一点の日本流、それが扁額

坑門に掲げられた額縁を扁額といい、多くは胸壁の上部中央、アーチ天端の上に取りつけられます。坑門の様式は明治初期にイギリスから渡来したものですが、扁額に限っては日本に入ってから加えられたもので、寺院の山門や和室などに掲げられる扁額と同種の文化です。組積造とともに廃れていった各種様式の中で、トンネル名を利用者に伝える機能を有する扁額は生き残り、現在のコンクリート坑門にも鉄板や黒御影石のものが多く掲げられています。トンネル名の他に竣工年や揮毫者の氏名が刻まれている場合もあります。また額を設けず坑門に直接文字を刻む場合もあります。

「事成自同」と書かれた兵庫県の鐘ヶ坂隧道の西側坑口の扁額は有栖川宮熾仁親王の書。反対側には三条実美の手になる「蟠山化居」とある。（写真：松岡明芳　CC BY-SA 3.0）

明治初期のトンネルが極めて珍しかった時期には、トンネル名ではなく、トンネル建設という大事業の落成を讃え、あるいは将来の活躍を願う4文字程度の難解な漢文を掲げることもありました。中には明治の元勲や皇族の揮毫も見られます。その深淵なる意味を考えながら坑門に佇むのは、トンネル観賞の最も高尚なひとときといえます。

■トリビア『長い道路トンネルトップ5』１位：山手トンネル（首都高速中央環状線）18597m／２位：関越トンネル（関越自動車道）11055m／３位：飛騨トンネル（東海北陸自動車道）10712m／4位：アクアトンネル（東京湾アクアライン）

3

# 道路標識の面白さ

道路から私たちへのたくさんのメッセージ

## 道路標識を〝楽しむ〟ポイント

わたしたちが道路を利用する際には、交通の状況や路面の状態だけでなく、信号機や道路標識に対しても常に意識を傾けています。自動車の運転免許を得るためにはすべての道路標識の暗記が求められますし、それができないと安全に道路を利用することも困難です。

道路標識はどれも画一的なデザインで、意図する内容もシンプルです。それだけにあまり面白みがあるものとは感じていない人も多いと思いますが、突き詰めていくとなかなか深いのです。道路標識は、その意味を知るところからもう一歩進んで、「なぜそこにその標識があるのかを知る」と、とても興味深い存在になってきます。

すべての道路標識の種類や様式（デザイン）、意味、標識ごとの設置場所の基準などを取り決めているのは、「**道路標識、区画線及び道路標示に関する命令**」（道路標識令）

る。もとは2本の水路がここで千葉街道（国道14号の前身）と交差していたが、水路が埋め立てられて道路になったことで、これほどの多差路を生んだ。

**道路標識令**

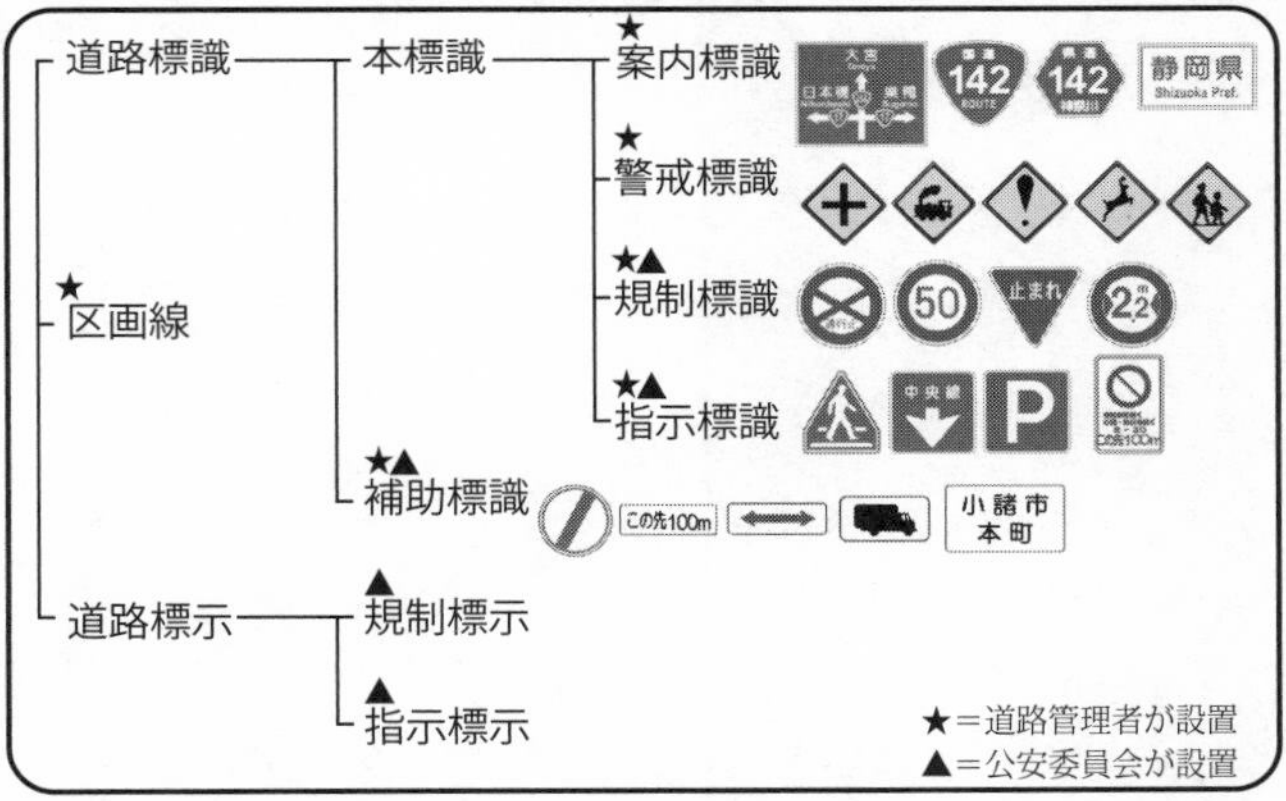


という政令です。この政令は道路法だけでなく、道路交通法からも参照されており、道路法以外の道路であっても、道路交通法の規定が及ぶ範囲（一般に開放されていない一部の私道を除くほぼすべての道路）に効力が及びます。

道路標識は本標識と補助標識に分けられ、本標識はさらに**案内標識**、**警戒標識**、**規制標識**、**指示標識**に分けられます。上にそれぞれの代表的な標識を示しました。

先ほど、道路標識は道路法だけでなく道路交通法にも参照されると書きましたが、道路標識の設置者も道路管理者と公安委員会（都道府県の警察です）に分けられます。案内標識と警戒標識はすべて道路管理者が

■トリビア　道路構造令では原則的に五差路以上の新設は認められないが、既存の六差路や七差路が各地にある。日本最多差路とみられているのは、東京都江戸川区の国道14号上にある菅原橋交差点で、11本もの道路が狭い範囲で交会してい

設置します。規制標識は「重量制限」「高さ制限」「最大幅」などを道路管理者のみが設置し、「最高速度」「転回禁止」「一時停止」などは公安委員会のみが設置します。「通行止め」「指示方向外通行禁止」「一方通行」など両者が設置する標識もあります。また指示標識は公安委員会が設置します（例外は「規制予告」のみ）。道路標識の設置者が誰であるかは通常、標識の柱にステッカーなどで表示されています。

冒頭で、なぜそこにその標識があるのかを知ると面白いと書きましたが、例を少し。警戒標識の一種である「学校、幼稚園、保育所等あり」は、これらの施設の門前以外にも、「通学路」という補助標識をつけて設置されることがあります。見覚えありますよね。もしそれを見つけたら、前方１㎞以内にそうした施設が現れます。また、「踏切あり」は前方50ｍ～１２０ｍに踏切の存在を予告していますし、「落石のおそれあり」を見つけたら、その地点から30ｍ～２００ｍを特に注意しまし

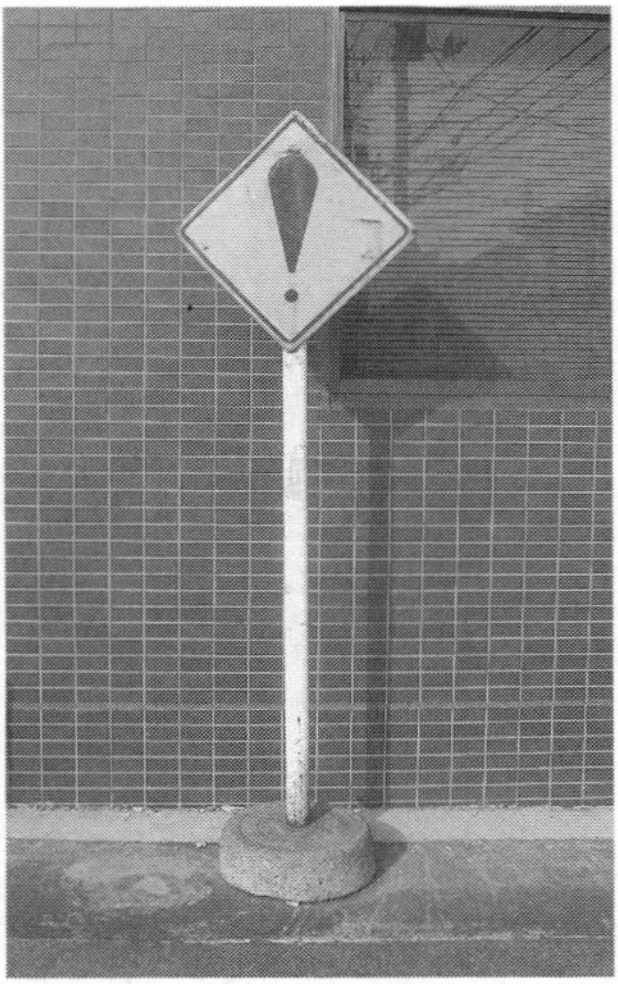
「その他の危険」の警戒標識を見たら、あらゆる危険を想定せよ！

知県）、福田杓子（愛知県）、西藤平蔵（富山県）、沢尻南（長野県）、徳次郎（栃木県）、本郷弥生（東京都）、人名みたいな交差点名。

よう。

警戒標識「動物が飛び出すおそれあり」に描かれる動物の種類には決まりはありませんので、具体的に注意すべき様々な動物が描かれます。また「その他の危険」は、標識令曰わく「運転上注意の必要があると認められる箇所」の手前30ｍ～１２０ｍまでに設置するとのこと。何に注意するのかは規定されていません。

## 案内標識を熟知すれば、カーナビ要らず?

道路管理者が設置する案内標識は、かつて路傍に佇む石標や木標が担っていた「道しるべ」の現代版ですが、それらと決定的に異なるのは、デザインだけでなく案内される内容にもルールがあることです。次ページの表をご覧ください。

案内標識に用いられる地名には、広域的に通用するものから順に**①基準地、②重要地、③主要地、④一般地**という四つのグレードがあります。このうち①～③については使える地名の全国一覧表が存在し、例えば秋田県の場合には14の地名に限定されます。④には必要に応じた地名や施設名が利用可能です。

そして道路のグレードと案内標識の形式によって、標識のどの欄にどの地名を表示

■トリビア　井田舞子（三重県）、片山穂積（群馬県）、中野美保（島根県）、岡田由里（京都府）、加賀舞子（石川県）、新宮太郎丸（福岡県）、徳才子（青森県）、三村羽成子（茨城県）、露梨子（埼玉県）、石谷二田子（岐阜県）、高雄堂子（愛

## 経路案内に用いる地名の選定条件

| 区分 | 候補となる地名 | 表示地名（秋田県の例） |
|---|---|---|
| ①基準地 | 重要地の中の特に主要な都市。おおむね1県1都市 | 秋田 |
| ②重要地 | 県庁所在地、政令指定市、地方生活圏の中心都市など | 秋田、大館、能代… |
| ③主要地 | 二次生活圏の中心となっている市や町など | 鹿角、北秋田、角館… |
| ④一般地 | ②、③以外の市町村、その他沿道の著名な地点など | 潟上、藤里、秋田駅… |

## 道路の分類と用いる地名

| 道路の分類 | 説明　用いる地名 | 重要地 | 主要地 | 一般地 |
|---|---|---|---|---|
| 主要幹線道路 | 大都市圏相互を連絡し圏内の骨格となる国道で、高速道路を補完する道路 | ◎ | ○ | |
| 幹線道路 | おもに主要幹線道路以外の国道と主要地方道で、主要幹線道路を補完する道路 | ◎ | ◎ | ○ |
| 補助幹線道路 | おもに一般都道府県道などで、幹線道路を補完する道路 | ◎ | ◎ | ◎ |

◎＝第1ランク（原則として用いる）　○＝第2ランク（2地名表示の場合に用いる）

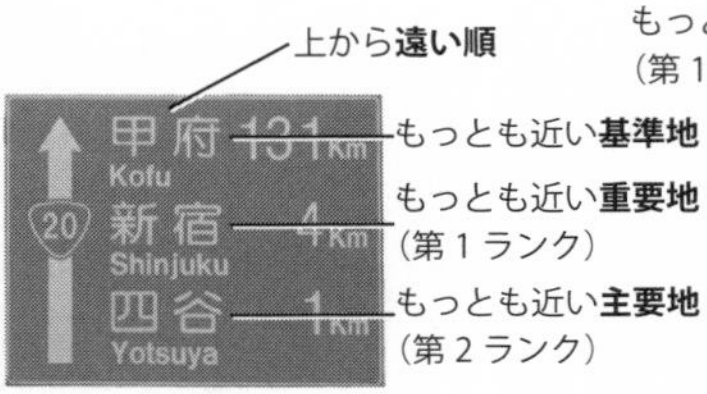


**方向および距離**

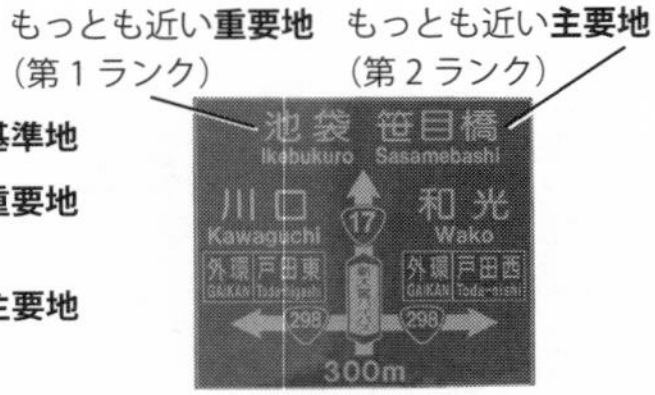


**方面、方向および道路の通称名**

国土交通省の資料「案内標識に表示される地名に関する基本的なルール」を)ベースに作成

するかを決定します。たとえば「方向及び距離」の標識が「主要幹線道路」に設置される場合、上段に①基準地、中段に②重要地、下段に③主要地となります（基準地が用いられるのはこの「方向及び距離」のみです）。もっともこれらは原則で、空港や大きな観光地など、その道路の利用者の多くが必要と

在の警戒標識に相当するもので6種類があった。道路警戒標のデザインを持つ戦前のものとみられる道路標識が、香川県高松市内で発見されている。

する地名は臨機応変に表示されます。

このように基準となるルールを設けることで、広域的な道路ほど土地勘のないドライバーでも進行方向の迷いが生じにくいように工夫されているのです。

## 案内標識の「東京」は、東京のどこなのか?

案内標識に使える地名が広がりのある範囲を示す場合、範囲の中の「どこ」を示しているのかがすべての案内標識で共通していないと、距離表示などに混乱が生じます。たとえば「東京」という案内標識上の地名は東京のどこを指しているのでしょうか。

この基準も国土交通省が定めており、「東京」は日本橋を意味しています。日本橋には明治以来の由緒ある「日本国道路元標」があります。古くは日本中の（ほぼすべての）国道の起点とされていました。東京以外の市町村名の場合は、役場正面の地点が原則となります。ただし、役場が街外れにあるような場合には、伝統的に市街地の中心をなす交差点や、中心地にある鉄道駅前が選ばれる場合もあります。大正道路法では市町村ごとに案内標識の基準となる地点を定めて、そこに道路元標を設置することを義務づけていましたが、現行道路法にこの規定はありません。

■トリビア　日本初の全国的に統一された道路標識は、大正11年に公布された内務省令「道路警戒標及道路方向標に関する件」によって設置され、昭和17年の「道路標識令」公布まで製造された。道路方向標は現在の案内標識、道路警戒標は現

しかし目に見えない形で存続しているといえそうです。

## 旧式の道路標識を探すという、マニアックな楽しみ方

見慣れた道路標識のデザインですが、時代とともに大きく変化してきました。最後に大きく変わったのは昭和38年（1963年）です。この年に道路標識令が改正されるまで、今のような丸い形をした規制標識は存在しませんでした。「最高速度」も「駐車禁止」も、みな長方形の盤面に図が描かれていたのです。

昭和46年までは案内標識の配色は現在とまるっきり違っていました。白地に赤い矢印と黒い文字が躍るそれを、道路ファンは愛情を込めて「**白看**」と呼びます（現行の青色ベースのものは「青看」）。昔からあまり変わっていないのは黄色い菱形の警戒標識ですが、そのうちの何種類かは、廃止やデザインの変更がされています。

ほかにも昭和25年〜38年に作られていた八角形の「一時停止」標識や、昭和25年〜35年に作られた（高速道路の「緑色」を先取りにしていた）「指導標識」という今はなきカテゴリー。極めつけは昭和38年の3月〜7月しか作られなかったと考えられている四角形&青色盤面の「工事中」など、もし発見されれば全国の道路ファンが殺到す

を継承）。8月25〜31日は「道路防災週間」（平成4年より）。10月1〜7日は「全国道路標識週間」（昭和53年より）。

(左) 旧式の案内標識「白看」です。(下右) 旧式の警戒標識でインパクト抜群の「危険」と「注意」。前者は特に使用期間が短くレアです。(下左) 元気すぎる子供が印象的な、「学校あり」の旧制標識。昭和25年から35年までの様式です。

るような激レア「旧式道路標識」が、今なお道路の周辺にひっそり眠っている可能性があります。事実、数年前に高松市の住宅地で大正時代から戦前までの様式を持つ道路標識が発見された時には、ちょっとした「祭」になりました。なお、案内標識は、道路標識令が改正されても取替える決まりがないので、「白看」についてはやや多めに現存しています。

　もし見慣れない道路標識を見付けたら、記録に残しておくことをオススメします。

■トリビア　道に関する記念日。8月10日は「道の日」(昭和61年より、大正9年8月10日に第一次道路改良計画が実施されたことにちなむ)。8月1～31日は「道路ふれあい月間」(平成13年より、昭和33年に建設省が制定した「道路を守る月間」

## 補助標識や道路標示に名残を留める、車両区分ごとの最高速度制限

道路標識令は**道路標示**と**区画線**についても定めています。この二つはともに、道路の路面にペイントや鋲などで一定の模様を描いて、道路の利用方法を指示するものです。道路標示の代表的なものは、道路の中央に描かれる「中央線」や、車線を区分する「車両通行帯」、交差点の手前にある「停止線」、前方に横断歩道があることを示す菱形のマークなどがあります。道路標示は公安委員会が設置するのに対し、区画線は道路管理者が設置します。区画線は道路標示の中から車線に関するものを抜き出したもので、「道路中央線」(道路標示でいう中央線)や「車線境界線」(道路標示でいう車両通行帯)などの7種類からなっています。

道路標識が時代とともに変遷したのと同様に、道路標示も旧式があります。しかし多くの道路標示が舗装された路面を前提としているだけに、舗装率が低かった時代にはあまり発達しませんでした。

廃止された道路標示の例としては、「最高速度」の道路標示とセットで描かれていた「高」や「中」の文字があります。これはかつて道路交通法が**高速車**(大型乗用自動車や普通自動車など)・**中速車**(大型貨物自動車など)・**低速車**(原動機付自転車)とい

たところといわれ、境内は国道4号の前身である奥州街道のさらに前身にあたる、中世の奥大道(おくだいどう)の遺跡と重なる。

（右）廃道同然の旧国道で見かけた「40高中」の道路標示。高速車と中速車の最高速度を規定していたものです。（左）道路標示だけでなく、道路標識の「最高速度」にも補助標識による車両区分表示が行われていました。

う「車両の種類」ごとに最高速度を設定していたことによりますが、自動車の性能が全般的に向上してきて中速車を分ける必要性が薄れたとして、平成4年にこの区分最高速度は廃止されています。しかし廃止が比較的最近であることから、舗装の打ち替えが行われていない道路には、表面を削り取られた表示の名残や、そのままのものが残っている場合があります。

　路面にペイントされた「止まれ」「速度落とせ」「急カーブ注意」などの文字を見ることがありますが、これらは道路標示ではなく、同じ公安委員会が設置している**法定外表示**と呼ばれるものです。道路標示の予備軍といえるでしょう。

■トリビア　仙台市泉区の静かな住宅地に、地形図にも載っていない小さな神社がある。おそらく日本唯一の「道路神社」である。古くは道六神社と呼ばれていたようで、道祖神（道陸神）を祀る。もとは街道整備のための測量用の縄を祀っ

4

# 道路付属物

## 道路は道路本体と付属物、そして占用物件からなっている

**道路を道路として最大限に活用するためにある、道路の付属物と占用物件の仕組み**

道路法第2条は、この法律が定める「道路」とは「トンネル、橋、渡船施設、道路用エレベーター等道路と一体となつてその効用を全うする施設又は工作物及び**道路の附属物**で当該道路に附属して設けられているものを含む」としています。そして次に道路の付属物の種類をすべてあげて限定しています。（左ページ参照）

さらに道路法では、道路管理者以外の者が道路に物件を設置して継続的に利用することを**道路の占用**といい、**占用物件**の設置には必ず道路管理者の許可を要することを定めています。これは道路に設置される水道管やガス管、電柱などの公共施設のほか、祭礼時に道路に設置される屋台のようなものも含まれます。どんなものでも占用許可を得られるというわけではなく、先にあげた例を含む一定の種類に限定されています。

つまり道路法が認めている道路上に設置される物件は、道路の付属物と（道路管理

場したが、これも巡査による手動だった。昭和5年に訓令「交通整理の信号方法に関する件」により赤、黄、緑（青）の意味が全国的に統一された。

## 道路法の道路を構成する“部品”

- **道路**
  および
  道路と一体となってその効用を全うする施設または工作物
  **（トンネル、橋、渡船施設、道路用エレベーター等）**
- **道路の付属物**
  - ①さく、駒止
  - ②並木、街灯（※）
  - ③道路標識、道路元標、里程標
  - ④道路情報管理施設
  - ⑤道路の維持または修繕に用いる機械、器具、材料の常置場
  - ⑥自動車駐車場（※）
  - ⑦共同溝や電線共同溝および関連施設（※）
  - ⑧自動運行補助施設
  - ⑨特定車両停留施設
  - ⑩上記のほか、政令で定めるもの
    - 道路法施行令
      - Ⓐ道路の防雪または防砂のための施設
      - Ⓑベンチまたはその上屋（※）
      - Ⓒ車両の運転者の視線を誘導するための施設
      - Ⓓ他の車両または歩行者を確認するための鏡
      - Ⓔ地点標
      - Ⓕ自転車駐輪場（※）
      - Ⓖ道路の交通または利用に係る料金の徴収施設
- **兼用工作物**
  **（p.228）**
- **占用物件**

（※は道路管理者が設置するものに限る）

者の許可を得た）占用物件だけということになります。

　ここには、道路法の高潔な理念が鮮明に現れていると思います。**道路は可能な限りクリーンな状態で、交通という任務に専念させる**ということです。このような仕組みの中で、わたしたちが普段目にする道路の風景は形作られています。

新潟市中央区の本町交差点にある里程標。ここに集まる8本の国道の行く先と距離を表示しており、現代のものではあるが、明治以来の古い様式を踏襲している。

■トリビア　日本初の交通信号機は大正8年に上野警察署長園部久五郎が考案・設置したもので、赤字の「とまれ」と青地の「すすめ」の2枚の板を巡査が手動で切り替えた。昭和2年頃から「注意」の表示を加えたバタン式交通信号機が登

## 道路の付属物を知れば、道路上で見るものの大半を解釈できる

①**さく、駒止**とは、ガードレール、ガードパイプ、ガードロープなどの防護柵です。ガードレールは自動車が路外へ逸脱しないようにガードする能力と、衝撃を吸収して自動車の乗員を安全に保護する能力のバランスがよく、多用されています。ガードロープは景観性に優れるために観光道路等で多用されますが、積雪地では降雪前に取り外す手間がかかります。ガードパイプはどちらかというと歩行者向けです。

②**並木、街灯**が道路の付属物になれるのは道路管理者が設けた場合だけであり、それ以外は占用物件扱いです。また、わが国は古代から並木には並々ならぬ愛情を注いできたようで、明治までは並木保護に関する多くの法制度がありました。これは歩行者を夏の暑さから守るなどの目的のほか、成長した並木を伐って橋材にしていました。しかし自動車交通の発展に伴い、道幅を限る邪魔者となった巨大な並木の多くは伐採され、新道の建設費に充てられたことが記録されています。

③**道路標識、道路元標、里程標**のうち、道路標識は前項で解説しました。道路元標は、大正8年の旧道路法施行令が各市町村に一基ずつ設置を義務づけていた石標で、国道および府県道の起点や終点の多くは各市町村の道路元標の位置とされていまし

れていった。複数の信号機が設定によって同期する系統式交通信号機は昭和8年に東京の昭和通りや銀座通りに初めて設置されて、全国へ広まっていった。

道路情報板。最近は遠隔操作ができる電光式が増えていますが、これは昔ながらの手動パネル式です。これを見るとワクワクするのはわたしだけでしょうか？

福島県福島市内に現在も残る小国村道路元標。この形と大きさの石標である事が定められていました。

た。　昭和27年の道路法制定によってこの制度は廃止されましたが、現在も道路の付属物として認められており、開発による遺失を免れたものが各地に現存します。

　里程標は旧法時代に道路元標とセットで置かれることがあった、周辺の道路元標までの距離を示した道標です。現在ほとんど見られません。

④**道路情報管理施設**は、道路管理者が道路の状況を利用者に伝えたり、道路の状況を道路管理者が把握したりするための施設で、写真のような道路情報板のほか、路側放送システム（道路情報のラジオ放送装置）や、冬期閉鎖や災害時などに道路を塞ぐ道路交通遮断装置、雨量計、積雪深計、風速計など、かなり多彩です。

⑤**道路の維持または修繕に用いる機械、器具、**

■トリビア　日本初の電灯式の交通信号機は昭和4年に開発され、灯火（あんどん）式信号機と呼ばれた。昭和5年に一定のタイミングで自動的に信号が切り替わる自動式交通信号機がアメリカから輸入され、昭和7年に国産化して全国へ設置さ

岩手県の国道45号旧道沿いには、今でも多くの砂利置き場が残っています。

**材料の常置場**というのは、砂利道が多かった時代にはその沿道に多く見られた補充用の砂利置き場や、現在でもよく見られる融雪剤置き場などです。

⑥**自動車駐車場**、Ⓕ**自転車駐輪場**。民間の駐車場や駐輪場ではなく、道路管理者が道路上に車道と分離して設けるものです。パーキングメーターは道路交通法が定めた駐車の方法の一種であり、これとは異なります。

⑦**共同溝や電線共同溝**は、都市部で近年盛んに整備されているもので、従来は道路に個別に埋設されていた電線、水道管、ガス管などを、共同溝に集合させるものです。普及すれば電柱が大幅に減少して道幅や美観が改善されるほか、道路の通行の妨げとなる占用工事（占用物件の工事）が大幅に減ると期待されています。

⑧**自動運行補助施設**は、電磁誘導線や磁気マーカなど、道路上に設置する、自動運転車の運行を補助する施設のことで、道路管理者が設置する場合は道路の付属物となります。

鋼管が製造）は、昭和31年に神奈川県箱根町の国道138号に初めて設置され、全国に広まった。

（右）最もよく見かけるポール状のデリニエータ。ここから道路管理者が福島県であるとわかります（＝この道は都道府県道か補助国道）。（左）矢印板もデリニエータの一種です。急カーブや道幅が狭くなる地点に見られます。

⑨**特定車両停留施設**は、バスやタクシー、トラックなど、あらかじめ許可を得た特定の車両だけが利用できる集約公共交通ターミナル（例、バスタ新宿）のことです。

Ⓐ**道路の防雪または防砂のための施設**とは、スノーシェッド、ロックシェッド、防雪フェンス、防雪林などを指します。防砂という表現には土砂災害への備えも含まれます。

Ⓑ**ベンチまたはその上屋**を道路管理者が設ければ、これも道路の付属物となります。

Ⓒ**車両の運転者の視線を誘導するための施設**は、視線誘導施設（**デリニエータ**）のことで、夜間や視界不良時の安全運転に大きな効果を発揮します。形も大きさもいろいろな種類がありますが、最も多いのは路肩に設置された蛍光板のついたポールです。

■トリビア　道路の防護柵としては、明治時代の馬車道にも路肩に石を積んで車輪の逸脱を防ぐ原始的なものが見られる。コンクリート製の障害物（駒止）や木柵も大正頃から各地に導入された。見慣れた鋼鉄製のガードレール（初期は日本

茨城県の県道のキロポスト。都道府県や設置時期によってデザインは異なります。旧道や廃道で見つけると、とても嬉しいです。

デリニエータには道路管理者名が表示されていることが多く、その設置の密度も高いことから、「その道が都道府県道以上であるか否か」を判断する材料としても非常に重宝します。

Ⓓ**他の車両または歩行者を確認するための鏡**とは、カーブミラーのことです。

Ⓔ**地点標**は、距離標（キロポスト）とも呼ばれます。その道路の起点（ないしは当該管理者による管理区域の起点）からの距離を表示しているものです。

Ⓖ**道路の交通または利用に掛る料金の徴収施設**とは、有料道路の料金所です。

## 道路の付属物以外の、道路に欠かせないものたち

これで法に定められた道路の付属物は全部ですが、「足りないな」と思ったものはありませんか？　わたしたちが道路を利用する上で非常に重要な施設が抜けています。

そうです、**信号機**が道路の付属物からは抜けています。信号機の設置やその管理は、

閉鎖中は取り外しておく必要があるなど、思いのほか手間がかかっている。

道路管理者ではなく公安委員会の役割だからです。したがって信号機は占用物件の扱いになります。同じように、公安委員会が設置する道路標識も占用物件です。
ほかに道路に欠かせないものとしては、路上に描かれた区画線や道路標示がありますが、これらの薄っぺらで通行の直接の妨げにならないものは、道路そのものの一部として扱われています。また、横断歩道橋は道路の橋やトンネルと同列の存在と見なされ、これも道路の一部です。

幹線道路沿いに並んで佇む二基の石碑。「隧道竣功記念碑」と、その工事に関わる「殉難者之碑」ですが、ここにあった難工事の隧道は既に開削されて姿を消し、石碑だけがその歴史を伝えています。

おっと忘れちゃいけない。道路にはその開通の歴史に関わるさまざまな記念碑や、不幸にして事故や災害に遭った先人の悲しみを癒す慰霊碑、心を和ませる石仏たちがいて、わたしたちの旅にゆとりを与えてくれます。これらも道路の付属物にはあたらず、占用物件扱い、あるいは道路の敷地外にある、ただの「もの」のようです。

■トリビア　ガードレールより視界を妨げる事が少なく、観光道路などに多く採用されているガードケーブル（初期は東京製鋼が製造）は、昭和32年に比叡山道路で始めて採用された。なお、ガードケーブルは積雪で破損しやすいため、冬季

5

# 道路構造令

## 道路法の道路における道路構造の全国統一基準

### 道路の新設や改築の際に守るべき、技術的基準

よくドライブの最中に、県境を越えたら道がよくなった（悪くなった）なんてことを言いますが、もし県境を越えた途端に道路構造の基準が変わって、予告もなく、あなたの車がとても通れない狭いトンネルが現れたら大変です。道路法はこういうことがないよう、全国統一の道路構造の基準について規定しています。道路法第30条に、「高速自動車国道及び国道の構造の技術的基準は、次に掲げる事項について政令で定める」として次ページの表の13項目を挙げており、この条文の政令が**道路構造令**です。

道路構造令を知ることで、**道路法が許す道路の構造的な限界**を知ることができます。そしてその限界に挑戦しているのが、いわゆる酷道や険道と呼ばれるような道路です。道路構造令では、国道は最低でも2車線以上なければならないとか、最大の勾配は12%までだとか、カーブは直角や鋭角ではだめで必ず曲線でなければならないとか、一

いいます。

つの交差点で平面交差できる道は4本までだ（五差路以上の禁止）とか、たくさんの限界を定めていますが、現実にある酷道や険道、いやむしろ普通の国道や県道であっても、これらに違反している場所はいくらでも見つかります。

道路構造令は、その第1条において、**道路を新設し、または改築する場合における一般的技術的基準**であると宣言しています。つまり、既にある道路に対してのルールではありません。全国に膨大に存在する基準を満たさない道路（これを**未改良道路**といいます）でも、修繕や維持による現状維持的管理を認める一方、もし新設や改築を行う際には守ってねという基準です（※）。かつ、一般的技術的基準とは、一般ではない特殊な利用状況の道路を除外できることを意味します。道路構造令は、基準を満たした道路が次第に増えることで、遠い将来の完備した道路網を目指しています。

また、法律が掲げる13種の技術的項目のうち、高速自動車国道と一般国道には全項目の準拠を求める一方で、地方道である都道府県道と市町村道については特に重要な三つの項目以外については、この基準の内容を斟酌して各々が条例で定めてよい（その場合も規格改良済と認める）としています。平成24年までこの規定はなかったのですが、道路も地方の自主性を重んじる方向に舵を切っています。

（※）とはいえ、道路構造令に準拠しない改築は全くできないというのでは厳しすぎますから、小規模な線形の改良、排水施設や待避施設の整備、未舗装路の簡易舗装など、いくつかの改築はそのまま行うことができます。これらを特殊改良と

## で定めるとしている13項目

| 道路構造令で定められている主な内容 | （参考までに…）<br>規定されている最小の限界値<br>（実在しない小型道路の規定を除く） |
|---|---|
| 道路構造の基準となる自動車の種類（小型自動車・普通自動車、セミトレーラ連結車など4種）ごとの長さ、幅、高さ、最小回転半径、総重量などが定められている（これらを設計車両という） | 最小は「小型自動車」の基準値で、長さ4.7m、幅1.7m、高さ2m、最小回転半径6mなど |
| 車道や歩道、路肩、中央帯などを含む幅員構成や、それぞれの幅の最低値、車線数の基準、車線の分離方法などについて、非常に細かく規定がある。また、小型自動車のみ利用する小型道路の規定があるが採用している道路はない（それ以外の道路を普通道路という） | 車線数の最小は、第三種第五級の1。車道幅の最小値は、第三種第五級の4mだが、計画交通量が極めて少なく、かつ地形の状況その他の特別の理由によりやむを得ない場合は3m |
| 道路が確保すべき最低限度の空間（主に高さ）を、車道や歩道別に規定。この範囲内には一切の構造物を置くことができない | 車道の最低高は4.5mだが、大型の自動車の交通量が極めて少なく迂回路があるとき3m |
| 車道の屈曲部は曲線形とし、前後に緩和曲線を設けることを規定。曲線の最小半径を設計速度ごとに規定するほか、バンク角についても規定あり | 最小の設計速度20km/hのとき曲線半径の最小値は15m。バンク角は最大10% |
| 視距は、車線の中心1.2mの高さから、その車線の先にある高さ10cmのものの頂点を見通せる距離で、見通しのこと。設計速度ごとに最低値を規定 | 最小の設計速度20km/hのとき視距20m |
| 縦断勾配と、横断勾配と、さらに両者を合成した合成勾配について、設計速度や積雪地であるかなどに応じて限界値を規定。勾配が変移する箇所に縦断曲線を設ける規定もある | 縦断勾配の最急値は第三種かつ設計速度20km/hの9%だが、特別の理由によりやむを得ない場合12%、合成勾配は11.5% |
| 車道や歩道を舗装することを規定。ただし、交通量が極めて少ないなど特別の理由がある場合のみ未舗装を許容。舗装の耐荷重性能についても規定あり | 交通量が極めて少ないなど特別の理由がある場合のみ未舗装を許容 |
| 必要に応じて、側溝、街渠、集水ますその他適当な排水施設を設けるものとする | 特になし |
| 平面交差や立体交差についての規定。車線数が4以上ある道路同士が交差する場合は、原則として立体交差にすることを規定している。踏切道についても交差角45度以上取るなどの規定あり | 駅前広場など特別の箇所を除き、同一箇所同一平面にて公会できる道路は4本まで。五差路以上は禁止されている |
| 幅員狭小によりすれ違いできない道路に待避所を設置すべきこと、その間隔は視距や交通量などに応じて規定。待避所の寸法は1台の車両が待避できるものと規定 | 第三種第五級の道路（1車線）には300m以内に1箇所の待避所を設ける。ただし、交通に及ぼす支障が少ない道路は、この限りではない |
| 交通事故の防止を図るために必要がある場合において、立体横断施設、防護柵、照明施設、視線誘導標、道路反射鏡などを設ける規定 | 特になし |
| 橋、高架の道路等は、鋼構造、コンクリート構造又はこれらに準ずる構造とすることを規定。設計荷重についての規定もあり | 橋や高架の設計に用いる設計自動車荷重は245キロニュートン（約25トン）とする |
| 道路の設計速度、トンネルの換気施設や照明施設、駐車場や駐輪場、防雪施設、落石防止工などの各種防護施設、歩車共存道路に設けられるハンプやシケインなどに関する規定、など | 設計速度の最小は第三種第五級の20km/h |

研究され、昭和37年に神奈川県内の第二京浜国道に設置された蛍光水銀灯照明が、わが国で初めての本格的な道路照明である。

道路法第 30 条が「道路構造令」

| 番号 | 項目 | 適用範囲 | |
|---|---|---|---|
| | | 高速自動車国道・一般国道 | 都道府県道・市町村道 |
| 1 | 通行する自動車の種類に関する事項 | ○ | ○ |
| 2 | 幅員 | ○ | 参考 |
| 3 | 建築限界 | ○ | ○ |
| 4 | 線形 | ○ | 参考 |
| 5 | 視距 | ○ | 参考 |
| 6 | 勾配 | ○ | 参考 |
| 7 | 路面 | ○ | 参考 |
| 8 | 排水施設 | ○ | 参考 |
| 9 | 交差または接続 | ○ | 参考 |
| 10 | 待避所 | ○ | 参考 |
| 11 | 横断歩道橋、さくその他安全な交通を確保するための施設 | ○ | 参考 |
| 12 | 橋その他政令で定める主要な工作物の荷重に対し必要な強度 | ○ | ○ |
| 13 | 上記の他、必要な事項 | ○ | 参考 |

■トリビア　日本初の街灯は明治5年に横浜で初めて点灯されたガス灯で、電気の街灯は明治20年に江戸橋郵便局付近に初めて設置された。街路灯以外の道路照明は経済的な理由から普及が遅れたが、戦後、安全意識の高まりとともに設置が

## 「第三種」道路の級区分と設計速度

| 道路の種別＼道路の存する地域 | 地方部 | 都市部 |
|---|---|---|
| 高速自動車国道及び自動車専用道路 | 第一種 | 第二種 |
| その他の道路 | 第三種 | 第四種 |

| 道路の種類＼道路の存する地域の地形＼計画交通量（単位　一日につき台） | | 20000以上 | 4000以上20000未満 | 1500以上4000未満 | 500以上1500未満 | 500未満 |
|---|---|---|---|---|---|---|
| 一般国道 | 平地部 | 第一級 | 第二級 | 第三級 | | |
| | 山地部 | 第二級 | 第三級 | 第四級 | | |
| 都道府県道 | 平地部 | 第二級 | | 第三級 | | |
| | 山地部 | 第三級 | | 第四級 | | |
| 市町村道 | 平地部 | 第二級 | | 第三級 | 第四級 | 第五級 |
| | 山地部 | 第三級 | | 第四級 | | 第五級 |

| 区分 | | 設計速度（km/h） | |
|---|---|---|---|
| | | 標準値 | 特例値 |
| 第三種 | 第一級 | 80 | 60 |
| | 第二級 | 60 | 50／40 |
| | 第三級 | 60／50／40 | 30 |
| | 第四級 | 50／40／30 | 20 |
| | 第五級 | 40／30／20 | — |

道路構造令の全体の枠組みとしては、上の表のように、まず道路を自動車専用道路の有無と、立地が都市部か地方部かによって**第一種～第四種**に区分します。それから各種を道路法による道路の種類と計画交通量によって複数の**級**に分けるという2段構えで区分します。そして区分（たとえば山間部のいわゆる酷道なら第三種第三級となる）ごとに、設計速度や車線の幅、車線数、曲線半径、勾配、

**車両制限令による一般的制限**
（道路を利用できる自動車の最大限度）

| | |
|---|---|
| 幅 | 2.5m |
| 長さ | 12m |
| 高さ | 3.8m |
| | （高さ指定道路は 4.1m） |
| 総重量 | 20 トン |
| | （高速自動車国道又は重さ指定道路は 25 トン） |
| 軸重 | 10 トン |
| 最小回転半径 | 12m |

視距などの技術的基準を定めています。このように道路を細かく区分することで、実際の立地や交通量に即した基準となるよう工夫されています。また、車両についても設計車両として大きさなどの基準を設けています。

なお、道路構造令の兄弟分に、**車両制限令**があります。こちらは、道路の構造を保全し、交通の危険を防止するため、道路を通行する車両の大きさや重さの最高限度を定めたもので、許可なく自由に通行できる車両の限度を定めています。道路構造令による建築限界や幅員の最大値、車両制限令が定める総重量の値は、実際に道路上で目にしうる最大幅、高さ制限、重量制限などの道路標識と深い関わりがあり、そもそも道路上にあってはならないサイズを制限する標識はありません。

# 6 線形……運転しやすい道とそうでない道の差

## 数式が導き出す運転しやすいカーブとは

### 道路の走り心地を決定する重要な要素が線形だ

道路を車で走るとき、ここは走りやすい道だとか、反対に走りにくい道だなどと「走り心地」を意識することがあると思います。なぜ道路によって走り心地が異なるのでしょうか。

走り心地が悪い道としてまず思いつくのは、対向車とのすれ違いに気を遣うほどに幅が狭い道や、未舗装のデコボコ道です。道幅や路面状態は走り心地を決定する第一の要素といえそうです。しかしそれだけではありません。ハンドルの操作をひっきりなしに要求されるグネグネ道や、見通しの悪い急坂道も走り心地はよくないはずです。また夜間には道路照明や視線誘導施設の存在が、大きく走りやすさを左右します。

道路の走り心地を決定する要因のうち、カーブと勾配を合わせたものを**線形**といいます。もう少し専門的に表現すれば、道路の中心線が三次元空間の中に描き出す立体

問題があったため、平成4年に側線が省かれたたデザインになった。

### 「乗り心地」を決定する諸要素

**道路構造**
- 道幅の広さ
- 路面の状態
- **カーブ**の多さカーブの大きさ ┐
- **勾配**の多さや角度 ┘ **線形**の良し悪し
- 標識や交通安全施設の整備状態

**内的要因**
- ドライバーの体調や心理状態
- ドライバーの運転技術や走行速度
- 車輌の整備状態

的な線が線形であり、それは**平面線形**（カーブ）と**縦断線形**（勾配）を組み合わせたものになります。二つの地点を結ぶ線形の長さ（線形長）が道路の延長であり、道路標識などで目にする距離もこの数字です。線形は立体的なので、地図上で平面的に計った数字よりも大きくなるのが普通です。

平面線形を意識してハンドルを握ると面白いことにいろいろと気づきます。次ページの図にある二つの形が異なるカーブをA地点からB地点まで走り抜ける思考実験をしてみましょう。どちらが走りやすいと思いますか。答えは右のカーブです。左右とも曲線半径Rの円曲線カーブですが、右のカーブには円曲線の前後にそれより緩やかな曲線が挿入されています。これを**緩和曲線**といい、その有無は走り心地を大きく左右します。

■トリビア　日本初の横断歩道は大正9年に東京に誕生した。市電の線路を横切るためのもので電車路線横断線と呼ばれた。横断歩道を示すハシゴ型の道路標示は昭和35年に定められたが、このときは両側に側線があり、雨水が溜まりやすい

**緩和曲線**

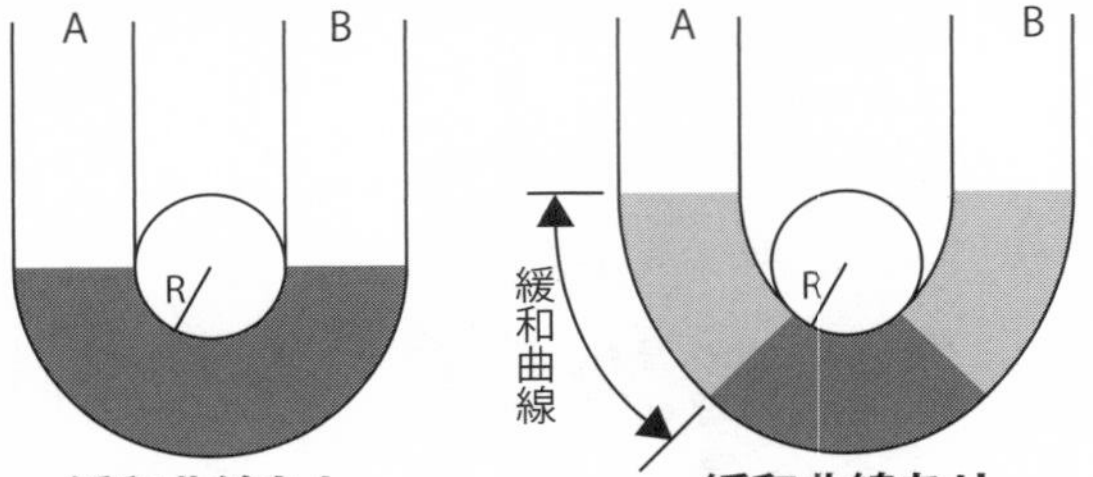


**緩和曲線なし**

小さな半径のカーブがいきなり始まると、急に車に遠心力がかかり、危険。乗り心地も悪い。

**緩和曲線あり**

大きな半径のカーブを挟んで小さな半径のカーブに移ると、車にかかる遠心力が段階的になり、乗り心地も向上する。

わが国の道路構造の基準を定める道路構造令に緩和曲線の考え方が取り入れられたのは、昭和33年のことです。それ以前に設計され、その後も特に改良されていない道路は、残念ながら走り心地には期待できません。単純な円曲線のカーブを一定の速度で走り抜けるためには、ハンドルの曲げる角度を一定に固定する必要があり、これは実に気持ちの悪いものです。高速道路のインターチェンジなどには２７０度くらい続く円曲線カーブが見られますが、皆さんも走りにくさを感じていませんか。ましてや緩和曲線を持たないS字カーブなどでは、「急ハンドル操作→止め→逆方向に急ハンドル操作→止め」のような危険なハンドル

1960年代から70年代にかけて大量の横断歩道橋が設置されたが、近年はバリアフリー化や老朽化のため新設以上に撤去が進められている。

操作を余儀なくされるのです。こういう道路が昔はたくさんあり、走りにくさや交通事故の多発につながっていました。

## 日本中のカーブを走りやすいものに変えた、クロソイド革命

現在の道路構造令では原則として国道以上の道路のすべてのカーブに緩和曲線を設けることになっており、設計が新しい道路は走りやすいという実感を与えてくれます。しかし緩和曲線もいいことづくめではなく、同じ曲がり角度のカーブを造るときにより広い面積を要します。つまり建設費が割高になるということです。

緩和曲線には**クロソイド**、レムニスケート、三次放物線などのいくつかの種類があり、いずれも数学のシンプルな計算式で表わされます。このうち最も多用されているのがクロソイド曲線で、これはアクセル操作を保ったまま（速度一定）ハンドルをぐりんぐりんと同じ速度で回していく（角速度一定）と綺麗に曲がれるカーブです。これが人間工学的には最も走りやすい曲線とされており、わが国にはドイツのアウトバーンを手本に導入されました。

今やクロソイドはどこにでも見られますが、東名高速道路は全線にわたってクロソ

■トリビア　日本初の地下横断歩道は大正10年に神戸市、芦屋市、尼崎市の国道2号（阪神国道）に設置された記録がある。日本初の横断歩道橋は昭和34年に愛知県西枇杷島町（現：清須市）に「学童専用陸橋」として登場した（撤去済）。

群馬県みなかみ町の国道17号三国峠にあるクロソイド記念碑。

イドが多用されており、そうではない名神高速道路よりもはるかに走りやすいと感じます。これは数字にも表れていて、名神高速の全体に占める直線の割合が49％あるのに対し、東名高速ではわずかに5％しかありません。そして実に全体の半分近い49％がクロソイド（残り46％は円曲線）なのです。クロソイド曲線が日本で最初に用いられた国道17号三国峠（昭和34年開通）には、立派なクロソイド記念碑があります。

## 車道の勾配の限界はどのくらい？

縦断勾配の最強は誰だ？　バトル漫画好きでなくてもこのことは気になると思います。道路法の道路かつ車道に限定した場合、筆頭に上がるのはやはり、国道３０８号暗峠《くらがり》の大阪府側にある31％（約17度）の急坂でしょう。これに匹敵するとみられる

知られる。こうしたことからわが国の街道には見事な並木があったが、明治以降、架橋の材料や道路修築財源として盛んに伐採され、姿を消していった。

宮城県石巻市の市道にある30％の勾配標識を持つ坂道。隣の歩道が階段であることに注目!

坂道が各地で（ファンの口を借りて）名乗りを上げていますが、どうも30％あたりに限界があるようです。

国土交通省国土技術政策総合研究所の資料に、縦断勾配の限界に関する検討というものがあり、**乗用車の登坂能力の限界は32％**、タイヤの滑り摩擦係数は乾燥時に63％、ブレーキの制動力の限界は57％、サイドブレーキの能力は20％などといった基準を示しています。これらからも、暗峠の急坂がいかに限界に近いものであるかがわかります。

■トリビア　日本の街路樹の歴史は古く、古代の藤原京や平城京の街路には、橘などの常緑樹が植えられていたことが万葉集に出ている。法令としては、天平宝字3年（759年）の太政官達「畿内七道、諸国駅路の両偏に果樹を種うべき事」が

7

# 踏切道と兼用工作物

道路だけど、道路なだけじゃない道路たち

## 踏切と堤防道路は同じ仲間？　兼用工作物とは

踏切は道路上の見慣れた存在ではありますが、道路そのものでも、道路の付属物でも、占用物件でもない、別のカテゴリに入る存在です。そしてこれと同じカテゴリに属するのが堤防道路です。

道路法第20条は、**兼用工作物**の管理方法についての条文です。兼用工作物というのは字のごとく道路を兼ねる工作物のことで、条文では「堤防、護岸、ダム、鉄道又は軌道用の橋、踏切道、駅前広場」など、道路と、公共の用に供する工作物や施設が相互に効用を兼ねる場合、これを兼用工作物と認め、その管理においては道路管理者と兼用工作物の管理者が協議して特別な管理方法を定めることとしています。

確かにわたしたちの身の回りには、堤防の上を通る堤防道路や、ダムの堤体を通行するダム天端道路（例：津久井ダム）、鉄道と道路が共有する橋（例：瀬戸大橋）など

箇所／46位：高知県 164箇所／47位：沖縄県 0箇所　【道路統計年報2020】

があります。そして踏切も法的にはこの仲間であり、道路と鉄道が効用を兼ねる場所と捉えられているのです。

これもおそらく「兼用工作物」。世にも珍しい、一つのトンネルを鉄道と道路がシェアしている風景。ＪＲ羽越線五十川駅付近にて。

　ところで、現在日本にはどのくらいの踏切道があるでしょうか。国土交通省の資料によると、令和元年3月末現在、ＪＲと民鉄を合わせて約３万３０００箇所となっています。これは結構な数ですが、約１２２万kmもある道路総延長に対してですから、平均すれば37kmに１箇所の割合です。そしてこの数は昭和36年度以来ずっと減り続けており、既に半分以下になっています。一方で立体交差は増え続けています。昭和52年から平成25年の間で平面交差（踏切道）に対する立体交差の割合は20％近く増え、５割に迫る勢いです。まだ踏切道の方が多いですが、いずれ都市部から踏切道は絶滅するかも知れません。

■トリビア『踏切が多い／少ない都道府県』１位：北海道 1444箇所／２位：福岡県 1323箇所／３位：三重県 1160箇所／４位：千葉県1144箇所／５位：愛知県1135箇所……43位：佐賀県 296箇所／44位：石川県 275箇所／45位：山梨県 236

今後は踏切道が新設される可能性は低く、徐々に立体交差化が進んでいきます。

## 踏切道を減らすための法律

明治5年にわが国で初めて開業した新橋横浜間の鉄道にも既に踏切はありました。その後、鉄道網と道路網の拡大に伴って増加を続け、昭和30年代には7万箇所を数えました。しかし多すぎる踏切は、「開かずの踏切」による重大な渋滞とそこに起因する自動車公害など、大きな社会問題の元凶として罪を問われることになります。そしてその解決のために生み出されたのが、昭和36年制定の**踏切道改良促進法**でした。

この法律は、今後5年間に緊急

位は国道165号、168号、322号、409号、410号がそれぞれ6箇所ずつで、千葉県や奈良県絡みが多い。【道路統計年報2020】

に立体交差化等の改良を行う必要があると認められる踏切道を国が指定し、道路管理者と鉄道事業者にその改良を義務づけるという、強い強制力を持つものです。先ほど見た道路法第20条の条文の規定により、兼用工作物である踏切道の管理方法は道路管理者と鉄道事業者が協議して定めることになっていますから、その新設や立体交差への改良工事を行う場合、工事の実行者や費用負担の割合についても個別に決められます。この法律は当初5年間の時限立法でしたが、改正を繰り返し、令和3年の改正でついに恒久法となりました。昭和36年以降、踏切道が減り続けている最大の立役者といえます。

元々あった踏切道を立体交差に改良する法律を紹介しましたが、そもそも道路法第31条は、道路と鉄道の交差の方法は原則として立体交差としなければならないことを定めており、例外は道路の交通量が少ない場合、鉄道の運転回数が少ない場合、地形上やむを得ない場合、その他政令で定める場合（駅に近接する踏切のように立体交差が困難な場所などを定めている）などに限定しています。運転回数の少ないローカル線の廃止が相次いでいることも踏まえれば、やはり踏切道は将来の絶滅危惧種です。

■トリビア　踏切は国道上では絶滅危惧種になりつつあり、全国に277箇所しかない。踏切が多い国道の第１位は国道356号と国道465号で、いずれも千葉県内に8箇所ずつある。第3位は国道101号で青森県内でJR五能線を7回も横断する。第4

8

# 積雪地の道路

## 雪寒法が救った雪国の後進性と孤立

### 人が住む場所の除雪が当たり前になったのは、案外に最近のこと

冬の朝、少しだけ早起きして玄関先に積もった新雪を退かすのも、たまにならば季節の風情を感じる出来事ですが、毎日では気が滅入ります。それどころか、屋根に上って雪を下ろさないと命と財産がたちまち脅かされるような豪雪地域が日本にはたくさんあります。道路の地域色については第5章で紹介しますが、積雪の多い地域とそうでない地域の間に見られる道路風景の違いは、その中でも最大のものだと思います。

思いつくだけでも、雪崩から道路を守るスノーシェッドや雪崩防止柵、地吹雪や吹きだまりを防ぐスノーシェルターに防雪柵、路面の凍結を防ぐロードヒーティングに消雪パイプ、除雪された雪を川へ流す流雪溝、チェーン着脱施設、商店街のアーケードや雁木、忘れてはいけない大量の除雪機材とその格納場所、などなど。これほどたくさんの施設と除雪の手間を、雪は道路に強いるのです。しかも雪の降らない地域か

た。本格的な道路除雪が行われるようになったのは昭和20年の冬以降で、進駐軍の要請によって大型機械を使用して始められた。

ら見れば必要のないものばかり。雪国の道路と住民が宿命のように背負っていた、このある種の不平等を、国が積極的に助けるようになったのは、実は案外に最近のことです。

**雪寒法**と呼ばれる法律をご存知でしょうか。正式名は「積雪寒冷特別地域における道路交通の確保に関する特別措置法」という昭和31年（１９５６年）制定の現行法で、わが国の積雪地における冬季の交通事情を劇的に改善させた立役者です。この法律の内容をできるだけ条文の表現を拾いつつ簡単にまとめると、次のようになります。

「国土交通大臣は、積雪寒冷の度が特にはなはだしい地域における道路の交通を確保するため、交通の確保が特に必要であると認められる道路を指定し、除雪、防雪及び凍雪害の防止について特別の措置を定めるとともに、積

秋田県仙北市を走る国道341号の冬季風景。周囲の積雪は２ｍを越えています。前方に見えるのはスノーシェッド。

■トリビア　わが国で冬期間に道路の除雪が行われた最初の記録は、昭和7年から8年にかけて札幌市内でアメリカ製のトラクターを輸入して試験的に行われたが、本格的な実施には至らなかった。戦時中は飛行場を除雪する研究が盛んに行われ

雪寒冷特別地域道路交通確保五箇年計画を作成してこれを関係都道府県知事に通知しなければならない。また、道路管理者がこの五箇年計画に基づいて行う**除雪、防雪又は凍雪害の防止に係る事業**に要する費用については、道路法などの規定によらず特別に補助する。」

国土交通大臣が路線を指定し、五箇年計画を作成し、道路管理者に履行を指示するという全体の流れは、前項で見た踏切道改良促進法とそっくりです。違いは、強い国庫補助の規定があることで、それまで雪国の住民が主に負っていた道路の防除雪に関わる負担を、国庫による補助という形で国民全体で負担するようになりました。雪国の生活が改善されなければ、国全体の成長も望めないということでしょう。そして先ほど例示した道路防除雪に関わる様々な施設は、まさにこの法が定める除雪、防雪又は凍雪害の防止に係る事業の対象となるものです。

日本有数の豪雪地として知られる富山県の旧利賀村（現：南砺市）では、役場のある中心集落を含めたほぼ全村が、毎年の11月末頃から4月頃まで下界と隔絶されるという状況が往昔より続いていました。これが歴史上はじめて打開されたのは昭和46年（1971年）の冬のことで、雪寒法の補助事業として進められてきた道路整備や除雪

グネシウムを用いた。その後全国で行われるようになった。

機材の準備が実った成果でした。

同じく国道３４１号の冬季風景。案内標識の上にも雪が積もっていますが、落雪の危険がある。こうならないために、三角屋根を取り付けたものも近年増えてきています。

このように村全部というのは珍しいですが、集落単位で見ればこうした例は数え切れないほどあります。国土交通省の資料によると、わが国の国道と都道府県道における除雪延長（除雪による通年通行ができる区間）は、雪寒法が登場した昭和30年代に２０００kmから２万kmへ一気に10倍に拡大しており、その後も順調に増えて現在は６万kmを越えています。スキーやスノーボードが国民的レジャーに成長できたのも、積雪地における道路整備の賜物に違いありません。

■トリビア　わが国で路面凍結対策のために化学薬剤の路上散布が初めて行われたのは、昭和37年頃の国道1号鈴鹿峠で、塩化カルシウム溶液が使われた。本格的な実施は昭和40年の名神高速彦根～関ヶ原間からで、塩化カルシウムや塩化マ

## 国道情報連絡所

「国道情報連絡所」と書かれた逆さ台形の看板を国道の沿線で目にすることがあります。全国にありますが、いざ探そうと思うとなかなか出会えないくらいにはレアです。そして、これが立っている場所にあるのは個人商店やガソリンスタンド、稀には普通の民家という場合もあり、どう利用するものなのかという説明はありません。私たち道路利用者にとって、どんな意味のある看板なのでしょうか。

この看板は、昭和43年に建設省が開始した道路情報モニター制度という耳慣れないものに関わっています。実は国道沿道の住民の一部は、道路管理者から道路情報モニターの委嘱を受けており、このうち二級モニターは集中豪雨や降雪など道路上の災害が発生しやすい状況になった場合や、実際に災害や事故が発生した際に道路管理者へ情報を提供する業務を、一級モニターはこれに加えて、緊急時に道路管理者の要請を受けて道路情報表示板の操作なども行います。そしてこの一級モニターの住居や店舗前に「国道情報連絡所」の看板を立てて示しているのです。平成９年の調査では、全国で約1200人がこの委嘱を受けて活動していました。また、都道府県でも同様の仕組みを用意して「道路情報連絡所」などの標識を立てている例があります。

この制度は、昭和43年8月の飛騨川バス転落事故を教訓に、道路上の災害を管理者が迅速に把握する仕組みとして誕生しました。しかし現在は携帯電話の普及による道路緊急ダイアル（#9910）の活用や、災害危険箇所の常時モニタリング体制の整備などによって、存在感は薄れています。

飛騨川バス転落事故は、事前通行規制制度（→256ページ）や、定期的に道路災害危険箇所を総点検する道路防災総点検制度の創設、さらには道路災害の危険を利用者に伝える道路情報板設置の契機にもなっています。

国道29号吉坂峠に立つ国道情報連絡所看板。矢印の先は閉店したタバコ屋。

# 第5章 道路の深淵を知る

道路を趣味にする人、最近増えています。ご存知でしたか？　この最後の章では、道路が道路として平凡に利用されるだけでは終わらない非凡の数々、いわば道路の特異点を暴きます。奇妙なものはあっても、ふざけたものは一つもない。理由があるからそこにある。ならば一緒に、道路の深淵を覗きましょう…。

1

# 酷道

「国道」なのに「ひどい道」。時には道がないことも……

## 酷道とはどんな道か。道路法的に見た酷道の世界

酷道は、一般的な国道のイメージである「国の道＝整備された道」にそぐわない貧弱な整備状態の国道をもじって表現した言葉です。自動車がぎりぎり通れるような国道も、歩いて通るのがやっとの国道（登山道国道）も、それすら困難な国道（不通国道）も、どれも酷道と呼ばれます。酷道は道路法の用語ではありませんが、昭和35年の国会答弁に、日本の道路事情を書いた週刊誌からの引用として、「日本の国道は**酷道**だ、県道というのは**険道**、市道というのは**死道**、町道は**懲道**、村道は**損道**と書いてあります。特に胃腸返し道路というようなことがあって、これは胃と腸がひっくり返るという意味だそうです」と出ており、意外に古くからこの表現が使われていたことや、近年のネットスラングと思われがちな険道や死懲村道まで登場していることに驚きます。しかし、昔は本当に忌み嫌われていただろう酷道が、いまや道路界随一の人気者

ある十分一峠に約8kmの砂利道があったが、令和3年から舗装工事が始まり、4年の全線舗装を見込んでいる。ダート国道は絶滅した。

岐阜県恵那市の国道418号の風景。ここから八百津までの15㎞あまりの区間は狭隘と整備不良のため万年通行止めで、道はあれども車は通さずの状態です。よくも悪くも、酷道の象徴的な道になっています。

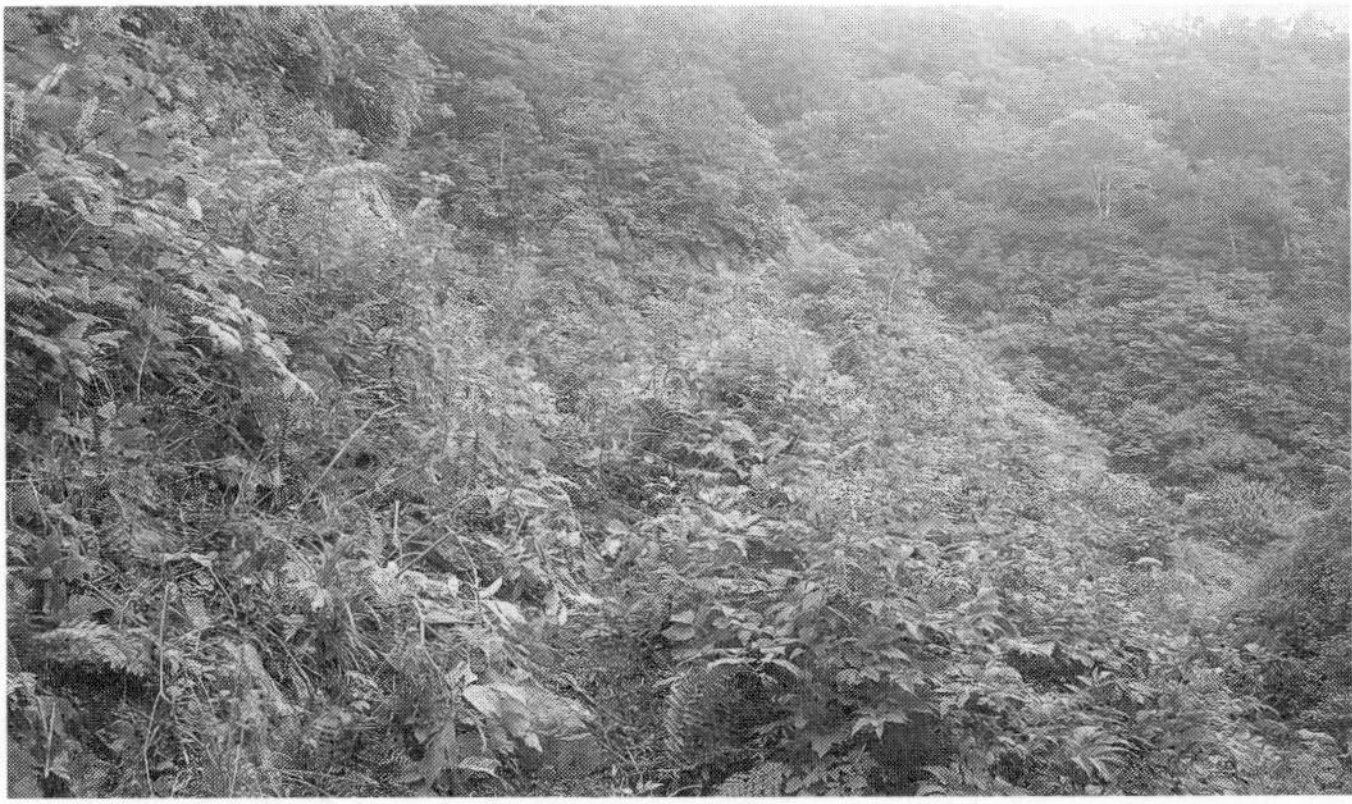

群馬県みなかみ町の国道291号。新潟県南魚沼市へ抜ける清水峠の区間（約30㎞）は、おそらく日本一険しい国道（酷道）であり、一部は「登山道国道」を通り越して完全に廃道状態になっています。筆者が一番好きな道路の一つ。

■トリビア　未舗装の国道はいずれも未供用区間や自動車交通不能区間に続く行き止まりであるため、自動車で通り抜けることはできない。通り抜けできた最後の“ダート国道”は、山形県を南北に縦断する国道458号で、大蔵村と大江町の間に

として各種メディアからも引っ張りダコの存在です。人気の秘密はやはり、ギャップ萌えの強さと、現代日本において珍しい存在になっているということでしょう。

現代の日本にはどれくらい酷道があるでしょう。酷道という評価は主観なので、正確な数を求めることは難しいですが、平成31年度の「道路統計年報」を手にいくつかの指標を探ってみました。まず、**未舗装**である（簡易舗装すらない＝砂利道以下）国道は約291㎞（国道実延長の0．5％）ありました。また**未改良**（道路構造令に準拠していない）かつ幅員3・5ｍに満たない国道（舗装は問わない）は約797㎞（国道実延長の1．4％）で、この中で特に**自動車交通不能区間**に分類されているものは約142㎞（国道の0・25％）でした。自動車交通不能区間とは、幅員、曲線半径、勾配その他道路の状況により最大積載量4トンの普通貨物自動車が通行できない区間を指します。が、実際はもっと小さな自動車は勿論、歩行者でさえ通行困難な区間が多いです。ともかく、いま挙げた3点セット、未舗装、未改良幅員3．5ｍ未満、自動車交通不能の国道は、酷道といえるでしょう。

ところで、34ページで解説した「道路法による道路の一生」を思い出して貰いたいのですが、国道に限らず道路法の道路には路線の指定↓道路区域の決定↓供用の開始

## “酷道”の道路法による実態

| 道路法上の状態 | 陸上 | （例） |
|---|---|---|
| 路線の指定・認定のみ | **道路区域未決定区間**<br>総延長に含まない | ・静岡県道南信濃水窪線 |
| 道路の区域決定済 | **未供用区間**<br>総延長に計上 | ・国道 152 号“青崩峠”<br>・国道 401 号“尾瀬峠”<br>・静岡県道大嵐佐久間線（一部） |
| 供用の開始済 | **自動車交通不能区間**<br>実延長に計上 | ・国道 152 号“地蔵峠”<br>・国道 291 号“清水峠”<br>・静岡県道大嵐佐久間線（一部） |
| | **未改良区間**<br>実延長に計上 | ・国道 157 号“温見峠”<br>・国道 439 号“ヨサク”<br>・国道 425 号“シニゴー” |

道路趣味の世界で言われる“酷道”や“険道”は、
これら全体を包含した概念

## “酷道”ランキング　【未改良かつ幅員3.5m未満区間比率　部門】

| 順位 | 路線名 | 実延長 | 未改良かつ幅員3.5m未満延長 | ←実延長比率 | 一言コメント |
|---|---|---|---|---|---|
| ワースト1 | 国道488号 | 83.6 | **28.4** | 33.9 | 中国山地を横断する地味な酷道が、区間比率では堂々のワースト1 |
| ワースト2 | 国道308号 | 34.3 | **8.4** | 24.5 | 有名な超急坂“暗峠”を持つ酷道は、全体的に狭かった！ |
| ワースト3 | 国道439号 | 241.2 | **58.4** | 24.2 | 四国酷道界の雄“ヨサク”は、日本一長い「未改良＆3.5m未満」区間を持つ酷道だ |
| ワースト4 | 国道319号 | 61.5 | **12.6** | 20.4 | 四国酷道界のメンバー。それほど有名ではないが、高順位に付けた |
| ワースト5 | 国道425号 | 178.2 | **35.3** | 19.8 | 紀伊半島を東西に横断する通称“シニゴー”も、当然のランクイン |

『道路統計年報2020』より作成

## “酷道”ランキング　【自動車交通不能区間比率　部門】　【未舗装区間比率部門】も１～３同着のため略

| 順位 | 路線名 | 実延長 | 自動車交通不能区間延長 | ←実延長比率 | 一言コメント |
|---|---|---|---|---|---|
| ワースト1 | 国道291号 | 150.7 | **29.2** | 19.4 | いわゆる“清水国道”は、自動車交通不能区間の長さも比率も、堂々のワースト１ |
| ワースト2 | 国道422号 | 124.6 | **16.7** | 13.4 | 紀伊半島を南北に横断する、二つも自動車交通不能区間を持つ酷道 |
| ワースト3 | 国道289号 | 254.4 | **26.4** | 10.4 | “登山道おにぎり”があった甲子峠は不能解消。残る不能区間の八十里峠も新道建設中 |

『道路統計年報2020』より作成

自動車交通不能区間と未供用区間

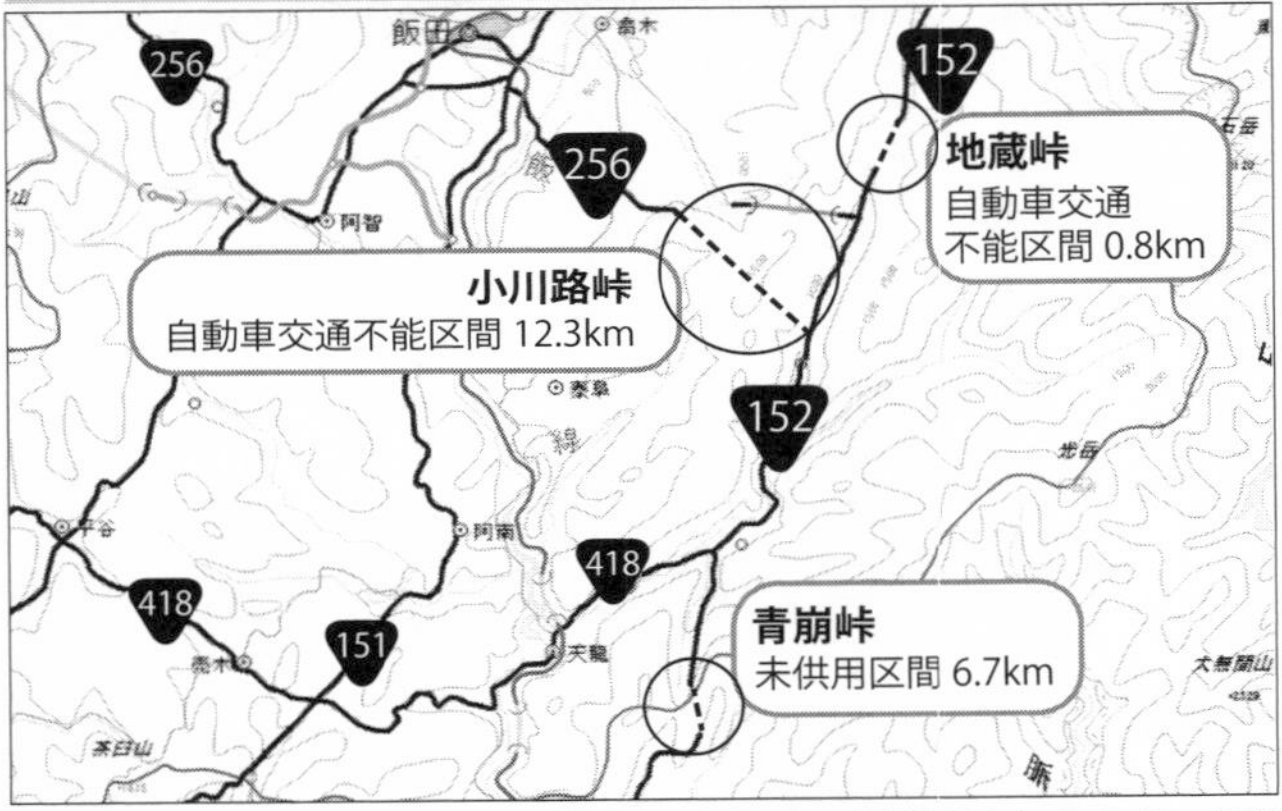


国道152号と256号にはそれぞれ自動車の通れない区間がありますが、供用されている自動車交通不能区間と、未供用の区間が混在しています。結局これらは全部「酷道」なのでしょう。（電子国土の地図画像を加工）

という段階が必ずあります。そして、酷道や険道と呼ばれる道の中には、実は供用が開始されていない道や、道路区域の決定すらもされていない道があります。たとえば、国道152号には車道が途切れた箇所が二つありますが、このうち地蔵峠は供用済の自動車交通不能区間で、青崩峠は未供用区間です。未供用だと実延長には表れませんし、道路区域の決定さえされていない道は総延長にすら現れません。

重要な事実として、**目に見える道の有無と、道路法による道路区域の決定や供用開始の有無の間に、絶対**

6.7％　国庫補助が厚い沖縄県と北海道がよく整備されている。全国平均は14.9％。【道路統計年報2020】より算出

国道465号の「前身」

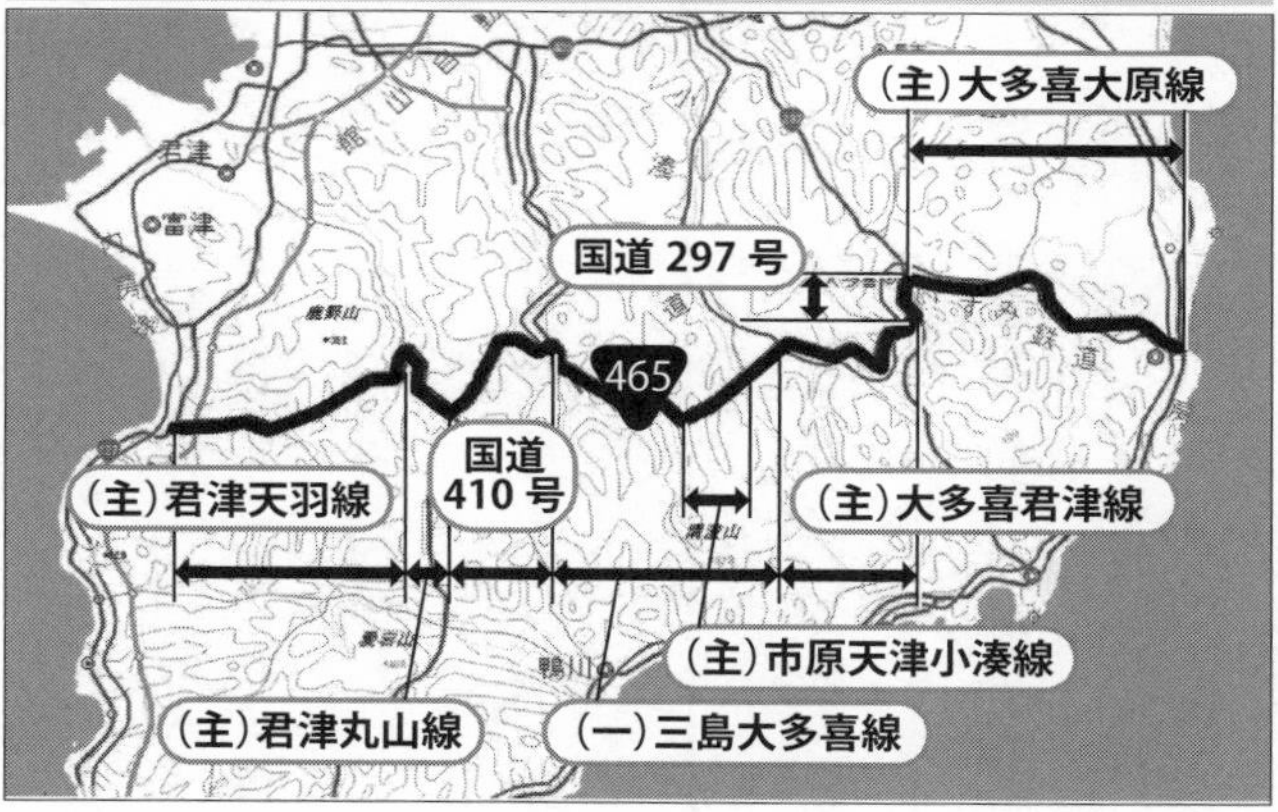


**的な対応はありません。**目に見える道があっても未供用（尾瀬沼の国道４０１号など）であったり、目に見える道がないのに供用中（国道２９１号清水峠）であったりします。

なぜ、酷道は生まれるのでしょう？

## 酷道はなぜ生まれるのか？

酷道は道路ファンにとても愛されていると思いますが、そのために国道になったわけではないはずです。第1章で見たとおり、国道は「全国的な幹線道路網を構成」する道路と定義づけられ、いくつかの厳しい認定要件を満たしたものの中から政令によって路線を指定される、とても格式の高い道

■トリビア　『一般道路における歩道設置率が高い／低い都道府県』１位：沖縄県 31.2%／２位:北海道 26.4%／３位:東京都 24.8%／４位:大阪府 23.6%／５位:神奈川県 19.6%／……45位：長野県 8.1%／46位：岡山県 7.7%／47位：徳島県

路です。なぜ酷道と呼ばれるような道路が国道に指定されたのかを考えてみましょう。

まず、**多くの酷道は生まれつき**のものであることに気づきます。つまり国道に指定され、あるいは供用を開始した時点で、酷道は酷道です。これが景色的には似通っている廃道との大きな違いです。廃道は生まれつきということはなく、ある道が役目を終えた姿です。酷道誕生の謎を解くには、国道がどのように生まれるのかを詳しく知る必要がありそうです。

ここで新しい国道（酷道を含む）が指定される仕組みを見てみましょう。34ページの「道路の一生」の「①」の部分です。まず、既存の道路がないところに突然国道が指定されることは、海上国道や「一般国道の自動車専用道路」（↓78ページ）以外では滅多になく、多くは既に認定されている都道府県道（できれば主要地方道）や市町村道（これは稀です）が昇格することで誕生します。前ページの図は平成6年に指定された国道465号が、従来の道路をどのように昇格させたかを示しています。多数の県道と国道が合体して一本の新しい国道が誕生したことがわかります。

国道に昇格させたい路線を持つ都道府県は、国道指定の要件（↓51ページ）を満たす形で候補路線を作成し、国の機関である建設省（現在は国土交通省ですが国交省にな

**道路の管理者と費用負担の原則**

| 道路の種類 | | 道路管理者 | | 管理に関する費用負担者 | 国の費用負担・補助の割合 新設・改築 | 維持 | 修繕 |
|---|---|---|---|---|---|---|---|
| 高速自動車国道 | 有料道路方式 | 国土交通大臣 | | 高速道路会社 | 会社の借入金で行い、料金収入で債務及び管理費を補う | | |
| | 新直轄方式 | | | 国<br>都道府県<br>（指定市） | ３／４負担 | １０／１０負担 | |
| 一般国道 | 指定区間内（直轄国道） | 国土交通大臣 | | 国<br>都道府県<br>（指定市） | ２／３負担 | １０／１０負担 | |
| | 指定区間外（補助国道） | ＜新設・改築＞<br>国土交通大臣・都府県（指定市） | ＜維持・修繕＞<br>都府県（指定市） | 国<br>都道府県<br>（指定市） | １／２負担 | なし | １／２以内補助 |
| 都道府県道 | | 都道府県（指定市） | | 都道府県（指定市） | １／２以内補助 | なし | １／２以内補助 |
| 市町村道 | | 市町村 | | 市町村 | １／２以内補助 | なし | １／２以内補助 |

国の負担・補助の割合についての内容は、道路法、高速自動車国道法、道路整備特別措置法、道路の修繕に関する法律、以上四つの法で定められた全国一般の原則であり、これらの法律や他の法律、社会資本整備総合交付金交付要綱などに規定される様々な特例が存在する

ってから新たな国道の指定がありませんので建設省として話を進めます）に**国道昇格を陳情**します。各都道府県から集まった候補路線は**省議**でふるいにかけられ、次に道路法が設置を義務づけていた**道路審議会**（建設大臣が長）へ諮問されて、この答申結果が建設省の決定案となります。ここまで来れば指定濃厚となり、**閣議**を経て「**一般国道の路線を指定する政令**」が公布されて晴れて国道の仲間入りをします。最近は新たな国道指定が途絶えているせいかあまり見かけなくなりましたが、少し前までは地方の県道沿いなどに国道昇格を訴える看板がよく立っていました。

以上は国道の例ですが、都道府県道もその多くが市町村の陳情を受けて昇格した市町村道です。この場合は都道府県議会が都道府県道の認定を決議し、その結果を公示します。市町村道から順を経て国道まで上り詰めた道も多く存在します。

生まれたばかりの国道の多くは、その前日まで、よりグレードの低い都道府県道や市町村道（稀に林道）であったわけですから、「国道らしからぬ」酷道になりがちなのは頷けます。そして**国道昇格の目的は、その道を「国道らしく」整備すること**なのです。前ページの表をご覧ください。

この表は道路の種類ごとの道路管理者と費用負担の原則をまとめたものです。国道は直轄国道と補助国道で条件が変わりますが、大規模な工事を伴うことが多い新設や改築については、国が2分の1（直轄は3分の2）を負担します。一方の都道府県道以下では、主要地方道など一部の道で2分の1まで補助されますが、基本は地方の負担です。地方の財政が国に較べて潤沢でない以上、地方の欲する道路をスピーディに整備する手法として、国道への昇格はとても有力でした。

しかし現実には国道の指定から長い時間を経過しても酷道状態のままになっている道があります。その理由はさまざまですが、それでも**「国道らしい道を整備しよう」**

「迷走」している国道

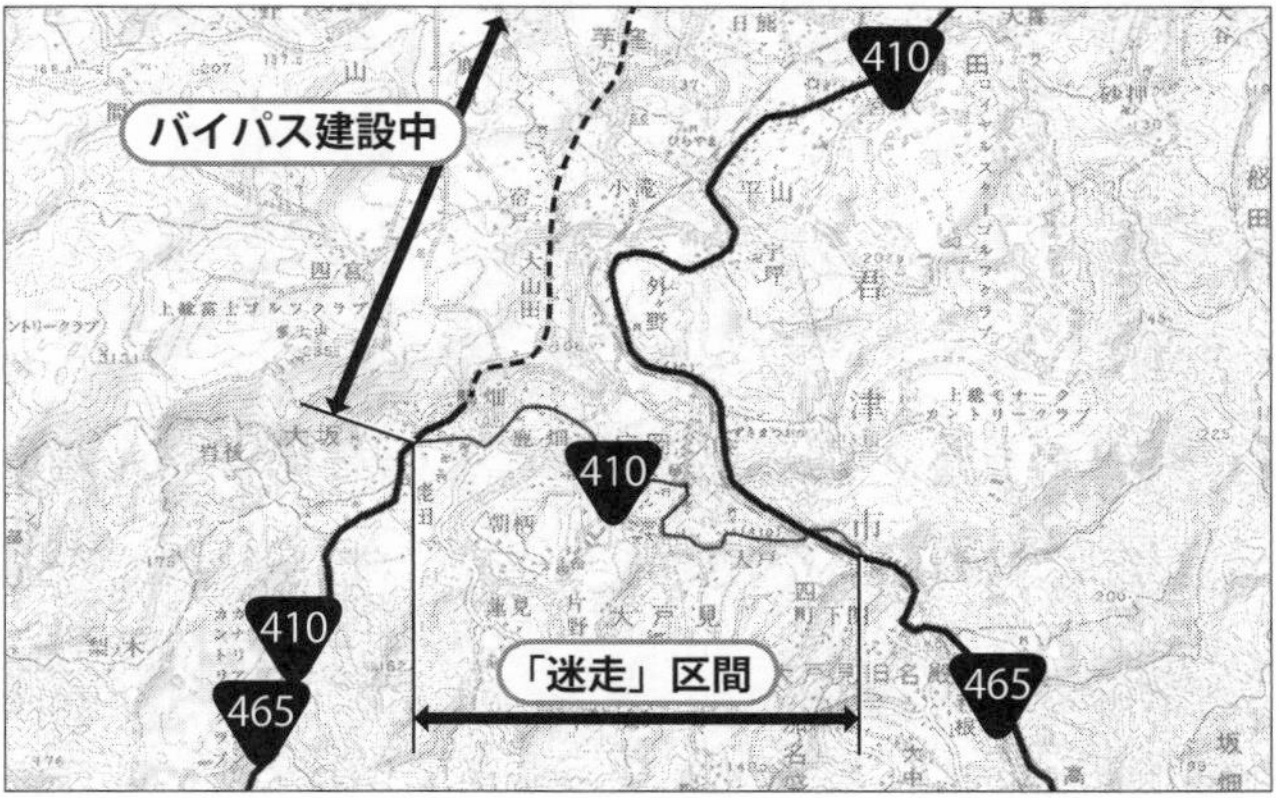


**という地方の意志と、その道を「国の幹線道路の資質あり」と認める政府の意志の両方が存在したからこそ、国道になれた**という事実があります。たとえば国道４１８号の酷道区間として有名な恵那～八百津間には、国道に指定された昭和57年当時、有料観光道路として大々的に整備する計画がありました。しかし計画路線の大部分を水没させるダム計画が浮上したことで、道路整備は中止されました。さらにそのダム計画が延期を繰りかえした結果、酷道として今なお取り残されているのです。これまで私が出合った酷道には大抵、こうした納得のいく理由がありました。

　したがって、道路整備の進展によって酷

道の汚名は返上されます。平成5年度から平成31年度の間に、国道の自動車交通不能区間は、175kmから142kmへと2割減少しました。この減少分には平成20年に開通した国道289号甲子《かし》峠や、平成30年に新道がつながった福井石川県境の国道416号大日峠などが含まれています。今後も酷道は減少を続け、いつかは絶滅するかもしれません。

## 「迷路国道」の不自然なルートの意味は?

酷道には、道幅や勾配などの路面的な悪条件以上に、その不可解なルートの取り方で印象づけられるものがあり、「迷路国道」や「迷走国道」と呼ばれます。

前ページの地図は千葉県にある国道410号の一部ですが、国道465号と分合流するあたりで、いったん東へ向かってから、一度潜ったトンネルの上を跨いで西へ戻るという、奇妙で不合理な経路になっています。

このタイプの酷道も、道路法の仕組みから容易く理解されます。既に述べたとおり、新たに指定される国道の多くは、従来あった複数の道路を継ぎ足して国道指定の要件を満たした候補路線が背後にあるのです。元々は別の目的地を目指していた道をむりやりつなぎ合わせれば、途中で後ろ方向への分岐などの不自然な線形が出現するのは不思議なことではありません。酷道風景として有名な京都府の国道４７７号「百井別れ」もこのパターンです。

国道の追加指定が繰りかえされてきた中で、より後になるほど「既に整備されている道路」よりも「今後整備が必要な道路」を優先して国道に指定する傾向が見られます。ある地点とある地点を結ぶそれなりに立派な道が既にあるのに、敢えて別の狭い道が国道に指定されるパターンです。

京都市左京区にある酷道の名所「百井別れ」。国道477号の順路は、この極めて鋭角な交差点をUターンするように切り返して進まねばならない。

例を挙げた国道４１０号の場合も、現在この不自然な経路をすべて解消する立派なバイパスの建設が進められています。今ある国道は中継ぎであり、これから誕生するものが、国道指定当初に構想されていた真の姿なのでしょう。**酷道は現在発展途上の道なのです。**

2

# 海上国道と渡船施設

## 橋がなくても、道路は海や川を横断する

現存する唯一の県跨ぎの渡船施設。埼玉県道・群馬県道熊谷館林線にある赤岩渡船。運賃無料。遊覧船ではない旨の案内あり。

### 海上国道と渡船施設の違いは、供用の有無にある

現在、道路法の道路上には約1900㎞の**海上区間**と、約110㎞の**渡船施設延長**が存在します。これらはいずれも水域に存在する、目に見える道のない道路です。

海上区間の大半が一般国道に存在しており、**海上国道**と呼ばれます。代表的な海上国道は鹿児島と沖縄を結ぶ国道58号です。総延長が880㎞もある日本最長の国道ですが、その7割にあたる609㎞が海上区間（日本一長い海上国

道）です。首都圏の環状路線である国道16号にも浦賀水道に海上区間が存在します。全国では23本の国道（重用区間にあるものは除く）に海上区間が設定されています。

海上国道やその近くには、民間事業者が国や地方公共団体の補助を受けて運営するフェリー航路が存在しており、これを利用することで、一本の国道として起点から終点まで車を走らせることができます。このような航路による連絡を包含する形で国道は全国の道路ネットワークを形成しています。これは国道の指定要件を満たすために必要なことであると同時に、島国日本における当然の帰着ともいえるでしょう。また、国道16号や42号など比較的短距離の海上国道には、架橋や海底トンネルによる道路整備計画を持つものもあります。かつて国道2号の関門海峡も海上区間でしたが、関門トンネルの開通で解消されました。本州四国連絡橋も同様です。

静岡県道清水港土肥線は、路線認定のみで道路区域設定が全くない海上路線。駿河湾を横断する遊覧船が就航している。

渡船施設は、道路法第2条で「道路とは、一般交通の用に供する道

■トリビア　国道にあった最後の渡船施設は、平成4年まで国道336号の十勝川河口に存在した旅来（たびこらい）渡船。小型ボートに乗船した人が両岸に渡されたロープをたぐり寄せて進むという原始的な方式だった。（道路トリビア【完】）

**“海上国道”や“渡船施設” の道路法による実態**

| 道路法上の状態 | 水域 | （例） |
|---|---|---|
| 路線の指定・認定のみ | **分断路線**<br>総延長に含まない | ・国道16号“浦賀水道”（神奈川県側）<br>・静岡県道清水港土肥線 |
| 道路の区域決定済 | **海上区間**<br>総延長に計上 | ・国道16号“浦賀水道”（千葉県側）<br>・国道58号“鹿児島〜沖縄”<br>・国道197号“国道九四フェリー” |
| 供用の開始済 | **渡船施設**<br>実延長に計上 | ・埼玉・群馬県道熊谷館林線“赤岩渡船”<br>・横須賀市道2073号“浦賀の渡”<br>・かつての国道197号“公団九四フェリー” |
| | **架橋された状況**<br>実延長に計上 | ・国道2号“関門トンネル”<br>・国道28号“明石海峡大橋・大鳴門橋”<br>・国道30号“瀬戸大橋” |

ほとんどが国道にあり
“海上国道”と呼ばれる

で（中略）、トンネル、橋、**渡船施設**、道路用エレベーター（※）等道路と一体となってその効用を全うする施設（を含む）」とあるとおり、橋やトンネルと同じく道路の一部として観念される存在です。**渡船施設と海上区間の違いは、供用の有無にあります。**海上区間も渡船施設も、道路法によって水域に道路区域が決定されている状況は同じですが、渡船施設では、船体を含む渡船施設そのものが道路区域に含まれていて、かつ供用が開始されています。このとき、渡船施設は道路管理者の運営によるもの（他者への委託は可能）でなければならず、海上区間に隣接する民間航路とは異なります。そして道路の利用は無料が原則というわけで、渡船施設の運賃も原則無料。道路に有料道路があるように、一定条件のもとで有料にすることは可能ですが、料金に利益を乗

在、車道エレベーターは使われていません。歩道用のエレベーターのみ現役です）。

**海上区間と渡船場のデータ**

| 平成３１年 | | | |
|---|---|---|---|
| 道路種別 | 海上区間延長 | 渡船延長 | 渡船場箇所数 |
| 高速自動車国道 | 0.0 | 0.0 | 0.0 |
| 一般国道 | 1,953.1 | 0.0 | 0.0 |
| 都道府県道 | 3.2 | 3.9 | 8 |
| 市町村道 | 7.8 | 105.9 | 38 |
| 合計 | 1,964.1 | 109.8 | 46 |

出典：道路統計年報 2020

| 昭和 35 年 | |
|---|---|
| 渡船延長 | 渡船場箇所数 |
| — | — |
| 1.2 | 4 |
| 67.2 | 160 |
| 172.3 | 455 |
| 240.8 | 619 |

出典：道路統計年報 1961

せることができないので金額は低廉です。四国と九州を結ぶ国道１９７号の海上区間には、現在は民間の「国道九四フェリー」が就航していますが、昭和63年まで日本道路公団が一般有料道路事業で渡船施設を営んでいました。現在、国道に渡船施設はなく、都道府県道に８箇所、市町村道に38箇所存在します。しかし架橋の進展や通学利用者の減少などで年々減少の傾向にあります。

また、道路区域の設定すらされていない、起点側と終点側の道路が水域を挟んでいるだけの分断路線も多く存在します。前述した国道16号の浦賀水道も、架橋計画が進展しないせいなのかはわかりませんが、以前は存在した神奈川県側の海上区間が消滅しており、千葉県側にだけ（海上で行き止まりの）海上区間があります。

（※）道路用エレベーターとは、大きな駅前のペデストリアンデッキや国道２号関門歩道トンネルなどにみられます。これらは歩道用ですが、車道用のものは極めて稀で、大阪府の安治川の河底を潜る安治川河底トンネルが唯一の存在でした（現

3

# 道路の通行止め

## 道路は通れて価値がある。通行止めというアンチテーゼ

### やたらめったら規制はできない、道路管理者による通行止めのルール

道路利用者にとっての天敵が「通行止め」です。どんなに立派な道路でも通行止めなら「ない」のと同じこと。通行止めは道路の存在意義の根幹に関わる極めて重要な決定ですから、道路法でしっかりとルールが決められています。第46条で「道路管理者は、左の各号の一に掲げる場合においては、道路の構造を保全し、又は交通の危険を防止するため、区間を定めて、道路の通行を禁止し、又は制限することができる」として、その条件を次の二つに限っています。

一　**道路の破損、欠壊その他の事由により交通が危険である**と認められる場合

二　**道路に関する工事**のためやむを得ないと認められる場合

おそらく道路の通行止めで一番多いのは工事に関わるものでしょう。災害や老朽化で破損決壊した道路が通行止になっているのも、残念ながらよく見る光景です。あと

は自動車交通不能区間が常に封鎖されているのもよく見る気がしますが、そういう道路は交通が危険だと見なされているのでしょう。除雪がされないために冬季閉鎖されている道路も同様の根拠です。

そして通行止めの現場では利用者に対して「禁止又は制限の対象、区間、期間及び理由を明瞭に記載した道路標識を設けなければならない」（第47条の5）ことになっており、期間や理由を説明せずに通行止めの標識やゲートを置くのは法的に不備な状態ですが、よく見る気がします。通行止めを無視して進むと道路法違反となり、「六月以下の懲役又は三十万円以下の罰金に処する」（101条）という罰則があります。

典型的な通行止め現場の風景。看板に対象、区間、期間、理由が簡潔に表示されている。なお「当分の間」は期間を定められない場合の常套句である。

道路の通行禁止や通行制限を行う権限は、道路管理者だけでなく警察にも認められています。こちらは治安の確保や交通秩序の維持が目的であり（例として、一方通行規制や交通事故の際に警察官が行う通行規制など)、根拠となる法は道路交通法です。違反に対する罰則も異なります。しかし両者の規制には重複する場合が多いため、道路管理者と警察の間で調整を行う事が定められています。

## 悲惨な事故を教訓に生まれた異常気象時の事前通行規制制度

道路法第46条は、現に道路が破損する前であっても、豪雨、地震等の異常気象時において通行の危険が予測される場合も、あらかじめ通行規制を行えます。**事前通行規制**といいます。この制度は、昭和43年8月に国道41号で発生して104人が犠牲になった飛騨川バス転落事故を契機として、道路局長通達「異常気象時における道路通行規制について」によって全国の直轄国道や高速道路でスタートし、その後に都道府県や市町村が管理する道路でも同様の仕組みが広まりました。

事前通行規制は、あらかじめ設定された事前通行規制区間を対象に行われることが基本です。この区間には、過去に災害が発生した際のデータをもとに設定される、時間雨量や連続雨量によって規制を行う**異常気象時通行規制区間**と、パトロール等により気象や現地の状況等から危険が予想される場合に規制を行う**特殊通行規制区間**の二つがあります。後者の規制条件は様々で、風速、波高、濃霧、雪崩の危険、北海道では吹雪による視界不良が多く、鹿児島県の国道２２４号では桜島噴火による噴石落下や降灰が規制条件になっています。もちろん、これらの区間以外であっても、必要に応じて事前通行規制が可能です。

事前通行規制は、あらかじめ危険が予測される箇所を標識などで知らせることで、いざというときに通れないことを念頭にした迂回や避難を期待する制度といえます。

国道41号の飛騨川バス転落事故現場付近は、この事故を契機にスタートした事前通行規制区間に指定されている

直轄国道における事前通行規制区間は、ピーク時の昭和52年に２２４区間１３７９㎞ありましたが、道路の改良が進んだ結果、平成27年には１７５区間９８０㎞まで減っています。また、平成25年度に道路法の道路全体で行われた事前通行規制の総数は約1万５０００件（うち１万件は豪雨を原因とする）で、このうち４割弱が事前通行規制区間を対象とするものでしたが、６割以上はそれ以外の場所で突発的に行われています。他人事とは考えるべきではない件数です。

# 道路の地域色

## 旅がもっと楽しくなる！　道路の地域色の探し方

### 全国ルールと地域の個性が織りなす道路の世界

多彩な景観を見せる道路の世界には、いくつかの基本的なルールが存在しているということは本書の伝えたいことの一つです。**道路の管理方法を定めたルールが道路法で、道路の利用方法を定めたルールが道路交通法である**ことを既に紹介しました。例えば「一時停止」の道路標識が意味する内容が日本中どこでも同じであることや、同じ路線番号を持つ国道が2本は存在しないという、こんな当然と思っていることさえも、ルールがあるからこその当然なのです。

しかしそれでもなお、日本の道路には地域色というべき個性をいくつも見つけることができます。**法律や政令や条例といった、強い強制力を持つルールに縛られない自由裁量の領域が、道路の世界には確かに存在しており、その範囲の中で、道路管理者が様々な思惑や工夫をもって道路を彩っている。**わたしはこのことをもって、「だから

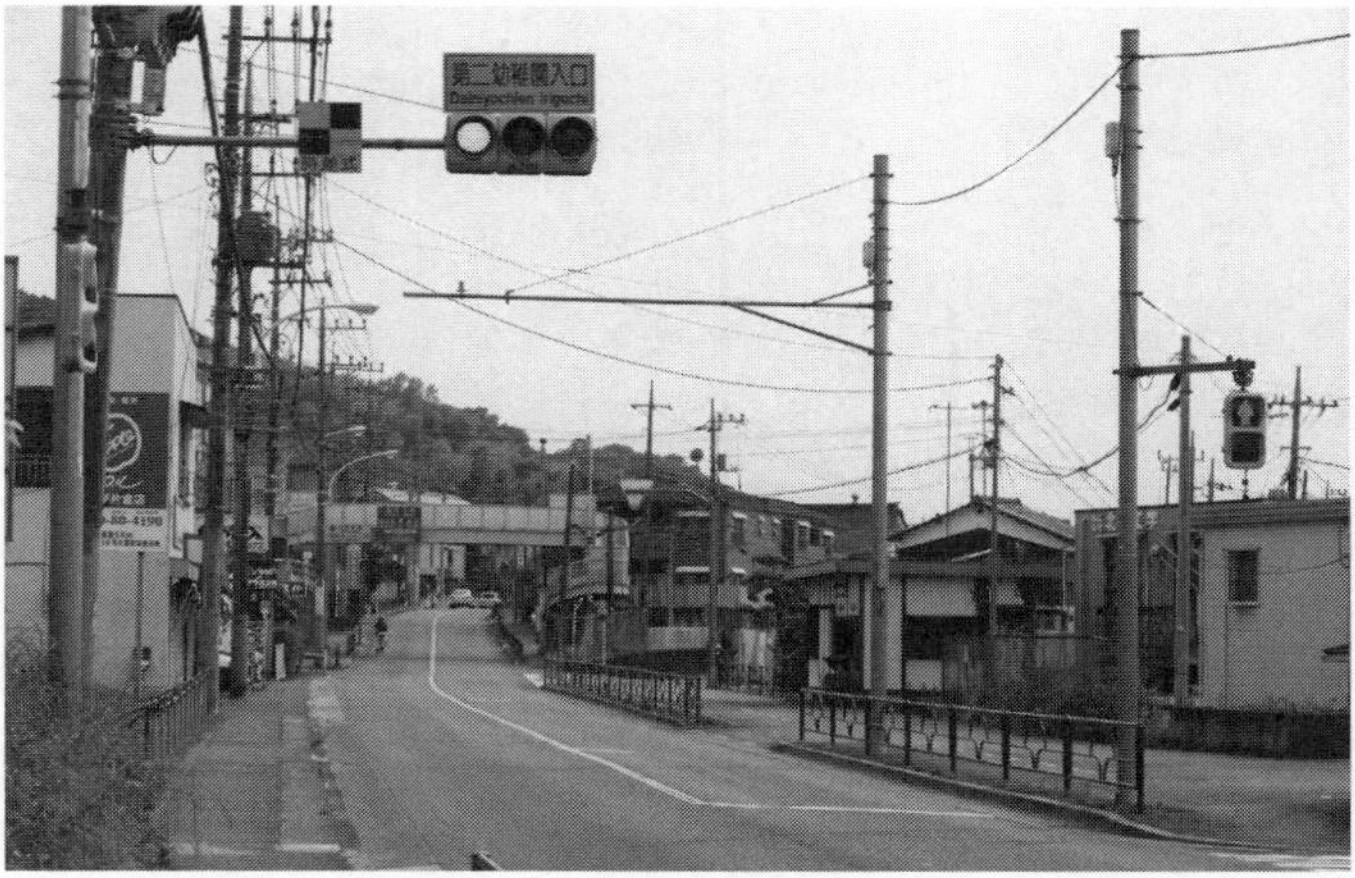

この何気ない写真にも「東京都で見られる道路の地域色」が二つ潜んでいます。どこにあるかわかりますか。答えは次ページの写真。

道路は楽しいんだ！」と「！」付きで叫びたくなります。本項では、そうした道路の地域色を奔放に紹介してみます。

## 都市伝説ではなかった。山口県のガードレールは本当に黄色い

普通はガードレールといえば白色ですが、山口県のガードレールは黄色で、その理由は夏みかんの産地だからだというのですから、いかにも眉唾物っぽい。しかしこれは事実です。昭和38年（1963年）に県内で国民体育大会が開催されたことを契機に、景観整備の一環として、県が管理する国道や県道

**前ページのクイズの答え**

「イチョウマークの防護柵」と信号機の「時差式表示板」が、東京都ならではの地域色です。

警視庁が定める緊急交通路であることを表示する標識。他県から東京都に入ると真っ先に現れるので、東京に入ったことを強く意識するアイテムです。

に特産の夏みかんをイメージした黄色いガードレールの設置を始めました。道路法や道路交通法がガードレールの色を「白だけ」と決めてはいないからこそ生まれた、まさに道路の地域「色」です。

ガードレールのような防護柵には、色だけでなく形にも地域性が見られます。例えば東京都では、車道と歩道を分けるガードパイプに東京都のシンボル・イチョウの葉を象ったものをよく見かけます。青森県ではリンゴ、山形県ではサクランボという風に、歩行者に近いガードパイプのデザインは自由度が高い印象です。

信号機の「時差式表示板」のデザインにも地域差があります。東京都と石川県では右写真のような市松模様のデザインを用いていますが、他の道府県には見られません。

活躍の日が来ないことを願うばかりの道路を見下ろす大ナマズ……「緊急交通路」の標

**○ヘキサ（県道標識）の地域色**

千葉県では標準的な路線名と番号が１枚にまとめられたタイプ。優等生ですが、他県には普及していない模様。

重武装で群を抜くのは、おそらく福島県だけに見られるダブルヘキサタイプ。福島県のヘキサは手間とお金がかかっています。

全国で広く見られる標準的なヘキサ。ただし補助標識が省略されているものは珍しく、新潟県に多い？

北海道では、長方形の板にヘキサとともに路線名が入ったタイプをよく見かけますが、標準タイプも存在します。

山梨県内で数本が発見されている、おにぎり（国道標識）と同じく「ROUTE」が入ったタイプ。最近設置されたものではなく、かなり古い。

東京都で最近整備が始まった、補助標識が「道路の通称名」の標識に似ているタイプ。やはりお洒落な感じ？

識も、東京都にしかありません。

## 福島県は贅沢？　県道標識やキロポストは地域色の宝庫

　都道府県が管理する（指定区間外の）国道や都道府県道には、都道府県単位の地域色がいろいろと見られます。中でも比較的目立つのは、都道府県道に立っている路線標識、いわゆるヘキサでしょう。主なヘキサの地域色をまとめてみました。重要なのは管理者

福島県も球頭円柱タイプ。色は黄色。背後の道路はれっきとした県道です。こういう取り合わせもキロポストの醍醐味かと。

正確な分布範囲は不明ですが、三角柱タイプとともに全国で広く見られる球頭円柱のタイプ。色は様々ですが、写真は東京都のもので、青色。

キロポストの二大勢力の一つと見られる三角柱タイプ。山形県、三重県、岐阜県、島根県などはこれ。素材はコンクリートのほかプラスチックも。

道路法によらない道路の代表格である林道に立つキロポスト。林道は都道府県単位ではなく管轄する営林局や営林署毎にデザインが異なる。

東京都の例外として、離島である新島村を走る都道の起点と終点には、島特産のコーガ石を使ったキロポスト。透き通っている！

秋田県は標柱と表示板からなるタイプ。色は黄色。起点と終点に、このデザインで路線名を記した標柱が立っているのも秋田県の特徴。

の違いですから、例えば離島である隠岐の島に立つヘキサも、管轄する島根県の本土側にあるものと同じ、標準的なデザインです。

ヘキサと同じ理由で、都道府県が管理する道路に立つ距離標（キロポスト）にも地域色があります。ヘキサよりも地味ですが、上の写真のように多彩な見た目で楽しませてくれます。

## 市町村道の標識は、最も奔放な地域色の極致

「道路標識、区画線及び道路標示に関する命令」において、市町村道には国道の「おにぎり」や県道の「ヘキサ」に相当するような路線標識が設定されていません。しかしそれでも一部の市町村は独自に標識のデザインを決めて設置しています。ここではいくつかの市町村道の標識を紹介しますが、平成の市町村合併で大幅に自治体数が減ったことにより、バリエーションの低下が心配されます。

**○各地の市町村道路線標識の例**

福島県只見町で撮影されたヘキサタイプの町道標識。県道と紛らわしいかも。

愛知県設楽町もヘキサタイプの町道標識だが、サイズは少し小さい。設置率がものすごく高く、町じゅうにある。

長野県木曽町で撮影された旧開田村のおにぎりタイプ村道標識。（写真：佐藤健太郎）

宮城県大崎市で撮影された旧岩出山町の町道標識は、不思議なＵＦＯ型。（写真：佐藤健太郎）

長野県飯田市で撮影された旧上村の村道標識は警戒標識と同じ菱形タイプ。（写真：佐藤健太郎）

群馬県渋川市で撮影された旧子持村の村道標識は、標識と呼んでいいのか微妙なプレート。このタイプは各地にあり。

愛知県豊田市で撮影された旧稲武町の町道標識は円形タイプで、図案は町章に由来する。（写真：佐藤健太郎）

愛知県新城市で撮影された旧鳳来町の町道標識は、町の鳥コノハズクを意匠化したらしき複雑なもの。

福島県南相馬市で撮影された旧原町市の市道標識は美しい正五角形に市章をあしらったもの。赤色系というのも珍しい。（写真：佐藤健太郎）

## 「離合」って？　交通用語にも見られる道路の地域色

皆さんは「離合」という言葉の意味をどのような意味で使いますか？　国語辞典では「離れることと合わさること」の意味だけしか書かれていませんが、九州地方を中心に近畿以西のかなり広い地域において、「狭い道で車がすれ違う」という意味でも用いています。そしてこの言葉を使った表示物が道路上に多数設置されています。

東京都道で見かけた「すれ違い困難」と、島根県道で見かけた「離合困難」。意味するところは一緒ですが、後者は意味を知らなければ理解困難な表現です。

## まだまだある、道路の地域色

さらにマニアックな地域色にも挑戦してみましょう。奈良県内に設置されている「青看」には、全部ではありませんが、小さな記号で方角が記されています。平成13年（2001年）に奈良県土木部が中心となって始めた取り組みの成果で、奈良盆地のように街並みが碁盤の目状に広がっている土地では便利に感じます。

愛知県内の山間部の県道を中心に、道路改良工事の起点と終点を示す石の標柱が立っています。古いものは昭和30年頃から、新しいのは昭和末頃までのものが発見されており、他県には見られないアイテムです。もしこれが全国に整備されていたら、道路の改良史を探ることはもっとずっと容易くなっていたでしょう。

橋の四隅に1枚ずつあり4枚でワンセットになっていることが多い銘板ですが、全国的には「橋名」「竣工年」「橋名の読み」「河川名」のセットが多いです。しかしここにも地域色があり、新潟県では「河川名」の代わりに「路線名」が書かれているものが多く見られます。また群馬県の都道府県道以上の道では、稀に「河川名」や「橋名の読み」の代わりに「終点／起点までの距離」を記している場合がありますが、こちらは古いものに限られているようです。

新潟県長岡市内の国道352号に架かる橋に表示された「主要地方道長岡小出線」の路線名。国道昇格前の路線名がわかる例です。

奈良県内の青看（正式名：108系道路案内標識）に表示された方角。慣れると便利に感じます。

群馬県みなかみ町の国道291号に架かる橋に表示されていた「縣界へ一六粁四」の距離。

愛知県内で広く発見される道路改良工事標。工事の完了年や工事延長、施工者名などが事細かに表示されています。

このように、道路上の風景には様々な地域色が散りばめられています。理由のはっきりしているものと、そうではないものがありますが、多くは既存のルールを踏まえたうえで、そこにプラスアルファをする精神、「こうしたらもっと便利だろう」とか、「今よりも親切なんじゃないか」という、道路管理者の向上心や優しさから生じたのが地域色だと感じます。

## 5 道路の改良

### 道路が「そこ」に「その形」で造られたことには、必ず理由がある

**歴史的な交通路の位置の変化と、道路の改良**

今日、全くの「無」から新たな道路を造る場面は極めて少なくなっています。日々新たな道路が開通しているように見えますが、実際に行われているのは既にある道路の機能を代替し、あるいは分担し、そのうえで交通網全体の性能を向上させる、いわば**道路の改良**というべきものです。そして**道路の改良とは、わたしたちやその先祖が積み重ねてきた道路の歴史そのものであり、わたしの中で最も深遠かつ魅力的な道路のテーマです。**

日本の国土を巨視的に見ると、古代から現代に至るまで陸上交通路の大筋の位置は変化していません。これは地形が固定されているためであり、さらにいえば交通を発生させる拠点である都市の位置が地形によって大きく束縛されているからです。生活の様式や政治の中心地が変化しても、国家が国を支配するために国中を巡る交通路が

必要であることに変わりはありません。地上には山や川が厳然たる障壁として存在し続けるのですから、地形が開けている海岸沿いや、内陸ならば地溝帯や大河川に沿って交通路は維持されます。これは交通の手段が人馬から車、あるいは鉄道へと変化しても大きくは変わっていません。

わたしたちは海路や空路を得たことで地形の束縛から少しだけ解放されましたが、陸上交通については依然として、江戸時代までに生み出された街道を現代風に改良したものを多く使い続けています。このことは全国各地の国道に「○○街道」のような歴史を感じさせる愛称（東海道や中山道なども含みます）がつけられていることからも実感できます。

一般的に道路がその位置を大きく変える時には、①**交通特性の変化**と②**土木技術の進歩**という二つの要素が中心にあります。たとえば、徒歩の時代の道は峠を好み、近代の馬車道は川沿いを好む傾向があります。それは、馬車が徒歩に較べて上り下りを苦手としていたということだけでなく、土木技術の進歩によって険しい峡谷の岩場を削って道を作り、架橋をすることも可能になったから実現したことです。二つの要素が重なり合い、主要地点間を結ぶルートは少しずつ改良され、変化していきます。

国道48号関山峠（宮城・山形県境）の改良例

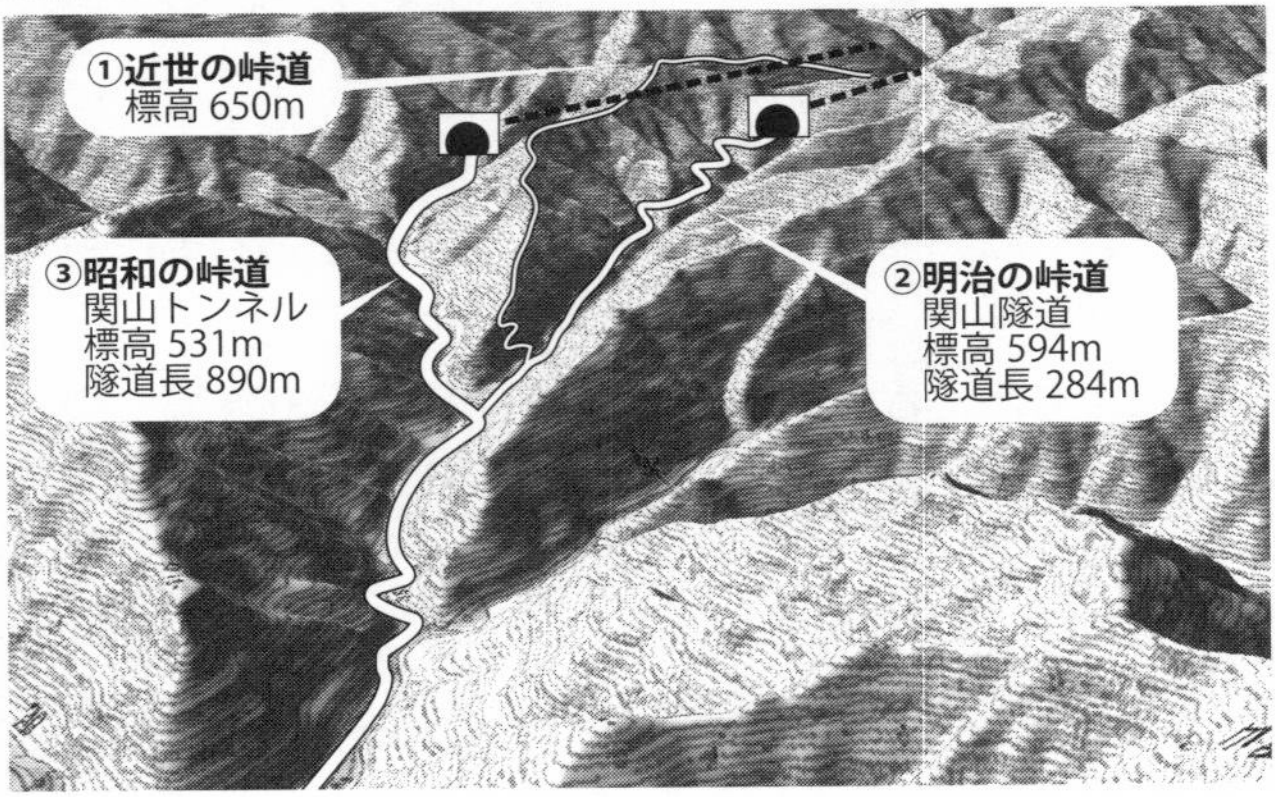


ここで一つの峠に焦点を合わせてみましょう。図は山形県と宮城県を結ぶ国道48号の関山峠ですが、ここには三世代の峠道が知られており、それぞれ使われていた時代ごとの特徴を色濃く見せています。

①の近世以前からの関山街道は徒歩の道であり、麓から尾根伝いに峠を越えていました。そのため「峯渡り」と呼ばれています。この峠道と主稜線が交わる地点は、主稜線上の最低地（鞍部）から外れており、峠道をここに設定した目的がアップダウンの最小化ではなかったことがわかります。尾根を通るメリットは、沢筋に沿って蛇行しないぶん距離が短く済むこと、見通しがよく道を見失いにくいこと、雪崩の危険性

が少ないこと、洪水で破壊されにくいことなどたくさんあります。そのため徒歩交通を対象とした峠道は、尾根筋につけられることが多くみられました。

②は明治15年（１８８２年）に開通した関山新道で、当初は馬車道として作られましたが、後に改修されて自動車も通れるようになりました。この峠道は谷底から山の中腹に取りつき、地形に沿って蛇行しながら鞍部の下を目指した後、短いトンネルで峠をくぐり抜けています。このような谷底↓中腹↓隧道（ないしは鞍部）というパターンは、尾根沿いの道に較べてアップダウンを減らし、勾配も山腹を横切ることで一定範囲に抑えることができます。場合によっては**つづら折り**で水平距離をかせぎ、勾配を緩和しました。馬車や荷車といった非力であった初期の車両交通に最も向いた峠道でした。しかし尾根道に較べれば距離が長くなるうえ、カーブが多いために線形にも恵まれず、さらに土砂災害や雪崩災害に対しても脆弱《ぜいじゃく》であるなど、スピードを出して走る自動車交通に対しては非常に危険度の高い（さらに維持費も高くつく）欠点を持っています。現にこの旧国道では冬期間を中心に車が谷底に転落するような悲惨な交通事故が多発していました。

③は現在使われている国道48号であり、昭和12年（１９３７年）に開通しました。

群馬・新潟県境の国道17号三国トンネル。標高1076m、長さ1218m。前後は急カーブが連続します。これの改良版ともいえる関越自動車道の関越トンネルは標高約640m、長さ約11㎞に達します。

この道は最初から最後まで沢底を走り、沢が尽きたところで潔くトンネルを設けて峠を越えています。３本の道の中で最も短距離なうえ、峠の標高も②よりさらに低くなっており、理想的な峠道といえますが、①→②で標高を56ｍ低くするのに２８４ｍのトンネルを掘っているのに対し、②→③では標高を63ｍ下げるのにトンネルを６０６ｍも長くする必要が生じています。つまり長大なトンネルを掘る技術と、大きな建設費負担に耐える財政的な余裕がなければ到底実現できない道であることがわかります。

　ここでも**交通特性の変化**と**土木技術の進歩**が二度の世代交代の原因であること

がわかります。徒歩道→馬車道→自動車道（として適する安全な道）という交通特性の変化と、長大トンネルを担保する技術の進歩によって峠道が改良されたのです。

## 峠道の改良が生み出す経済性

さらに具体例をあげていきます。国道20号（甲州街道）の難所である笹子峠には、昭和33年（1958年）に道路トンネルとして当時日本第2位の長さを誇った全長2953mの笹子トンネルを含む新道が開通しました。これにより峠道の長さは14kmから7・5kmへ半減、所要時間は1時間15分から13分へ、なんと6分の1になりました。これは高速性能を有する自動車交通においては、道路の距離を減らすことよりも自動車が高速で走行できる走りやすい道路を造ることが重要であることを教えています。また燃料の消費量も旧道の2・8ℓに対し新道は0・7ℓと4分の1に節約できますから、時は金なりということわざを持ち出すまでもなく、新道は経済的な存在です。それどころか、片道通るごとに約1時間の（運転以外に使える）余命をわたしたちに贈ってくれる「命の泉」であるとさえいえるのではないでしょうか。

このような例は日本中に数多あり、リアス式海岸で有名な三陸海岸を走る国道45号

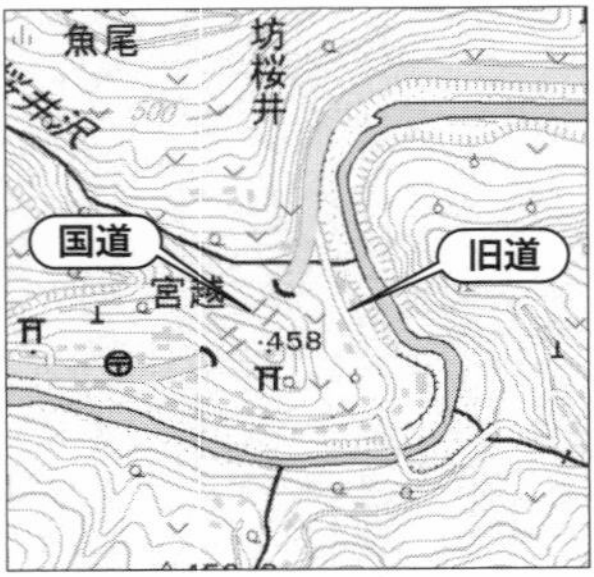

（電子国土を使用）

では、国道指定当初から現在までの改良の結果、総延長が１００km以上減り、八戸～仙台間の所要時間は6時間以上短縮されました。

地図をさらに拡大して、日本のどこかにある一つのカーブに焦点を合わせてみます（上図）。ここには国道が通じていますが、トンネルの脇に旧道が描かれています。トンネルを掘ったことで短縮された距離は50m程度ですが、両者の線形による走りやすさを想像すれば、圧倒的に今の道路の方が上です。つまりこれは自動車が通行できればいいだろうという交通特性が、その先にある安全性や快適性を重視するものへと変化したことに起因する改良と考えられます。このようにカーブ一つ分のような比較的狭い範囲で行われる道路の改良を**局部改良**といい、線形改良、道路の拡幅、老朽化した橋やトンネルの更新などが含まれます。

市街地においても大きな違いはありません。山や谷といった地形の困難さが、人口の集中による渋滞や地価の高騰といった別の悪条件に置き換わるだけです。そこでも交通特性の変化と土木技術の進歩に応じて道路の改良が行われてきました。具体的に

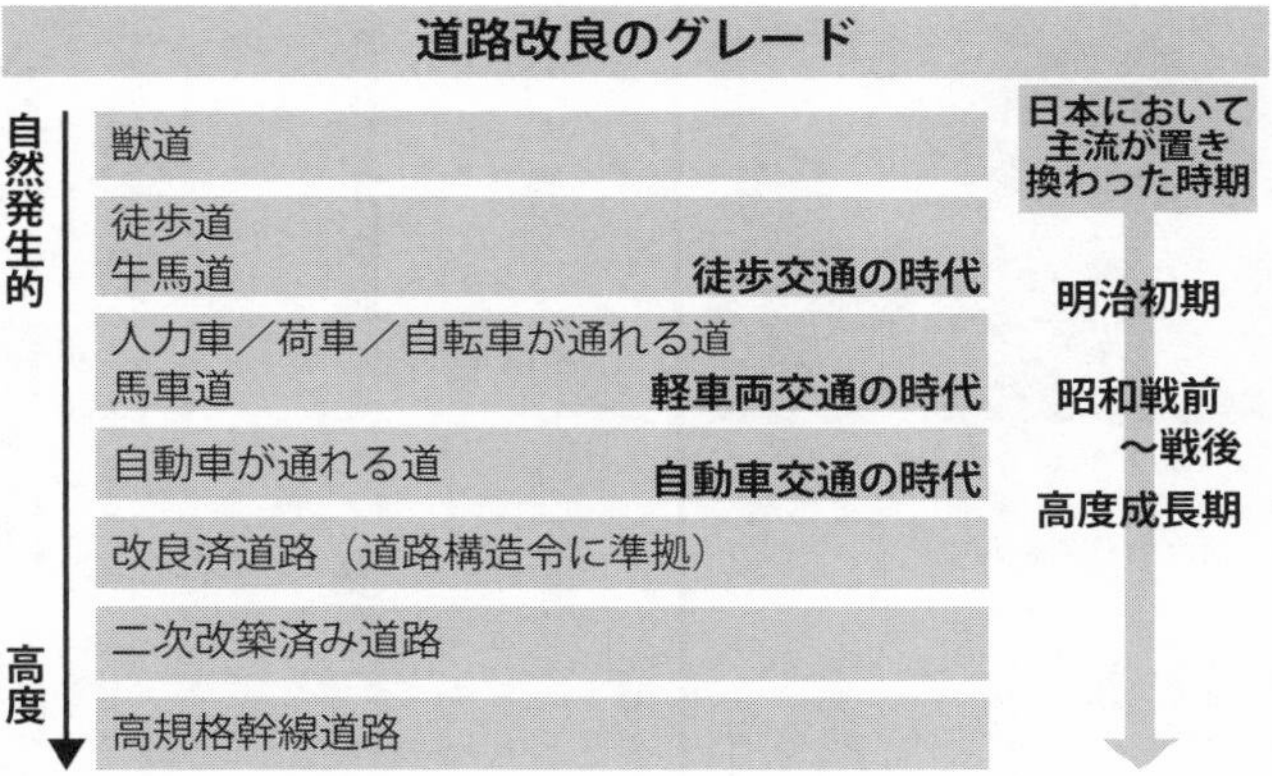


は道路の拡幅のほか、市街地を迂回することで交通を分散し、通過するだけの交通が市街地へ入ることを防ぐ**バイパスの新設**（バイパス建設は典型的な道路の改良です）や、自動車専用の交通網である都市高速道路の建設などが行われています。

日本の長い歴史の中でも、明治維新から現代までは、過去のどの時代よりも道路の改良が盛んに行われてきました。最初のきっかけは明治維新によって国民が自由に国内を移動できる交通権を得たことと、車両を用いた交通が解禁されたことであり、これらの自由化が産業を活性化させ、日本を豊かにし、結果人口が増大してさらなる交通需要の拡大を生むという正のスパイラルを育んだのです。

# 6 道路整備と国の財政

## 道路を造り、維持していく、道路予算の仕組み

### 道路特定財源によって優先的に予算配分されてきたわが国の道路網

道路という巨大なインフラを整備し維持していくのには莫大な費用がかかります。道路の風景は一見複雑に見えても、背後にある道路法のルールを知れば案外シンプルに読み解けるものですが、費用に関することは例外と言わざるを得ません。ここは特に隙が許されない領域であり、道路法だけではない非常に多くの法令で詳細な規定があります。かつ毎年のように内容の改正があります。そのため全貌を把握するのは容易ではありません。しかし、財政との関わりを全く無視して道路の世界を読み解くことはできません。本項では道路に関する財政の大まかな仕組みを紹介します。財政は歳入と歳出からなり、まずは歳入の話から。

旧道の脇で藪に覆われつつあった「ガソリン税」の看板。現道は道路特定財源で整備されました。

離島振興法の補助事業によって日本各地で離島架橋が実現しました（能登島）。下の建物は架橋以前に使われていた渡船施設です。

わが国の道路整備は、昭和29年度から平成20年度までの長期にわたって、揮発油税や軽油引取税など自動車ユーザーの燃料にかかる税収と、自動車重量税や自動車取得税など自動車を所有することにかかる税収を、道路整備関係の費用に充てるという**道路特定財源**に拠って進められてきました。「この道路はガソリン税、自動車重量税により整備されます」なんて書かれた看板が、かつては各地の道路工事現場にありました。しかし、財政の硬直化や無駄な道路投資を招いているという批判から、道路特定財源は平成20年度限りで廃止され、道路関係の予算も一般財源から歳出されるようになりました。

わが国の今日の道路インフラの大半は、自動車ユーザーの負担によって整備されてきたといえます。

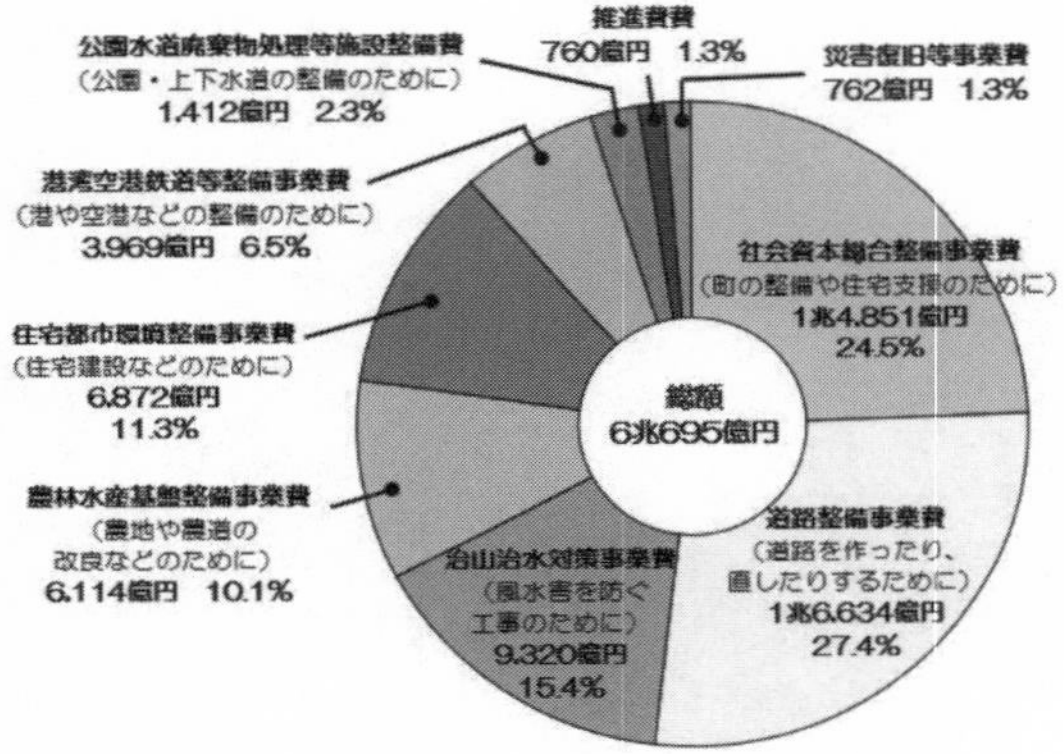


国税庁サイトより

## 道路の管理に関わる費用負担の原則と様々な特例

次は歳出。道路の管理に関する**費用負担の原則は、２４５ページの表の通りです。**高速自動車国道、一般国道、都道府県道、市町村道いずれについても、国（国庫）と地方公共団体の両者が費用を出し合う部分（負担は義務的な支出、補助は予算の範囲内で支出できるもの）があります。そしてこの両者のバランスの部分に、**様々な法令を根拠とする特例が存在します。**たとえば道路法第56条を存在の根拠とする主要地方道は、都道府県道や市道の中のエリートを国が政令で指定して、その新設や改築について国が補助をするという仕組みですが、もしこの財政的な措置がなければ無意味な存在でしょう。

次ページの表は、道路に関わる費用負担の特例を規定する主な法律です。たくさんありますが、雪寒法や踏切道改良促進法の活躍ぶりは第４章で既に見ました。そしてこれらのたくさんある法律に共通するのは、国がどういう方向へ地方の道路整備を導きたいかというグランドデザインです。たとえば、国土の均衡ある発展というテーマがあり、その実現のために**離島振興法**や**山村振興法**、**半島振興法**など、立地の不利性を克服する様々な振興法があります。戦後に本土復帰を果たした特定の地方の振興法も同列です。あるいは、国民の安全というテーマがあり、身の回りの様々な危険性を克服するために交通安全施設等整備事業の～法律や防衛地域周辺の～法律、原子力発電施設～措置法などがあります。普段よりも手厚くもてなす（**補助金**を多く出す）から、この方向性で道路を整備していきましょうという、地方に対する国の誘導が見えます。

なお、これらの法律が誘導するのは道路法の道路だけではありません。多くの振興

| |
|---|
| |
| **特例の内容（超ざっくりと）** |
| 地方管理道路の修繕に関する国の補助についての特例 |
| 地方管理道路の災害復旧事業は国が 3 分の 2 ないし全額を負担 |
| 離島振興計画に基づく道路事業の国の補助率を引き上げる |
| 奄美群島振興開発計画に基づく道路事業の国の負担や補助率の特例 |
| 豪雪地の地方管理道路の除雪や防雪にかかる費用を国が一定の割合で補助する |
| 高速道路会社や地方道路公社が管理する道路に要する費用はそれぞれの会社の負担とすることを規定 |
| 原則を超えて国が負担や補助を行う様々な道路事業の特例を規定 |
| 同法適用団体が行う一定の道路事業について国の負担を引き上げる |
| 踏切道の改良を実施する鉄道事業者に対して国が費用の一部を補助する |
| 特別豪雪地帯における基幹的な市町村道の改築を都道府県が行うことができ、国は都道府県道と見なして補助する |
| 共同溝の整備に関する様々な国の負担の特例 |
| 振興山村における基幹的な市町村道の新設改築を都道府県が行うことができ、国は都道府県道と見なして補助する |
| 横断歩道橋や街路灯など一定の交通安全施設の整備費を国が補助する |
| 首都圏近郊整備地帯整備計画等に基づいて行う一定の道路事業について国の負担を引き上げる |
| 都市計画事業としての道路事業に要する費用は、国が行う場合は国が、地方が行う場合は地方が負担することを規定 |
| 小笠原諸島振興開発計画に基づく道路事業の負担や補助率の特例 |
| 空港周辺地域整備計画に基づいて行われる一定の道路事業について国の負担を引き上げる |
| 沖縄振興計画に基づく道路事業の負担や補助率の特例 |
| 特定の指定ダムに係る道路事業のうち一定のものに対する国の負担の特例 |
| 防衛施設周辺の道路事業の一定のものに対する国の負担の特例 |
| 過疎地域における基幹的な市町村道の新設改築を都道府県が行うことができ、国は都道府県道と見なして補助する |
| 明日香村整備計画に基づいて行う一定の道路事業について国の負担を引き上げる |
| 北方領土隣接地域の一定の道路事業について国の負担を引き上げる |
| 半島振興計画に基づく道路事業の補助率を引き上げるほか基幹的な市町村道の新設改築を国が補助する |
| 電線共同溝の整備に関する様々な国の負担の特例 |
| 原子力発電施設等立地地域の振興に関する計画に基づく一定の道路事業について国の負担を引き上げる |
| |
| |

| 失効・廃止年 | 特例の内容（超ざっくりと） |
|---|---|
| 平成 21 年失効 | 財政再建団体の行う一定の道路事業について国の負担を引き上げる |
| 平成 13 年失効 | 産炭地域における一定の道路事業について国の負担を引き上げる |
| 平成 15 年失効 | 奥地等産業開発道路の新設改築に要する費用の国の負担や補助の特例 |
| 平成 13 年廃止 | これらにかかる基本計画に基づいて行う一定の道路事業について国の負担を引き上げる |

## 道路事業に関係する国庫負担や補助の特例に関わる主な法律　（現行法）

| 番号 | 法律名　（公布年順） | 公布年 |
|---|---|---|
| 1 | 道路の修繕に関する法律 | 昭和 23 年 |
| 2 | 公共土木施設災害復旧事業費国庫負担法 | 昭和 26 年 |
| 3 | 離島振興法 | 昭和 28 年 |
| 4 | 奄美群島振興開発特別措置法 | 昭和 29 年 |
| 5 | 積雪寒冷特別地域における道路交通の確保に関する特別措置法（雪寒法） | 昭和 31 年 |
| 6 | 道路整備特別措置法 | 昭和 31 年 |
| 7 | 道路整備事業に係る国の財政上の特別措置に関する法律（旧道路整備緊急措置法） | 昭和 33 年 |
| 8 | 後進地域の開発に関する公共事業に係る国の負担割合の特例に関する法律 | 昭和 36 年 |
| 9 | 踏切道改良促進法 | 昭和 36 年 |
| 10 | 豪雪地帯対策特別措置法 | 昭和 37 年 |
| 11 | 共同溝の整備等に関する特別措置法 | 昭和 38 年 |
| 12 | 山村振興法 | 昭和 40 年 |
| 13 | 交通安全施設等整備事業の推進に関する法律 | 昭和 41 年 |
| 14 | 首都圏、近畿圏及び中部圏の近郊整備地帯等の整備のための国の財政上の特別措置に関する法律 | 昭和 41 年 |
| 15 | 都市計画法 | 昭和 43 年 |
| 16 | 小笠原諸島振興開発特別措置法 | 昭和 44 年 |
| 17 | 成田国際空港周辺整備のための国の財政上の特別措置に関する法律 | 昭和 45 年 |
| 18 | 沖縄振興特別措置法（旧沖縄振興開発特別措置法） | 昭和 46 年 |
| 19 | 水源地域対策特別措置法 | 昭和 48 年 |
| 20 | 防衛施設周辺の生活環境の整備等に関する法律 | 昭和 49 年 |
| 21 | 過疎地域自立促進特別措置法（旧河岸地域振興特別措置法） | 昭和 50 年 |
| 22 | 明日香村における歴史的風土の保全及び生活環境の整備等に関する特別措置法 | 昭和 55 年 |
| 23 | 北方領土問題等の開発の促進のための特別措置に関する法律 | 昭和 57 年 |
| 24 | 半島振興法 | 昭和 60 年 |
| 25 | 電線共同溝の整備等に関する特別措置法 | 平成 7 年 |
| 26 | 原子力発電施設等立地地域の振興に関する特別措置法 | 平成 12 年 |

## 道路事業に関係する国庫負担や補助の特例に関わる主な法律　（廃止法）

| 番号 | 法律名　（公布年順） | 公布年 |
|---|---|---|
| 廃 1 | 地方財政再建促進特別措置法 | 昭和 30 年 |
| 廃 2 | 産炭地域振興臨時措置法 | 昭和 36 年 |
| 廃 3 | 奥地等産業開発道路整備特別臨時措置法　（※） | 昭和 39 年 |
| 廃 4 | 新産業都市建設及び工業整備特別地域整備のための国の財政上の特別措置に関する法律 | 昭和 40 年 |

法が、農道や林道など道路法の道路と一体となって地域を支える道路も補助の対象としていて、第2章で見たように農道や林道の世界を多様なものにしています。

## 道路予算は直轄事業と補助事業、加えて多用途に使える交付金が存在

令和3年度の国土交通省の道路予算は2兆2000億円余りでした。内訳は3分の2が直轄事業費、残りが補助事業費です。しかし国交省が道路整備へ注ぎ込む国費はこれだけではありません。補助事業費とは別枠で、同省が地方に分配する**社会資本整備総合交付金**という巨大な交付金があります。令和3年度の総額は約1兆5000億円でした。この交付金は平成22年に創設されたもので、地方が独自に事業内容と達成目標を設定して国へ提出する社会資本総合整備計画をもとに、各地方へ分配されます。計画には国交省が所管する道路や港湾、河川、砂防など16の事業を自由にミックスすることができ、従来は個別の事業ごとにあった補助金が集約されたことで、地方の裁量によって使いやすくなっています。たとえば、河川改修（河川事業）と橋梁整備（道路事業）を一緒に行う計画によって受け取った交付金は、これらの事業に自由に配分できます。とはいえ、交付額を算定する根拠になっているのは前ページで見た様々な

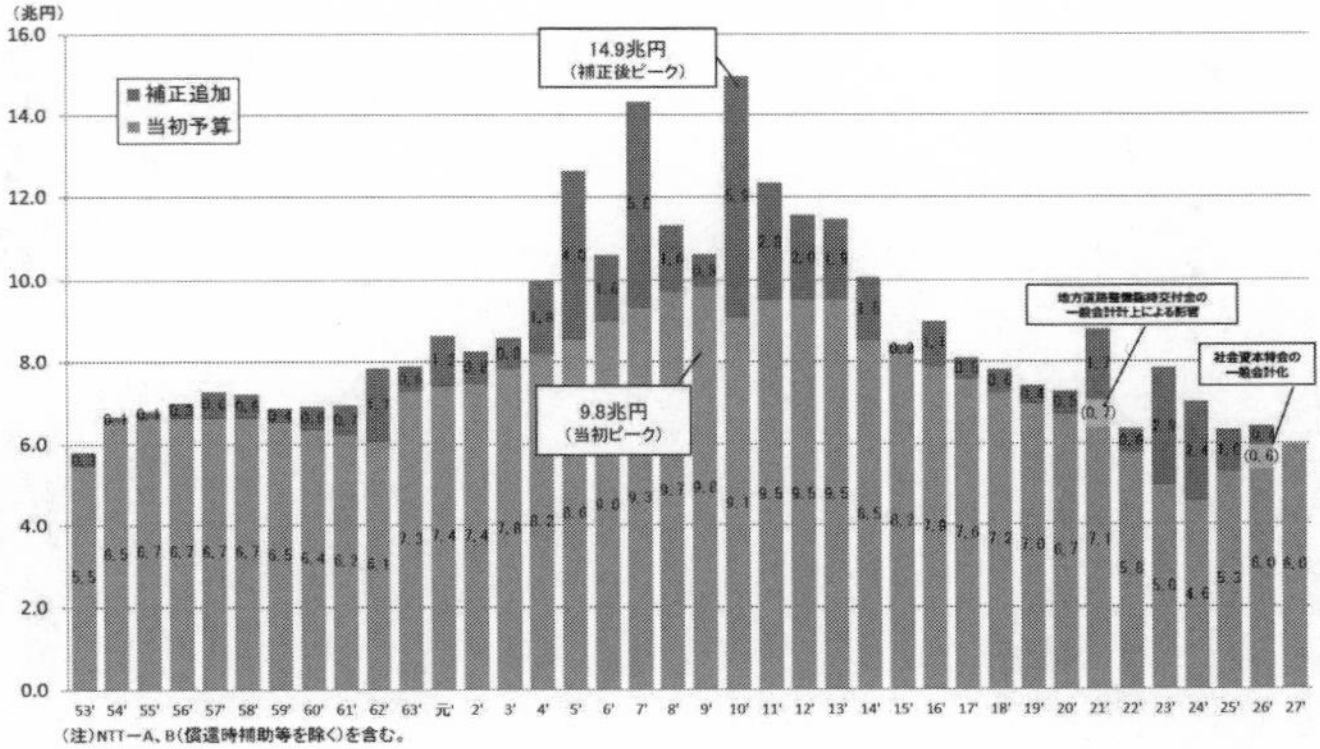

国土交通省資料より

法令であり、国の誘導がなくなったわけではありません。現在は、この交付金および地域高規格道路の整備等に係る補助事業により、国から地方公共団体に予算が配分されています。

２７８ページの円グラフをご覧下さい。国交省や農林水産省の予算をまとめた令和３年度の国の公共事業費の総額は６兆６９５億円でした。これは歳出総額の５．７％にあたります。また上に公共事業費の部門ごとの内訳と年度ごとの推移を掲載しました。わが国の公共事業費は平成９年頃をピークに大幅な減少に転じており、近年はピーク時の６割程度で推移しています。

7

# 未成道とは何か

## 道路網の成長過程に出現する一様態

### 未成道は、作りかけのままで時間を経てしまった道

未成道という用語は、日本道路協会の「道路用語辞典（第3版）」にもなく、おそらくはインターネット上を中心とする近年の道路趣味コミュニティの中で明文化されたものです。意味は読んで字のごとく「未だ成らぬ道」未完成の道路です。用語として先行して存在しているのは「未成線」で、建設が途中で中止された未開業の鉄道を示します。同様に、未成道の場合も単に建設中の道ではなく、建設の途中で計画の中止が決定された道や、計画の中止が決定していなくても何らかの問題によって建設が長期間中断している道が、そう呼ばれます。未成道に含まれる範疇はかなり広く、必ずしも道路法が定める開通の手続きである供用が行われていない道というわけでもありません。その典型的と思われるものから変わり種までいくつか紹介してみましょう。

写真は地図上の国道がぷっつりと途切れている末端の地点に行って撮影したもので

す。２車線の舗装路が特に何もない山の中で唐突に終わっている光景は異様です。いずれは国道の未開通区間を解消しようという雄大な構想のもとに、ここまで立派な道を作ったのでしょうが、20年以上もストップしたまま先行きが見えません。未成道は道路のタマゴのようなものですが、タマゴと一緒で、中の雛（計画）の生死や誕生（開通）までの残り時間を外見から判断するのは難しい。ここでは道路の姿を楽しむ趣味的な観点から、計画の生死を問わず未成道を語ります。

国道352号の未開通区間である萱峠の南側末端部は、地図で見ると、「国道ではない道」が少し延びている。

同じく萱峠の北側末端部の状況。２車線の舗装路が山中で唐突に打ち切られているという典型的な未成道風景。

首都高速の新富町出口脇にある未成道。ここは首都高速10号晴海線の予定地ですが、昭和37年の新富町出口開通以来、未だ晴海線は完成していません。

道路を含めた様々な土地の利用計画が限られた土地を奪い合う都会では、計画の挫折や変更も多く、未成道が発生しやすい場所といえます。都市の道路網を長期的な視点から整備していく都市計画において、整備途中で何十年も停滞する道は珍しくありません。

左ページ上の写真はダム計画の突然の中止によって生み出された未成道（未成橋）です。道路そのものの計画に問題はなくても、その道路を必要とする前提が崩れたために、とばっちりを受けて建設途中で唐突に棄てられてしまいました。

左ページ下の写真は一般道路（国道）としてはちゃんと供用されていますが、元々は自動車専用道路として設計、建設されたにもかかわらず、開通後の計画変更のために一般道路へ切り替えられており、自専道の未成道といえます。当初の用途とは異な

千葉県の大多喜ダム建設跡地に残る作りかけの橋。この道路の前提となるダム計画の中止によって、整備の意義が唐突に失われてしまった未成道。

この道路は平成４年に三遠南信自動車道（自専道）の一部として開通しましたが、その後の計画変更によって一般道路となり歩道（緑色の部分）が設置されました。左は巨大な「イカの耳」ですが、もう活用されることはないでしょう。

る使用も未成道にはよく見られる状況で、廃道にならなかっただけマシなのでしょう。

自然保護運動の激化によって中止に追い込まれた尾瀬車道や、明治時代に人力で建設を進めるも落盤により完成させることができなかった数坂隧道（ともに群馬県）、戦時中に戦争の激化で掘進途中で中止された戸倉峠のトンネル（鳥取県）など、様々な時代に様々な理由で未成道が生まれています。

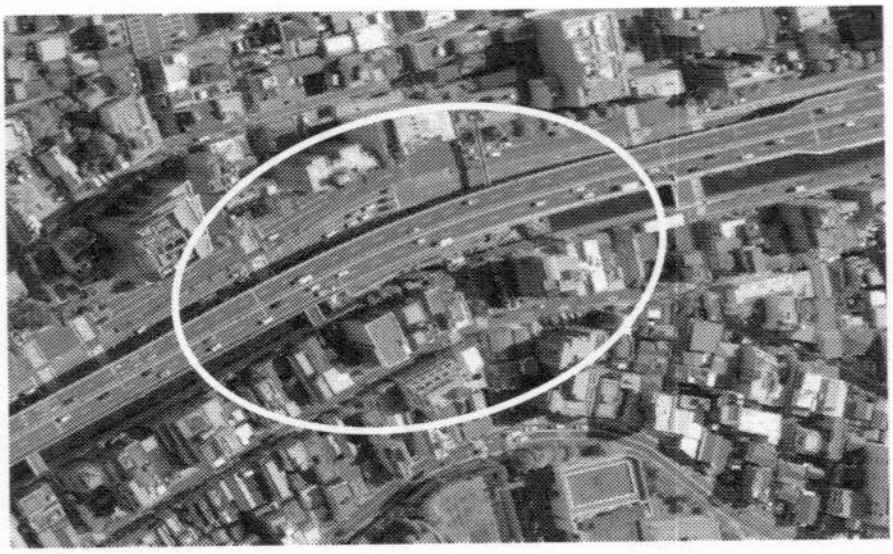

首都高速早稲田出口付近にある「イカの耳」。首都高速練馬線とのジャンクションになるはずだった。（国土地理院撮影の空中写真（2009年撮影））

## 「イカの耳」と呼ばれる未成道の一種

都市高速道路をはじめとする高架の道路でときおり見られる写真のような路肩の出っぱりは、将来そこから別の高架を伸ばす際の準備施設の場合があります。上空から見たときの特徴的な形状になぞらえて「イカの耳」と呼ばれますが、先行整備された未来の道路の一部ですから、未成道の一種です。高架橋は構造的に区切りのよい場所が限られるので、いつ実現するか明瞭ではない将来の延伸構想に対しても最低限の準備を仕込んでいます。本来4車線計画の道路が、暫定2車線で開通する場合にも、あらかじめ用地は4車線分確保するのが普通ですが、こうした道路の世界の用意周到さは、未成道と隣り合わせのものといえます。

## 未成道から学ぶべきことは多いはず

未成道の情緒的な面にも着目したいと思います。「イカの耳」のような秘めたる将来の計画を垣間見せてくれる未来志向の未成道もありますが、失策や悲運を挽回できないまま、管理者にさえ冷遇される無惨さを滲ませるものが目立ちます。なかでも、一度も日の目を見ずに新品同然のまま朽ち果てた未成道由来の廃道ほど悲しい道路を私は知りません。道路が国民の税金によって賄われる公共物である以上、無駄使いの象徴のような未成道が世の批難や嘲笑の対象になるのは避けられないことでしょうが、失敗は成功のもとともいいます。わたしたちは未成道にもっと興味を持ち、その敗因を分析して次に活かすことが大切だと思います。

8

# 廃道という、道路の終着地

## 時の止まった廃道が教えてくれた、道路に対する飽くなき興味

### 法律上の手続きとしての「廃道」

道路を知る旅の最後は、〝廃道〟が相応しいでしょう。廃道という言葉は現に廃止されている道路を意味するだけでなく、災害などで破壊された道路を「廃道のようだ」というように、荒れ果てた道路の状態も表します。

道路法の条文に廃道という言葉は一切出てきませんが、道路を実質的に廃止する行政行為が二つあります。一つは**路線の廃止**です。これは道路法により指定や認定された道路を、それ以前の状態に戻すことです。都道府県道と市町村道では道路管理者が行うことができますが、高速自動車国道や一般国道については条文に定めがなく、前例もありません。もしこれらの路線の廃止があるならば、政令をもって行われると思われます。もう一つは**供用の廃止**です。道路は「路線の指定・認定」→「道路の区域の決定」→「供用の開始」という手順を経て利用されていますが、これを一段階前に

戻す行政行為です。

供用の廃止や道路の区域の変更によって不要となった道路や、その付属物（これらを**不用物件**といいます）は、最長１年（国道と都道府県道は最低４ヶ月、市町村道は最低２ヶ月）のあいだ、従来の道路管理者が引き続き管理します。供用が廃止されてもその瞬間に現実の道路の形が変化するわけではないですから、管理者はその出入口に柵などを設けて封鎖します。供用があろうがなかろうが、利用者が通行できる状態になっている道路で管理の不手際を原因とした事故が起きれば、道路管理者が責任を問われる可能性（国家賠償法）があります。また、不用物件の管理期間内に他の道路管理者へ引き渡しが行われ、別の道路として供用開始する場合があり、不用物件の管理はその準備期間という意味合いもあります。

不用物件の管理期間の満了時が、道路法が完全に手を引くときです。このような土地を一般に**廃道敷**といいます。

ところで、長期間通行止めになっていて廃道と呼ばれているような道がすべて廃道敷なわけではありません。道路法第46条の規定により、道路の破損などで危険な場合、供用の廃止をしなくても道路を封鎖することができるからです。

この２枚の写真はどちらも「廃道状態」ですが、左は旧国道の廃道敷であり、右は交通量の少なさからこのようになった現役の県道です。

一般的な傾向としては、**別のより便利な道ができたことで必要がなくなった旧道が廃道化しているのは廃道敷で、それ以外の廃道は道路法46条を根拠に封鎖されている供用中の道路（現道）という場合が多い**です。しかしこの違いを厳密に確認するためには過去の公示を探してチェックする必要があります。供用の廃止は必ず公示されます。

## 廃道が、道路の進化を教えてくれる

私は、趣味のサイクリングの途中で隅々廃道に入り込んだ時に、得体の知れない風景と出合いました。それは、人工物が自然の猛威に呑まれていく混沌とした風景でした。また、初めて目にする奇妙な道路標識、古代遺跡を思わせる荘厳な石造の隧道などの存在は、数十年か、せいぜい百年前の道路が、現代からは相当にかけ離れた光景だったことを容易に連想させる、衝撃的なものでした。そして私は廃道の魅力に取り憑かれました。

やがて、道路全体の面白さに目覚めました。道路に対するほんの少しの知識を得てから、意識して身の回りの道路を観察すると、廃道で見た衝撃的な光景は、日常的な道路風景ともつながっていることに気がつきました。街角に残された「道路元標」はそのいい例です。そして**道路を見る目が肥えるほど、道路はたくさんの言葉を使って、自らの魅力をアピールしてくれるようになりました。**こうなればしめたもので、膨大な道路の物量（道路法の道路だけで１２２万km以上！）は、そのまま愉快な「発見の場」に変わりました。

あなたにもこんな道路の楽しさが伝わるように、私は願っています。

# 参考文献（刊行年順）

群馬縣史第四巻／1927年／群馬縣教育會
明治工業史　土木編／1929年／工学会／工学会・啓明会編
明治以前日本土木史／1936年／社団法人土木學會／社団法人土木學會
本邦道路隧道輯覽／1941年／内務省土木試験所
日本土木史　大正元年〜昭和15年／1965年／社団法人土木学会／（編集）日本土木史編集委員会
道路統計年報　1967／1967年／（編集）建設省道路局企画課
日本土木史　昭和16年〜昭和40年／1973年／社団法人土木学会／（編集）日本土木史編集委員会
交通地理の基礎的研究／1974年／大明堂／山口平四郎
日本道路史／1977年／社団法人日本道路協会／（編集）社団法人日本道路協会
沖縄の道路つぶれ地　沖縄道路用地の変遷／1978年／沖縄県土木部用地課
グラフィックス・くらしと土木5　トンネル／1985年／オーム社／社団法人土木学会
森林開発公団三十年史／1987年／森林開発公団／（編集）森林開発公団三十年史編集委員会
東京営林局百年史／1988年／（財）林野弘済会東京支部／（編集）東京営林局百年史編纂委員会
昭和の道路史／1990年／全国加除法令出版／昭和の道路史研究会
北海道道路史　行政・計画編／1990年／北海道道路史調査会
外地法制史　第5巻・第9巻・第10巻・第11刊・第13巻／1990年／文生書院／外務省条約局編
峠の道路史　道の今昔と峠のロマンを訪ねて／1994年／山海堂／野村和正
道路統計年報　1994年版／1994年／全国道路利用者会議／（監修）建設省道路局企画課
道と川の近代／1996年／山川出版社／（編集）高村直助
道路用語辞典　第3版／1997年／丸善／（編集）社団法人日本道路協会
道〜古代エジプトから現代まで〜／1998年／技報堂出版／鈴木敏
図解　公共事業のしくみ／1999年／東洋経済新報社／五十嵐敬喜・小川明雄
全国森林鉄道／2001年／JTB／西裕之
鉄道構造物探見　トンネル、橋梁の見方・調べ方／2002年／JTB／小野田滋

やんばる国道物語／２００５年／内閣府沖縄総合事務局北部国道事務所
酷道をゆく／２００８年／イカロス出版
高速道路の謎～雑学から知る日本の道路事情～／２００９年／扶桑社／清水草一
国道の謎／２００９年／祥伝社／松波成行
万世大路を歩く／２０１０年／万世大路調査研究実行委員会／（監修）万世大路研究会
酷道ＶＳ秘境駅／２０１１年／イカロス出版／松波成行・牛山隆信
道路法令総覧　平成25年版／２０１２年／ぎょうせい／（編集）道路法令研究会
近代化遺産　国有林森林鉄道全データ（東北編）／２０１２年／秋田魁新報社／（財）日本森林林業振興会秋田支部・青森支部
道路法解説／１９８４年／全国加除法令出版株式会社／道路法研究会
条整理自衛隊法関係規定集　下／２００２年／自衛隊法覚え書編集委員会
日本の〝珍々〟踏切／２００５年／東邦出版／フミキリスト11編
公益的安全保障　国民と自衛隊／２００６年／大学図書／丸茂雄一
しくみ図解シリーズ　道路が一番わかる／２００９年／技術評論社／窪田陽一
防衛ハンドブック平成23年版／２０１１年／朝雲新聞社
新　道なぜなぜおもしろ読本／２０１１年／株式会社建設技術研究所　編著
カラー版　空から見える東京の道と街づくり／２０１３年／実業之日本社／竹内正浩
しくみ図解シリーズ　道路保全が一番わかる／２０１３年／技術評論社／窪田陽一
道路管理の手引　第５次改訂／２０１４年／ぎょうせい／（編集）道路法令研究会
空旅・船旅・汽車の旅／２０１４年／中央公論新社／阿川弘之
ふしぎな国道／２０１４年／講談社／佐藤健太郎
道路の日本史　古代駅路から高速道路へ／２０１５年／中央公論新社／竹部健一
日本の道路が分かる事典／２０１５年／日本実業出版社／浅井建爾
トコトンやさしい　道路の本／２０１８年／日刊工業新聞社／峰岸邦夫
新版　日本の島ガイド　ＳＨＩＭＡＤＡＳ／２０１９年／公益財団法人日本離島センター
荒廃する日本　これでいいのかジャパン・インフラ／２０１９年／日経ＢＰ／インフラ再生研究会
道路法解説　改訂５版／２０２０年／大成出版社／道路法令研究会
図解　入門よくわかる最新都市計画の基本と仕組み／２０２０年／秀和システム／五十畑弘

著者

**平沼義之**　（ひらぬま　よしゆき）

廃道探検家（オブローダー）、トンネル愛好家。1977年千葉県松戸市生まれ。横浜市で鶴見川のサイクリングロードを友とした小学生時代、秋田県潟上市で「山チャリ」（マウンテンバイクで林道を走る）に目覚めた中学生時代、峠の旧道に愛着を覚えはじめた高校生時代を経て、大学中退後に就職。しかし山チャリの味が忘れられず、興味の中心は旧道の先に眠る「廃道」へ。2000年、WEBサイト『山さ行がねが』を開設して以来、廃道をはじめとした珍妙な道路への探求活動を発信し続けている。『山さ行がねが』https://yamaiga.com/

※本書は2013年に小社より刊行した『大研究　日本の道路120万キロ』を大幅に加筆・修正し、増補改訂版として新たに刊行するものです。

装丁…杉本欣右
企画・編集…磯部祥行（実業之日本社）

じっぴコンパクト新書　390

**日本《にほん》の道路《どうろ》122万《まん》キロ大研究《だいけんきゅう》
増補改訂版《ぞうほかいていばん》**

2021年12月1日　初版第1刷発行

著　者……………平沼義之
発行者……………岩野裕一
発行所……………株式会社実業之日本社
〒107-0062 東京都港区南青山5-4-30
emergence aoyama complex 2F
電話（編集）03-6809-0452
（販売）03-6809-0495
https://www.j-n.co.jp/
本文デザイン・DTP…株式会社千秋社
印刷・製本…………大日本印刷株式会社


ISBN978-4-408-33992-4（第一アウトドア）